깨는 사키루

초판 1쇄 인쇄   2017년 7월 10일
초판 1쇄 발행   2017년 7월 20일

지은이_   사키루
펴낸이_   전익균, 김대성

기 획_   권태형
마케팅_   조양제, 정우진, 조동호, 김지혜
교 정_   허 강
디자인_   김 정
행 사_   새빛에듀넷

펴낸곳_   도서출판 새빛
전 화_   02)2203-1996   팩스_02)417-2622
출판문의 및 원고투고 이메일_svedu@daum.net
홈페이지_   www.bookclass.co.kr
등록번호_   제215-92-61832호   등록일자_ 2010. 7. 12

값 19,000원
978-89-92454-26-1(03190)

—

※ 도서출판 새빛은 새빛에듀넷, 새빛북스, 에이원북스, 북클래스, 새빛인베스트먼트 등의 브랜드를 운영하고 있습니다.
※ 파본은 구입처에서 교환해 드리며, 관련 법령에 따라 환불해 드립니다.
   다만, 제품 훼손 시에는 환불이 불가능합니다.

—

새빛은 출판, 언론홍보, 행사 등을 하나의 시스템으로 구축하여 저자분들의 여러 마케팅효과를 극대화하기 위한 프로그램을 진행 중입니다.
새빛은 저자분들을 각 분야의 주인공으로 만들기 위해 최선을 다하고 있습니다.

이 도서의 국립중앙도서관 출판시도서목록(CIP)은 서지정보유통지원시스템 홈페이지(http://seoji.nl.go.kr)와
국가자료공동목록시스템(http://www.nl.go.kr/kolisnet)에서 이용하실 수 있습니다. (CIP제어번호: CIP2016014100)

스스로 세상에 우뚝 선 세계적인 아티스트 사키루 스토리 북

사키루가 비트는 세상!

깨는 사키루

평범함을 깨다!
세상의 상식을 깨다!

지은이 **사키루**

도서출판 새빛
AEVIT

옐로우 레몬 학교 단체사진 - 2011

여기 한 사람이 있다.

그는 고졸이다. 정확히 말하면 대학을 중퇴했다.

그는 그 흔한 자격증 하나조차 없다.

그는 미대가 아닌 미술 학원조차 다닌 적이 없다.

그는 학교 외에 특별히 영어를 배운 적이 없다.

여기 또 한 사람이 있다.

그는 대기업 상품기획팀에 4년간 근무했다.

그는 유수 국내외 대학에서 강의했다.

그는 국제 컨퍼런스에 초청받았다.

그는 세계적인 광고제에서 그랑프리를 수상하였다.

그는 수십여 개의 글로벌 기업들과 작업을 했다.

이 두 사람은 동일 인물이다.

이 사이에는 단지 두 가지만 존재한다.

자신에 대한 믿음과 그것을 이루기 위한 끊임없는 노력.

그는 세상의 모든 편견을 깨뜨려 왔다.

그리고 지금도 깨고 있는… 그는 사키루다.

SAKIROO

교과서 귀퉁이에 눈 하나만 그리던 내가 캐릭터를 그리게 되고
도트 디자인을 하면서 세상이 참 쉽다고 생각했다.
디자인을 전공하지 않아도 할 수 있다는 건방짐과
튀기만 하면 사람들이 좋아할 것이라는 과오…
캐릭터는 더 이상 할 것이 없다 생각했다. 그리고 기획이 하고 싶었다.

많은 열등감 속에서 초라해진 자신을 발견하고
뜻을 함께해주는 이들이 얼마나 고마운지 느낄 수 있었다.
홀로 떠난 여행에서 얼마나 답답하게 살아왔는지 알았고
도전이란 단어만 가지고 8년여의 안정된 직장생활을 박차고 나왔다.

세계경제 위기 속에 자신의 능력보다 사회만 원망하였고
10년이 지났음에도 철이 안 들어 미성숙한 그림들을 보며
그림을 버리고 또 다른 설렘을 찾기도 했다.

다시금 그림을 좋아하고 있단 걸 깨달았고
학교, 사회에서 배우지 못한 세계라는 무대에서 놀고 싶었다.

한 아이의 아빠가 되었다.
아이와 함께하는 24시간의 소중함을 깨달았고
두 아이의 아빠가 되었다.

그리고 지난 시간을 돌아본다.

차례

깨는 사키루

 느지막한 시간 호텔, 한 침대에 두 남자가 누워 있으니 뭔가 어색하다. 장 폴(Jean Paul)은 옆에서 깊이 잠들었지만 난 쉬이 잠이 오질 않는다. 앞으로 몇 시간 후면 1,000명 앞에서 두 시간 동안 영어로 발표하고 시연, 질의응답을 해야만 하는데 잘해낼 수 있을까 하는 마음에 긴장이 된다. 일 년에 한 번씩 열리는 이 컨퍼런스는 세계적인 일러스트레이터 6명을 초청해 3일 동안 강연과 이벤트가 이어지는 그야말로 일러스트레이터들을 위한 대규모 페스티벌이다. 잠들기 전까지 폴(Jean Paul의 애칭)과 어떤 식으로 발표할지 전략을 세웠고 내가 영어로 발표하면 그가 스페인어로 통역을 할 것이다. 이곳 멕시코는 스페인어를 사용하기 때문이다. 창 밖의 어두움이 밤에서 새벽이 되고 다시 이른 아침으로 바뀌어간다.

 먹는 둥 마는 둥 아침 식사를 했고 서둘러 발표장으로 향했다. 아침 9시 첫 발표이기 때문에 7시까지는 도착해 리허설을 해야만 한다. 발표를 위한 화면을 16:9로 준비하지 못한 내 실수를 제외하곤 큰 문제가 없었다. 라이브로 시연할 그림을 그리는 동안 틀 배경음악을 준비하지 못한 실수를 티아구 후이젤(Tiago Hoisel)이 좋은 mp3를 추천해 주어 다이나믹한 연출이 가능하게 되었다. 마이크도 이상이 없었고 모든 준비를 마치자 사람들이 입장한다. 우르르. 유료 입장인 이 행사는 아침 9시부

터 저녁 9시까지 12시간 동안 진행되는데 멀리서 오는 관객들은 바로 옆 호텔에서 묵으면서 참여한 다. 라디오, 방송국, 다큐멘터리 촬영팀 등 다양한 미디어에서도 관심을 가지고 취재가 이어진다.

긴장하고 있는 나를 위로하듯 세르기 브로사(Sergi Brosa)가 옆으로 와서 힘내라고 응원해 준다. 세르기는 이미 전날 발표했기에 한결 편안해 보인다. 무엇보다 폴과 함께이기에 두렵지 않다. 무대의 조명이 모두 꺼지고 내 소개 영상만이 밝게 비춰진다. 벽에 낙서하던 캐릭터가 레몬 악당들과 맞서 싸우는 연출로 끝판왕이 쓰러지면서 SAKIROO 이름이 화면을 크게 장식한다.

두둥! 사회자가 스페인어로 나를 소개하자 까맣게 어두웠던 실내가 환하게 밝아졌다. 그 사이 짧은 시간이지만 이 자리에 서기까지 무슨 일이 있었는지 순식간에 필름처럼 지나간다.

깨는 사키루

1

Chapter

첫 번째 틀, 학력을 깨다

세상이 정한 기준, 난 동의할 수 없다

(1) 내 이름은 최상현, 튀지 말고 평범하게 살아라

　　　흔히 성은 최 씨요, 혈액형은 B형, 곱슬머리에 옥니의 고집은 대단하다 했다. 이 중 두 가지를 가지고 태어난 나는 분명 적잖은 고집을 가지고 태어났을 것이다. 아니나 다를까 작명집에서　최상현(崔相賢)이라고 지어주면서 '보아하니 고집이 드센 아이로다. 이름으로 그 고집을 죽여 평범하게 살게 해야만 한다'고 했다. 상(相)은 서로 상, 현(賢)은 어질 현이다. 스스로를 드높이거나 나서지 말고 '서로서로 어질게 살아가라'고 지은 이름이다. 내 이름 최상현. 돌이켜보면 예명을 사용하기 전까지 너무나도 평범한 삶을 살아온 듯 하다. 이름 때문에 그렇게 살아왔다고 말하고 싶진 않지만 재미있지 않은가. 정확히 최상현으로 살아온 20년과 예명으로 살아온 16년은 너무나도 상반된 삶이었으니 말이다. 누구나 그럴진 모르겠지만 학창시절 기억에 남는 건 하루 종일 축구만 한 기억이다. 수업 시작 전, 점심시간, 방과 후 주말엔 교회 친구들과 어두워져 공이 보이지 않을 때까지… 어느 곳에서도 튀지 않고 있는 듯 없는 듯 조용히 있었던 아이. 그게 최상현이다.

청개구리. 남의 말을 듣지 않고 엉뚱한 일만 저지르는 사람을 빗대는 말로 어렸을 때 누구나 한 번쯤은 들어 본 말일 것이다. 나 또한 자주 들었고, 무언가를 시키면 꼭 반대로 하고 싶었다. (지금은 4살 된 첫째 딸이 청개구리처럼 반대로 행동한다.) 어린 시절 사진들을 보면 유독 눈살을 찌푸리게 하는 사진이 많은데 항상 삐뚤삐뚤 불만이 많았다고 한다. 초등학교 시절 늘 내성적이고 소심했으며, 통지표에는 일관되게 '산만하다', '발표력이 부족하다'라고 적혀 있었다. 자신의 생각을 많은 사람들 앞에서 보이는 것이 부끄러웠고 한 가지에 오래 집중하지 못했다. (당시엔 웅변학원이 유행이었는데 말 잘하는 또래 친구들을 보며 많이 부러워했다.)

인절미. 키가 큰 여학우를 '전봇대'라 놀렸더니 그 아이가 나더러 '인절미'라고 크게 외쳤다. 순간 주변에 있던 친구들이 그 말을 들었고 이후로 일 년 동안 그냥 인절미였다. (초등학교 때 별명은 다들 그렇듯 즉흥적이지 않은가) 그뿐. 이름에서도 외모에서도 특별히 인상적이라고 할 만한 부분이 없었기에 평범하고 조용했다. 학업도 중간이었고 예체능 부분에서도 학원을 다니는 친구들에 비하여 두각을 나타내지 못했다. 평범을 부정하고 싶은 건 아니다. 모두가 성공적인 삶을 살 필요가 없듯, 그저 조용히 지내는 평범한 삶 또한 각자에게 의미 있고 존중받아야 하는 삶이다. 당시 난 성공은 공부 잘하는 아이들의 몫이라고만 생각했다. 아니 어쩌면 대한민국 교육 시스템이 공부라는 최우선 가치를 두고 줄을 세우기 때문에, 오직 좋은 대학교를 가는 것만이 인생의 성공이라고 배워서 그랬을 수도 있다. 사회가 만들어 놓은 교육 시스템에서 12년을 보냈지만 특별히 무대의 주인공이었던 적은 없었던 것 같다.

학교에서 장래희망을 적으라면 항상 '하버드 대학교 교수'라고 적었다. 아버지 사업 실패 이후로 더 가난해진 형편을 보면서 세상에서 가장 돈을 많이 버는 사람이 하버드 대학교 교수라고 생각한 것이다. 마땅한 정보도 없던 80년대, 시간이 지날수록 꿈과 멀어지는 기분은 별로 좋은 경험은 아니었다. 상대적으로 공부를 잘했던 누나를 보며 대신 꿈을 이뤄주진 않을까? 라는 생각도 잠시 했었다. 누나와 난 둘 다 평범했지만 누나는 공부를 잘한다는 특징이 있었다. 부엌과 단칸방이 전부였던 우리 집 한쪽 벽면은 누나의 상장들로 벽지가 필요 없을 정도였다. 힘든 시절 부모님은 누나의 상장들을 보며 밝은 미래를 꿈꾸셨을 것이다.(지금 두 아이의 부모가 되어보니 자식이 뭔가 잘하는 것을 볼 때마다 그 기쁨은 형용할 수 없을 정도로 크다.)

20살 이후 TV를 보지 않았다. 대학교 기숙사 생활 때문이기도 했고 특별히 보고 싶은 것도 없었다. 그럼에도 가끔씩 즐겨보는 TV 프로그램은 '100분 토론'과 EBS에서 종종 하는 특강들이었다.

100분 토론을 즐겨본 이유는 자신의 주장을 관철시키기 위해 펼치는 논리, 다양한 관점, 재치 있는 순발력이 재밌었기 때문이다. 지식이 많지 않은 내게 토론에서 주고받는 이야기들은 하나같이 고급정보였다. 결국 어떤 주제에 대한 나만의 생각이 만들어지기 위해선 다양한 관점을 수반한 비판적인 습득이 필요하고, 누군가에게 말할 때는 스스로 확신에 차 있어야 전달이 잘되는 것도 알았다.

EBS에서는 꽤 양질의 다양한 특강들이 있었는데, 그중 하나가 성명학이었다. 부르는 발음에 따라 어떤 이미지가 전달이 되고 인식되는지를 보여주는 재밌고 특이한 강의였다. 모든 게 기억나진 않지만 분명 이렇게 말했다. "알파벳 중에는 S와 K가 강하고 긍정적인 이미지를 주며 사람들에게 오래 기억될 수 있습니다." 순간, 내가 만든 예명이 떠올랐다. 대학교 1학년때 인터넷 사이트를 가입하기 위해선 아이디가 필요했다. 주변 친구들은 이름 이니셜에 생년월을 붙이는 게 유행(예를 들어 csh80)이었지만 그렇게 하고 싶지 않았다.

기숙사에 앉아 연습장을 꺼내 가장 좋아하는 알파벳 S를 써놓고 머리를 굴리고 있었다. '첫 발음은 쉬워야 해.. 뭐가 있을까?' 이러한 고민은 아기들이 처음에 내뱉는 말이 뭘까? 로 이어졌고 엄마, 아빠와 같은 발음이라고 생각했다. 그러고 보니 영어인 맘마, 파파나 일어인 오까상, 오또상에도 'ㅏ'발음이 들어간다. 전 세계적으로 가장 쉬운 발음(정확히는 모음)은 'ㅏ'라고 규정하고 A를 붙였다. 이렇게 해서 SA(사)가 만들어졌다.

다음 글자로 강한 인식을 주고 싶어 여러 발음을 내어보다 'ㅋ'가 들어가니 센 발음이 나오는 것 같아 KI(키)를 만들었다. 마지막으로 '안녕~' '하이~' 처럼 끝음이 길~게 늘어지는 느낌을 넣고 싶었다. 나를 부를 때 자연스럽게 여운이 생기도록 말이다. 고민하다 야유할 때 내는 소리 '우~'가 생각났고 ROO(루)를 만들었다.

기본적으로 누구나 발음하기 쉽도록 받침 없이 만들었다. SAKIROO. 이렇게 만들어진 예명은 세상 어디에도 없는 오직 나만을 위한 단어가 되었다. 이후 SAKIROO는 최상현보다 더 많이 불리게 된다. 직장에서는 사키루, 키루, 사대리 등 예명을 응용한 이름으로 불리었다. 인터넷이 보급화된 지금 온라인 속 활동명은 또 다른 나(혹은 보여주고 싶은 나)를 대변할지도 모른다. 돌이켜보면 누군가에게 자주 불리거나 강한 인상을 심어주고 싶었나 보다. 그건 지금까지 평범하게 살아온 '나'가 아닌 실력으로 세상에서 인정받고 싶어하는 '본성의 꿈틀거림'일지도 모른다.

희안하다. 평범한 삶을 살아왔는데 왜 평범하지 않은 그림을 그리고 있는 걸까. 분명한 건 튀고 싶어 그림을 특이하게 그린 적은 없다. 그저 그리고 싶은 대로 그렸을 뿐인데 평범하진 않았던 것이다. 노래를 들으면 그 사람의 살아온 삶이 투영되듯 그림 또한 작가의 욕망이나 살아온 과거를 엿볼 수 있다. 학창시절의 평범함과 달리 이후의 그림이 특이했던 것은 사실 무의식 속의 청개구리가 여전히 외치고 있었기 때문 아닐까?

평범한 건 이제 재미없어라고…

Tiago Hoisel이 그려준 내 모습

POL/SAKIROO
R O C K   I T !
- 2012 -

Jean Paul과 콜라보레이션을 기념하여 서로를 그린 자화상 Rock It - 2012

(2) 좋아하는 것과 잘하는 것

중1 때 어머니는 당시 20만 원이라는 거금을 주고 중고 컴퓨터를 사주셨다. 선견지명이 있으셨던 어머니는 "앞으로는 컴퓨터를 배워야 한다."고 늘 말씀하셨고, 가정형편과는 상관없이 자식의 미래를 위해 투자해주셨다. 컴퓨터는 XT로 하드(HDD)가 없는 컴퓨터를 말한다. 내장된 램이 기억하는 것 외엔 모두 플로피 디스크로 처리해야 한다. 지금 시대의 고성능 컴퓨터와 비교한다면 구석기시대와 현대의 차이라고 할 정도로 엄청난 차이를 지닌다. MS-DOS, GW-BASIC, LOTUS123 등의 프로그램을 만지작 거리며 할 줄도 모르는 영어를 키보드로 쳐보곤 했다.

쌓여만 가는 플로피 디스켓들은 무엇과도 바꿀 수 없는 재산 1호가 되었다. 디스켓을 한 장 한 장 넘기면서 얼마나 뿌듯했었는지… 어려운 형편 속에서도 한 달에 5만 원 하는 컴퓨터 학원도 보내주셨고 "미래엔 컴퓨터만 잘해도 능력 있는 사람이 될 수 있다." 라며 컴퓨터 책을 사라고 돈도 주셨다. 5천 원인가 꼬깃꼬깃 주머니에 넣고 가까운 작은 서점에 가서 컴퓨터 책을 한참 들여다 본 기억이 난다. '정말 이 책들을 보면 돈을 벌 수 있는 건가'라고 뒤적거려 봤지만 기초지식이 부족한 내가 이해할 수 없는 영역이었다. 결국 평상시 보고 싶었던 만화책 한 권을 사서 돌아온 기억이 난다.

마우스가 귀하던 그 시절 키보드로 그림을 그렸는데 닥터할로(Dr.halo) 프로그램은 지금의 포토샵처럼 가장 많이 사용되는 그래픽 프로그램이었다. 그 당시에는 마우스 가격이 8~10만 원 정도 했던 걸로 기억한다. 매우 부담스러운 가격이었기에 사달라고 말도 못 하고 키보드 방향키만을 움직여 열심히 그림을 그리곤 했다. 학원에서는 매주 금요일에 닥터할로로 그림을 그리는 시간이 있었는데 아마 그때가 처음으로 컴퓨터로 그림을 그린 시기였을 것이다. 생각해보면 어머니는 나를 미래를 위한 안목으로 키워주신 거 같았다. XT부터 시작한 우리 집 컴퓨터는 지금 키보드를 치고 있는 컴퓨터에 이르기까지 항상 함께해 왔으나 잘하지는 못했다. 학원에서 하라는 대로 배우고 따라

했을 뿐 그것은 내 지식이 아니었고, 게임을 하는 목적 외에 컴퓨터 전원이 켜지는 일은 점점 없어져 갔다.

　우리 네 가족은 단칸방에서 14년 가까이 살았다. 한 이불을 덮고 네 가족이 발만 내밀고 잠을 자곤 했다. 누나와 난 아버지가 오시기 전에 늘 먼저 잠이 들곤 했는데 시원한 바람과 함께 아버지가 돌아오시면 벌떡 일어나 아버지를 맞았다. 아버지는 항상 '자갈치 과자'를 사오셨고, 그 냄새는 우리를 잠에서 깨우기에 충분했다. 부시시 일어나면 아버지는 안중에 없고 과자만 집어 먹곤 했는데 그 단맛은 지금도 혀 끝에 생생하게 살아 있다.

　그러던 어느 날, 여느 때처럼 잠을 자고 있었고 찬 바람과 함께 아버지가 들어오셨다. 학습이라도 된 양 자동으로 일어났지만 과자는 없었다. "아빠… 자갈치 없어?" 순간적으로 자갈치 냄새가 아닌 다른 냄새를 맡고 있었다. 새 책에서 나는 잉크 냄새였다. 만화책이다. 만화왕국이라는 만화책이었다. 비록 과자는 아니었지만 호기심 많았던 난 금세 새로운 친구를 만날 수 있었다. 그 안에는 태어나서 처음 보는 캐릭터들과 우스꽝스러운 내용들이 가득했다. 어느새 만화책에 빠져 있는 내 모습을 볼 수 있었다. 얼마 지나지 않아 보물섬이란 만화책을 또 사오셨는데 그야말로 감동이었다.

　보물섬 뒷부분에는 회원이 그림엽서를 보내면 우수작을 선정해 상품을 주는 공간이 있었다. 너무 도전하고 싶었던 나머지 그날로 문방구에 가서 엽서와 펜을 구입했고, 무언가를 열심히 그리기 시작했다. 그리곤 우체통에 슈웅! 응모를 했다. 다음 보물섬이 나오는 한 달은 마치 일 년과도 같았고 '내 그림이 뽑혔을까?'라고 수백 번 넘게 떠올리며 상상의 날개를 펼쳤다. 운이 좋았다. 오!! 보물섬 뒷 편에 내 그림이 실렸고, 며칠이 지나지 않아 큰 조립 로봇 장난감이 집에 도착해 있었다. 그건 8, 9살 아이가 직접 도전해서 얻은 첫 영광의 선물이었다.

　그 이후 학교를 다니면서 좀 더 재미난 만화책을 찾아 다녔고, 지금까지도 전설로 자리 잡고 있는 두 권의 만화책을 만나게 된다. '드래곤볼', '닥터슬럼프'. 공교롭게도 한 작가에서 나온 만화책이고, 그 작가는 세상에서 가장 돈을 많이 번 만화가 중 한 명인 토리야마 아키라(Akira Toriyama)이다. 작은 손은 그의 그림을 따라 그리기 시작했다. 하지만 창의적으로 그리진 못했다. 보고 따라 그릴 순 있었지만 그 이상은 절대 무리였다.

상상력을 총동원하여 그려보지만 눈 하나, 얼굴만 그리다 포기하는 게 부지기수였다. 신체를 모두 그리거나 손, 발을 그리는 것은 다른 차원의 이야기였다.(사실 얼굴도 정면만 그렸다.) 어떠한 발전도 없었고 교과서 귀퉁이 그림처럼 주목받지 못했다. 미술학원을 다닌 적이 없었기에 그림을 잘 그린다고 생각한 적이 없던 건 어쩌면 당연했는지도 모른다. 신기하게도 초등학교 6년 동안의 통지표엔 '미술에 소질이 있다'는 평을 매년 받아왔지만 초등학생을 바라보는 선생님의 관점이었을 뿐 자신을 만족시킬 만한 실력은 전혀 아니라고 생각했다.

"이 정도면 소질이 있어."

흔히 어른들이 아이들에게 하는 말일 것이다. 정말 소질이 있는 것일까? 정말 잘해서 그렇게 말한 것일까? 아닐 것이다. 아이들에게 꿈을 심어주어야 한다는 어른들의 무의식적인 반응에서 나왔으리라 생각한다. '어렸을 때는 무엇이든 할 수 있는 가능성이 있어.' 그 가능성 중 하나일지도 모른다는 생각에 말하는 것이겠지만 당사자는 안다. 스스로에게 소질이 있는지 없는지 말이다. 난 소질이 없었다. 컴퓨터도 그림도 소질이 없었다. 평범한 외모만큼 그저 그런 정도였다. 지금은 어떨까? 과연 좋아하고 흥미 있었던 것들이 내 이야기를 담아내는 데 도움이 되었을까?

1999년이라는 급변의 시기에 본격적으로 컴퓨터를 이용해 그래픽 작업을 하게 되었고 스포츠 같은 좋아하는 취향과 관련한 그림들을 그리기 시작했다. 취향이 반영된 작품들은 점점 스타일로 자리를 잡아가게 되었고 이윽고 2013년 멕시코 국제 컨퍼런스에 초청을 받은 것을 시작으로 미시시피 주립대에 초청을 받아 작품 발표를 하기도 했다. 그들이 나를 초청한 이유는 한 가지라고 한다. 사키루 작품엔 사키루만의 이야기가 담겨 있으며 그것이 결과적으로 사키루만의 차별화된 스타일로 보여졌기 때문이라고. 잘하려고 하지 않았고 그저 좋아하는 것에 이야기를 담았을 뿐인데 말이다.

추잉껌을 발명한 윌리엄 셈플(William F. Semple)은 치과의사였으며 그 역시 자신이 관심을 가지고 있던 치아를 깨끗하게 하기 위해 추잉껌을 발명했다. 옷을 입을 때 사용되는 지퍼를 개발한 휘트콤 저드슨(Whitcomb L. Judson) 역시 체구가 큰 자신이 운동화 끈을 메기 어려워 만든 쇠가 지금의 지퍼가 되었다. 이외에도 부인의 찰과상과 화상을 자주 처치해주던 얼 딕슨(Earle Dickson)은 지금의 반창고를 발명하기도 했다. 이 모두가 관심 있어 하는 분야에서 자신만의 이야기로 차별화된 독특함을 만들어낸 예라고 할 수 있다. 여러분은 무엇에 흥미를 가지고 있는가? 어떤 일을 하면 밤을 새면서도 집중할 수 있는가? 누구나 분명 하나쯤은 있을 것이다. 그것이 게임처럼 부모님이 좋아하지 않는 분야라 하더라도 말이다.

지금 좋아하는 일이 크게 의미가 없을 수도 있다. 혹은 오히려 부정적인 영향을 끼칠 수도 있다. 하지만 세상에 나란 존재는 단 한 명인 것처럼, 내가 살아온 삶과 취향 또한 독보적인 콘텐츠가 될 수 있는 유일한 것이다. 유심히 들여다보고 자신을 사랑하는 마음으로 아낀다면 세상에 쓸모 없는 추억이나 경험은 없지 않을까. 업(業)으로 돈을 벌어야만 한다는 생각만 버린다면 좋아하는 일을 행복하게 맞이할 수 있을 것이다.

존경하는 미국화가 Norman Rockwell의 1926년작 'Pipe and Bowl Sign Painter'를 재해석하여 오마쥬한 작품 - 2011

Norman
Rockwell the 1960S

2011.07.14

Norman Rockwell의 1966년작 'The Music Man'를 내 스타일로 재해석하여 오마쥬한 작품 – 2011

(3) 수능 실패, 하고 싶은 게 없었다

　　　　　누구나 그러하듯, 나 또한 중학교 때까지는 공부를 좀^(아주 조금) 한다는 이야기를 들어왔다. 96년도 부천의 고등학교 제도는 지원학교에서 시험을 치르고 내부 커트라인보다 높은 점수를 받아야만 입학이 가능했다. 중2 때 담임 선생님은 부천고등학교^(당시 부천에서 공부를 제일 잘하는 학교)를 제안했고 나 또한 열심히 노력하겠다고 했다. 허나 중3이 되어 성적이 좀 떨어져 안전하게 두 번째로 공부 잘하는 학교를 지원해 보면 어떻겠냐고 하셔서 부천북고등학교에 입학하게 되었다.^{(사실 부천고는 남(男)고이고 부천북고는 남녀(男女) 공학이어서 더 끌렸는지도 모른다.)}

　입학 후 고등학교 성적은 좋지 못했다. 50명 중 20~25등 정도를 했던 것 같다. 잘해야 15등 정도. 뭐가 문제였을까. 글쎄 특별히 방탕한 길로 빠지거나 공부하기 싫어졌거나 한 적은 없었는데도 말이다. 여느 때와 같이 공부했음에도 잘 따라가지 못했다. 돌이켜보면 공부에 대한 동기부여나 흥미가 중요한데 아무 목적 없이 책상에 앉아 있었던 것 같다. 시간이 흘러 수능시험을 보았고 결과는 당연 좋지 못했다. 12년 동안 수능시험이라는 결승선을 달려온 내게 세상은 '넌 저 뒤로 가 있어'라고 말하는 것 같았다.

　교무실, 전화번호부와 같이 두꺼운 책을 펼쳐 놓고 선생님과 나에겐 어색한 침묵이 흐른다. 죄라도 지은 양 고개 숙인 나와 쉽게 말을 잇지 못하는 선생님 사이의 공기는 시계 소리만이 들릴 뿐이었다. 이내 선생님이 먼저 입을 여셨다.

　"음…그래… 이 점수 가지고 서울에 있는 4년제 대학교는 무리일 듯 싶구나. 혹시 원하는 전공 학과가 있니?"

　전공이라… 참고로 우리 학교 분위기는 남자는 이과 여자는 문과였다. 그래서 선택한 이과반 일

뿐 기계, 전자, 건축 등의 분야에 관심이 있어서는 분명 아니다. 그렇다고 딱히 하고 싶은 공부가 있던 것도 아니다. 여태껏 국, 영, 수만 강조해놓고 이제 와서 다른 분야에 관심이 있냐고 묻다니… 학생들 개개인의 개성과는 상관없이 오로지 암기와 적용을 잘하는 인재상만을 최우선으로 줄을 세우고선, 중요한 시점에서 개성을 찾으라 하다니. 하긴, 고3 때 내 짝은 수능 시험을 치른 후 미술학원에 다녔는데, 자기는 그 꿈을 놓치고 싶지 않다고 했다. 내심 부럽기도 하고 열정이 대단해 보였다.

그때 문득 좋아하는 게 떠올랐다. 컴퓨터! 주로 게임만 했지만 도스(Ms-Dos) 시절 버전이 업데이트될 때마다 설레며 컴퓨터를 다루던 생각이 났다.

"선생님! 컴퓨터공학과에 들어가고 싶어요."

안경 너머로 안도하시는 표정이 느껴진다. 두꺼운 대학 학과 책을 몇 번 넘기시더니, "컴퓨터공학과가 요새 주목받는 학과라 만만치 않아 보이는구나. 천안에 있는 대학으로 찾아보자." 조금씩 이야기를 주고받고 나니 그래도 뭔가 할 수 있는 게 있었구나 싶었다.

99학번, 호서대학교 컴퓨터공학부(당시 제2공학부)에 입학했다. 특별히 호서대학교가 마음에 들었던 것은 애니메이션학과, 게임공학과들이 학부 안에 들어 있었기 때문이다. 일반적으로 애니메이션학과는 미술학부 계열에 있어 실기 점수가 필요하지만 이 학교는 컴퓨터공학부 안에 있었기에 실기점수가 필요 없었다.

허나 현실은 여기저기 휘둘리며 술자리에 불려 다니고 시간을 허비할 뿐, 결국 전과 다를 게 없는 상황의 연속이었다.

'엄마, 아빠 죄송해요… 어려운 형편에 비싼 등록금 내고 보내주셨는데, 전 이러고 있네요…'.

그렇다고 수업을 빼먹은 적은 단 한 번도 없었다. 초등학교 때부터 유일하게 받아왔던 개근상은 나의 유일한 자랑이었다. 지각도 하지 않았으며 주어진 과제에 최선을 다했다. 하지만 학부 특성상 1학년에겐 특별히 전공이 될 만한 기술이나 지식을 가르쳐주지 않는다. 영어부터 교양에 이르기까지 이것저것 얇고 넓은 지식을 강요한다. 그럴 즈음 친구의 달콤한 한 마디를 시작으로 내 삶은 변화하기 시작했다.

"이번에 우리 학부 게임동아리 크리에이터에서 신입생을 선발한대! 그래픽 팀에 같이 지원하지 않을래?"

앗!! 흥청망청 시간을 보내다 이제야 생각이 났다. 이 학교를 들어온 이유! 애니메이션!! 그리고 게임!! 서둘러 지원서를 작성하고 결과를 기다렸다. 운이 좋게 포토샵을 다룰 줄 아는 정도로도 날 받아주었다. 나와 친구는 저녁엔 게임동아리 모임에 나갔고, 그곳에서 '나 역시 뭔가 이 세상에서 할 일이 있는 사람이구나'라는 느낌을 받았다. 동아리 선배들은 인생에 있어 명확한 자기 주관 그리고 꿈과 비전을 가지고 게임 제작에 몰두해 있는 사람들이었다. 학생이라는 신분은 아마추어일지 모르지만 게임에 대한 전문성은 프로 못지않았다.

멋있어 보였다. 그야말로 짱이다! 나도 잘하고 싶어졌다! 무엇보다 인생에 있어 낯선 단어가 마음속 깊숙이 새겨지게 되는데, 그것은 무엇보다 뜨거웠고 생각만으로도 잠을 못 이룰 정도로 설레게 만드는 것이었다.

열정. 공부를 이렇게 열정적으로 했더라면… 하하. 20살 최상현, 마음속 깊이 열정을 품었다! 살면서 이런 기분은 처음이다. 또 다른 친구에게 나의 열정을 보여주었다. 잘만 하면 디자이너가 될 수 있고 좋아하는 게임도 하면서 얼마나 행복한 삶을 살 수 있는지 말이다. 그 친구는 여러 방면으로 눈썰미가 있었기에 이런 이야기를 나눌 수 있었다. 친구가 이야기를 듣더니 입을 열었다.

"네가 아무리 잘 그려도 미술을 공부한 애들보다 잘 그릴 수 없어. 줄을 긋더라도 혹은 같은 컬러를 쓰더라도 배우지 않은 애들하고 배운 애들하곤 퀄리티가 달라. 그 깊이를 정식 코스로 배우지 않고선 절대 따라갈 수 없어. 이건 차원이 달라. 넌 디자이너가 될 수 없어."

'하… 그렇구나… 그런 거구나… 하긴 괜히 비싼 돈 들여가면서 미술학원을 다니고 실기를 통해 미대에 진학하는 이유가 분명 있겠지. 나처럼 대충 하고 싶다고 덤비는 애들이 어디 한둘이겠어…' 라는 생각이 들다가도 이내 청개구리는 얼굴을 내밀기도 한다.

"그래도 하고 싶어! 선배들 따라 게임동아리에서 열심히 하면 취업도 하고 돈도 벌 수 있을 거야!"

대략 이 즈음부터인 듯하다. 생전 책이라곤 교과서밖에 안 읽던 내가 교내 도서관을 드나들기 시작했다. 하루에 3권까지 빌릴 수 있었는데 워낙 기초가 부족했던 터라 뎃생 관련 책부터 미술 교양 서적과 컴퓨터 그래픽에 이르기까지 다양한 책들을 빌려 보았다. 가방은 수업 책 외에도 빌린 책들로 항상 무거웠으며(미술책들은 하나같이 크고 두껍다) 수업시간엔 뒤에 앉아 빌린 책들을 보기 시작했다. 6개월 정도 지나니 도서관에서 미술, 그래픽 관련한 웬만한 책은 다 읽었다. '새로 나온 책 좀 구비해주지!!' 라는 투덜거림이 있을 정도로… 건방짐이 느껴지기보다 '그래도 뭔가 열심히 하고 있구나!'라는 대견스러움이 스스로에게 느껴졌다.

이러한 노력들이 실제로 도움이 되었을까? 글쎄… 지금 돌이켜보면 좌뇌를 이용한 순간적인 지식은 채워졌을지 모르지만 손이 그것을 따라주지 못했으니 큰 도움은 안 되었다고 하는 편이 낫겠다. 짧은 시간 안에 인스턴트식의 정보 주입은 알량한 열등감에 대한 자기합리화일 뿐 그 이상은 절대 아니었다. 어쩌면 스무 살이라는 어린 나이였기에 그 모든 것을 이해하고 담아낼 그릇이 안 되었었나라는 생각도 든다.

한 가지 도움이 되었다면 '난 더 이상 무식하진 않아'라는 작은 자신감이 싹을 틔우기 시작했다는 것이다. 나도 이젠 르네상스 화가들을 알고 그들의 작품을 기억하며, 동양의 미술이 서양과 어떻게 다르게 발전해왔는지를 알기 시작했다는 것이다. 이러한 자신감은 또 다른 욕심으로 이어지게 되었다. 학교에서 낙서만 하는 게 아니라 실제 사회생활에서 일하고 싶은 욕심으로 말이다. 내게 충고를 해준 친구는 1학기만 다니고 이내 자퇴를 하고 떠나버렸다. 1999년 뜨거운 여름, 수능에선 실패했을지 모르지만 뭔가 하고 싶은 게 생겼고 잘하고 싶었다. 이것이 열정이라면 24시간이 부족할 정도로 최고가 되기 위해 노력하고 싶었다.

수능이라는 세상이 만든 줄 세우기 제도 아래 뒤로 밀려나 패배자가 된 듯했지만, 이제는 누군가 만들어 놓은 틀에 나를 끼어 맞추기보다 하고 싶은 것을 자유롭게 해보기로 결심했다. 하고 싶은 것 없이 살아온 20년 인생에 드디어 뭔가 하고 싶은 것이 생긴 순간이었다.

아이 동화책을 위해 직접 쓴 글을 위한 캐릭터 콘셉트 스케치 - 2014

평창 동계올림픽을 염원하며 그린 최후의 만찬 - 2009

(4) 첫 번째 시련, 왜 나만 안 될까?

        대한민국의 교육시스템 아래 자발적으로 배우고 싶은 분야를 공부했다기보다, 세상이 원하는 기준의 인재가 되기 위해 12년 동안 국, 영, 수 중심의 공부를 해왔다. 그리고 단 하루의 수능 성적으로 모든 것이 평가되어져 등급에 합당한 학교로 지원할 수밖에 없는 줄 세우기 속에서, 이제야!! 하고 싶은 것을 직접 선택하고 자발적으로 공부하며 인정받고 싶다는 강한 동기부여가 생겼다. 그런 의미에서 게임동아리 크리에이터에서의 활동은 꽤나 재미있었다. 한 가지 프로젝트를 위해 기획, 프로그래밍, 그래픽 등으로 세 개 팀이 주기적으로 회의를 하면서 게임을 만든다. 그래픽 팀은 자체적으로 세미나를 열어 선배들이 후배들에게 노하우를 전달하기도 했다. 그들과 함께 하는 것만으로도 뭔가 엄청난 일을 하고 있는 것 같았다.

    시간이 흘러 겨울방학이 다가왔고 동아리에선 완성도 있는 게임을 위해 방학기간 동안 합숙을 하기로 결정했다. 우리는 학교 근처에 방 3개를 잡아 각 팀별로 컴퓨터를 세팅했다. 아침이 되면 오순도순 모여 밥을 해 먹었고 점심엔 팀별로 작업이 진행되었으며 저녁에는 회의가 이루어졌다.

    우와! 너무 멋지지 않은가? 한 달간의 합숙에서 엄청난 경험들을 했는데, 팀의 일원으로서 역할, 그것은 자신의 역량이기도 하지만 팀이 무너지지 않기 위해 꾸준히 개발해야 하는 책임감이기도 했다. 회사 생활을 경험한 적은 없지만 숙소에서의 경험들은 조직의 일원으로서 정해진 시간 안에 완성도 있는 결과물을 만들어 내는 것이 얼마나 중요한지를 가르쳐주었다. 또한 실력이 있다고 혼자서 모든 것을 다 하려는 행동은 자기 무덤을 파는 것처럼 무의미하다는 것. 공동의 목표를 향함에 있어 상호 간의 커뮤니케이션이 중요하고 내 생각을 숨기는 것보다 솔직하게 드러내는 것이 결국은 전체에게 이롭다는 생각을 경험을 통해 얻게 되었다.

    프로젝트가 마무리 되어갈 즈음 동아리에 희소식이 전해졌다. 서울에 있는 유명 게임회사(당시 가장 인기 있는 게임을 만든 개발사)에서 팀원들을 스카우트하고 싶다는 것이다. 꿈만 같았다. 멤버 수가 좀 있으니 선배들부터 단계적으로 채용한다는 계획이었다. 내 순서가 뒤에 있는 건 사실 중요치 않다. 직장인이 되어 돈을 벌면서 좋아하는 일을 할 수 있다는 엄청난 일이 일어났기 때문이다.

"이제! 용돈은 안 받겠습니다! 제가 앞으로 용돈을 드리죠!! 하하하"

부모님에게 너스레를 떨기도 했다. 합숙이 끝나고 남은 기간 동안 집에서 빈둥거리기도 뭐해 부천의 한 공장으로 출근을 했다. 여름방학 때도 전자공장에서 일을 해 본 적이 있기 때문에 납땜부터 박스를 나르는 등의 잡일에 익숙했다. 그 날도 공장의 허드렛일을 하고 점심식사를 한 직후였다. 동아리 팀장에게서 전화가 왔다. 밖은 쌀쌀했지만 외투를 걸치고 밖으로 나와 전화를 받았다.

"상현아! 잘 지내지? 다름이 아니라… 넌 이번에 같이 취업을 못 할 것 같다. 다른 멤버들은 3D 프로그램도 다 하는데 넌 아직 못 하잖아… 끝까지 도와주지 못해 미안하다. 또 기회가 올 꺼야…"

통화를 끊고… 잠시 멍… 하니 서 있었다. 그냥 아무 생각도 나지 않았다. 기대가 큰 만큼 실망도 컸지만 결정도 안 된 사항을 가지고 동네방네 떠들고 다닌 내가 부끄러웠다. 쥐구멍이 어디 있을까. 분명한 건 당시 취업, 그리고 돈을 번다는 허영심만 가득했지 실제로 실력이 뒷받침되지 않은 상태에서 다른 사람들에게 묻어 가려고 했던 자신에게 더 실망이 컸다.

그렇게 남은 겨울방학 동안은 먼 산만 바라보며 하루하루를 보낸 것 같다. 모든 일이 순조로웠던 만큼 이런 일이 있으리라고는 단 한 순간도 생각해 본 적이 없었다. 평생 동아리 사람들과 숙소에서 알콩달콩 즐겁게 작업할 수 있다고 생각했는데… 앞으로 나만 그 자리에 없다고 생각하니 울컥하는 마음은 쉽게 진정되지 않았다. 무리에서 혼자만 튕겨나간 기분을 아는 사람은 그 좌절감이 시간이 지나면서 더 강한 에너지로 바뀐다는 것도 알 것이다.

당시 내 컴퓨터는 친구들만큼 높은 사양이 아니었다. 나 역시 3D에 꿈을 가지고 맥스 같은 프로그램들을 설치해보았지만 너무 느린 탓에 이내 지우고 말았었다. 오직 마우스를 이용해 포토샵으로 그림만 그릴 수 있었다. 그게 전부. 하지만 꽤나 긍정적이었던 난 이런 생각을 했다.

'사실 2D가 기본적으로 되어야 3D도 잘할 수 있는 거 아닌가? 그래, 아직 2D 그래픽 기술이 부족한 거야. 더 열심히 하자! 반드시! 언젠가! 인정받고 말겠어!'

많은 계발서에서 '실패는 성공의 어머니'라는 말이 있지만 정작 그 상황이 되면 쉽게 극복하기란 어렵다. 물론 실패를 할 정도의 큰 시도도 도전도 없었지만, 좌절했을 때의 상실감은 분명 존재했다. 방학이 끝나갈 즈음 현실을 받아들였고 하나둘 떠난 게임동아리에 홀로 남아 '나 또한 당당히 취업하리라!' 다짐하며 새 학년이 시작되는 따뜻한 봄을 맞이했다.

주변을 둘러 보면 자신의 능력보다 더 많은 대우를 받고 싶어하는 이들이 많다. 대우의 기준이 스스로에게서 만들어지는 것이 아니라 외부의 기준으로부터 적용되다 보니 최소한 그들 정도의 대우를 받아야 한다고들 생각한다. 비교하지 말자. 우선 자신의 주제를 파악하고 기업이든 어떤 누군가이든 실제로 어느 정도 퍼포먼스를 낼 수 있는지를 생각해야 한다. 거기서부터 대우의 기준이 만들어진다.

한 경제학자에 의하면 기업 입장에서 직원에게 주는 월급의 3배 이상의 가치를 얻어야 비로소 정상적인 기업이 운영된다고 한다. 바꿔 생각하면 직원으로서 우리는 받는 월급의 3배의 가치를 기업에 제공하고 있는지 고민해 볼 필요가 있다. 어쩌다 운 좋게 무리에 편승하여 티 안 나게 그들과 비슷한 수준의 월급을 받으려고 노력하기보다 정정당당히 자신과 마주하고 작게는 기업에서, 크게는 시장에서 큰 가치를 제공할 수 있는 역량을 키우는 것이 무엇보다 중요하다.

캐나다 랩퍼 Green Hypnotic의 Coastar 앨범 커버 일러스트레이션 - 2014

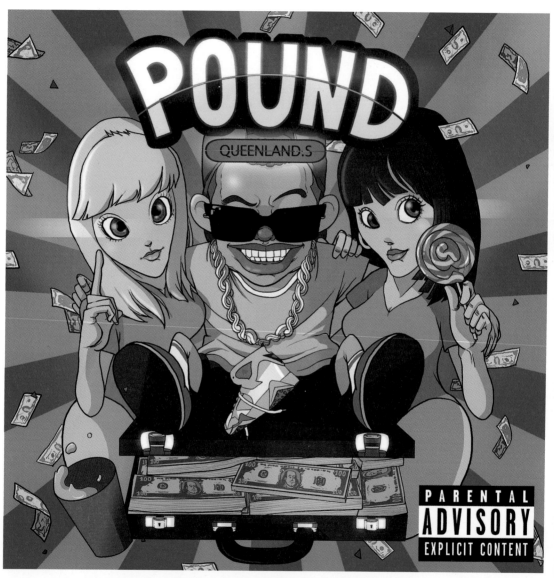

캐나다 랩퍼 Queenland의 Pound 앨범 커버 일러스트레이션 - 2013

(5) 생애 첫 이력서 그리고 첫 면접

우리 몸은 꾸준히 사용하지 않으면 쇠퇴하게 된다. 근육이 그러하고 뇌가 그러하다. 좋은 글을 쓰려면 항상 연필을 깎아 놓아야 하는 것처럼 뇌 또한 규칙적인 훈련이 필요하다. 같은 일을 매일 똑같은 방법으로 하는 것은 뇌를 발전시키지 못한다. 새로운 것을 배우거나 반복적인 패턴을 벗어나는 게 분명 도움이 될 것이다. 평범한 일상을 깨울 규칙적인 무언가가 필요하다.

그림을 잘 그리고 싶었다. 정말로. 그렇다고 학교에서 그리는 법을 가르쳐주는 것도 아니다. 결국, 스스로 잘 그리는 연구를 해야만 한다. 이대로 평상시처럼 지내다간 아무것도 안 될 것 같았다. 항상 긴장하고 스스로를 자극시키는 무언가가 필요했다.

그날은 홈페이지 만드는 수업이 있었다. 쉬는 시간마다 학교 인터넷 정보 이용실에서 좋아하는 축구 뉴스를 찾아 보거나 한메일을 열람하곤 했는데 나도 그러한 홈페이지를 만들 수 있다니 큰 기대를 가지고 참여한 수업이다. (1999~2000년 이때는 인터넷이 많이 보급되지 않은 시기여서 인터넷이 가능한 컴퓨터실에서 학생증을 보여주고 기다린 후에야 빈 자리에서 할 수 있었다. 물론 PC방에서도 인터넷을 할 수 있었다.) 수업은 어떻게 웹에서 자기만의 공간을 만들고 디자인해서 보여줄 수 있는지 구조를 설명해 주었다. HTML은 지금도 유용하게 사용하고 있는 가장 기초적인 프로그램 언어이다.

과제로 주어진 홈페이지를 만들기 위해 메모장을 열어 몇 날 며칠 작업을 했다. 있는 소스 없는 소스 찾아가며 플로피 디스켓 5장으로 나만의 축구 홈페이지를 만들었다. 매일 게임만 하던 친구들에게 홈페이지를 보여주었더니 작업한 시간에 비해 퀄리티는 별로라는 것이었다. 그래! 그럼 너희들이 만든 홈페이지는 어떤데? 뚜둥… 분명 나보다 짧은 시간 동안 작업을 했음에도 그들이 보여준 홈페이지는 훨씬 안정되어 있고 역동적이었다. 애니메이션까지 되다니… 실로 대단했다.

"우와! 어떻게 이렇게 만들었어? 이런 건 학교에서 가르쳐주지도 않았는데?" 그때 친구는 나모 웹 에디터 프로그램을 보여주며 이거면 뭐든지 쉽게 만들 수 있어! 라고 했다. 확실히 철자 하나하나 메모장에 써 내려간 코드보다 훨씬 간단하고 훌륭한 코드였다. 이를 계기로 무궁무진한 홈페이지 디자인 세상에 빠져들었다. 깊이 들어갈수록 나만의 홈페이지를 만들고 싶은 욕구가 치솟았다.

그래서 결정했다. 무료로 캐리커처를 그려주는 사이트를 만들기로 말이다. 이 사이트는 스스로 자극도 되고 매일마다 새로운 그림을 연습할 수 있도록 하는 패턴을 만들기 위함이었다. 평범한 일상을 깨우고 뇌를 규칙적으로 훈련시켜 더 성장하기 위함이었다.

2000년, 개인 홈페이지 붐이 일면서 나 또한 무료로 제공하는 서버와 도메인을 이용해 홈페이지를 만들었다.(첫 홈페이지는 드림위즈의 무료 서비스를 이용했다.) 당시는 아직 포토샵을 다룰 줄 아는 사람이 많지 않았기에 재능을 살려 좋은 기부를 할 수 있다고 생각했다. 무료로 캐리커처와 배너를 만들어준다고 공지하고 신청 게시판을 열었다. 다음 날 설레는 마음으로 메일을 확인했더니 두어 통의 신청메일이 도착해 있었다! 첨부된 사진들을 다운받아 기숙사 방에서 새벽까지 캐리커처와 배너를 만들었다. 마우스로 작업해야 했기에 선도 삐뚤빼뚤 했지만 사람들은 재미나게 표현한 그들의 캐리커처를 좋아해주었다.

무료여서 그랬을까? 시간이 흐를수록 신청자가 많아졌고 잠자는 시간도 줄어갔다. 하지만 매일 행복했다. 새벽 내내 좋아하는 그림을 그리고 누군가에게 선물하고 그들로부터 감사하다는 메시지를 받는 것만으로도 한층 업그레이드된 기분이 들었기 때문이다. 이제 실력이 좀 늘었으려나 할 때, 자주 방문하던 홈페이지에서 구인광고를 발견했다. 포토샵을 다룰 수 있고 손 그림이 가능한 사람. 무엇보다 열!정!이 넘치는 사람! 그 글을 읽는 순간 한 치의 망설임도 없이 이건 나라고 생각했다. 오직 나만이 이 일을 할 수 있다고 확신했다. 생각하건대 게임동아리에서 혼자 남게 되었을 때는 이러한 자신감이 없었다. 정체된 패턴을 바꾸기 위해 꾸준히 캐리커처를 그려왔고 작업 양이 쌓이면서 작은 자신감을 얻었기에 그런 확신이 들었던 것 같다.

이미 회사에 입사라도 한 양 총총 걸음으로 기숙사 방에 도착했다. 떨리는 마음으로 다운받아온 이력서 문서를 열었다. 처음 써 보는 이력서이기에 신기하기도 했고 생각보다 적을 게 많다고 느꼈다. 개인정보를 채우고 밑으로 내려갈수록 솔직히 힘들었다. 학력란에 적은 호서대학교. 그것도 디자인 계열이 아닌 컴퓨터공학부, 거기까진 뭐 그렇다 치자. 경력… 흠! 게임동아리에서 만들었던 몇 가지와 무료 캐리커처 사이트에서의 활동을 적었다. 그래야 2, 3줄이 전부인, 휴… 자 다음 칸을 보자. 다룰 줄 아는 툴. 이 부분이 가장 고민이 되었다. 포토샵 그리고… 없네.

트라우마, 앞서 포토샵만 다룰 줄 안다고 채용에서 제외된 경험. 내 뇌는 그것을 명확하고도 생생하게 기억하고 있었다. 그리곤 끊임없이 나에게 명령을 내렸다. '포토샵만 적어선 안 돼!!'

어려서부터 열심히 신앙생활을 하고 대학교에서도 C.C.C.^(대학 전도 동아리)에 가입하여 활동을 하던 한 기독교인은 그렇게 동공이 흔들리기 시작했다. 갈등은 최종적으로 메일을 보내는 순간까지 계속되었다. 그렇게 발송된 메일에는 일러스트레이터, 플래시, 맥스, 마야 등등 한 번 이상 컴퓨터에 설치해 봤던 무수히 많은 프로그램들이 적혀 있었다.

다음 날, 수업시간에 교수님이 말하는 어떤 내용도 머릿속에 들어오지 않았다. 쉬는 시간만 되면 인터넷이 되는 컴퓨터 앞으로 가서 매일 확인해 보느라 바빴다. 아쉽게도 어떠한 메일도 연락이 오지 않았다.

일주일 혹은 이 주일이 지났을까? 하루는 교실 뒷자리에 멍하니 앉아 있는데 그런 생각이 들더라. '뭐지? 메일을 받았으면 면접을 볼 건지 안 볼 건지 알려줘야 기대를 하든 말든 할 거 아냐? 에이… 그래 이건 아니지!!' 서둘러 메일을 작성했다. '이력서를 보냈는데 아직 연락이 없네요. 합격유무를 알려주셔야 저도 다른 직장을 알아볼 수 있지 않을까요' 대략 이런 내용이었다. 지금 생각해 보면 당돌했던 건지 멍청했던 건지… 일반적으로 피드백이 오지 않으면 떨어졌다고 보면 된다. 당시는 그걸 몰랐기에 그런 메일을 보낸 듯 하다. 하나님은 나의 이 순수함(?)을 높이 사신 듯 하다!! 바로 핸드폰으로 문자가 왔고 그 주 금요일에 면접이 가능하냐는 것이었다.

홍대, 학창시절 말은 몇 번 들었지만 직접 와보긴 처음이다. 태어나 처음 밟은 홍대는 뭐랄까… 굉장히 에너지 넘치는 공간이었다. 지나는 사람들마다 눈빛이 살아 있고 분명하게 설정한 자신의 삶을 살아가는 듯 보였다. 그들의 눈빛은 게임동아리 선배들의 그것과 크게 다르지 않았다. 직감했다. 이곳은 분명 대단한 곳이다. 이런 곳에 내가 면접 볼 회사가 있다. '홍대로 아침마다 출퇴근 하면 얼마나 좋을까'라는 상상을 하며 주머니에서 약도를 꺼냈다. 프린터가 없던 터라 종이에 연필로 그려왔는데 워낙 악필이다 보니 내가 봐도 헷갈리더라. 끄응…

무슨 주차장이라고 했는데… 분명 거의 다 온 듯 한데 결정적으로 정확히 찾기가 힘들었다. 그 때 하나님이 나의 운을 시험이라도 하듯 소나기가 내렸다. 정말이지 시원하게 내렸다. 우산도 없이 무작정 비를 피했다. 그렇게 비를 피해 다니며 회사를 찾다 보니 어느덧 약속시간도 지나버렸다. 전화를 걸어 위치를 확인하니 분명 근처인 건 맞는데… 2, 3번의 통화를 주고받았지만 전혀 찾을 수가 없었다. 대체로 면접 약속에 늦으면 좋은 이미지는 아니기에 채용이 될 일이 만무하지 않은가. 엎친 데 덮친 격으로 종이에 그려진 약도는 이미 젖었고 씌어진 글자는 모두 뭉게진 상태, 포기하자. 이렇게 쫄딱 젖은 생쥐에다 면접시간도 30분 이상 늦어진 상황에서 무슨 면접이냐… 한탄하던 찰나 그토록 찾던 회사 간판이 보였다. 80080이라고 정확하게 씌어 있었다. 자그마하게.

3층 계단으로 올라가 사무실 문을 열기 전, 바로 옆에 한 명 정도 들어갈 수 있는 작은 화장실에서 거울을 보았다. 안경은 뿌옇고 머리는 흠뻑 젖은 꼴이 내가 봐도 측은한 마음이 들었다. 조금 추스린 뒤 문을 열었다. "안녕하세요, 여기가 오늘 면접 볼 회사 맞나요?" 라고 묻자 회사 대표님과 팀장님은 반갑게 맞이해주셨고 입구 오른쪽에 있는 자그마한 회의실로 자리를 옮겼다. 지금도 기억나는 그 회의실은 한쪽에 작은 창문이 있고 테이블엔 화초가 싱그럽게 웃고 있었다. 테이블 하나 달랑 있는 공간이었지만 아늑하고 편안했다. 따뜻한 차에 잠시 몸을 녹인 후 대표님과 면접이 시작되었다. 사실 다른 질문들은 기억이 나지 않는다. 딱 하나의 질문만 기억이 난다.

"연봉은 얼마 정도 생각하고 계세요?"

이 질문은 무척 당황스럽고 강력한 질문이었다. 물론 어차피 주고받아야 할 이야기였지만 대체 뭘 어떻게 말해야 할지 아무 생각이 나지 않았다. 편하게 만들어 주셔서일까. 자연스럽게 대화를 이어갔고 지난 이야기를 하게 되었다.

"방학 때 아르바이트를 하곤 했습니다. 주로 공장에서 잡일을 했는데요, 그때 받았던 월급이 65만 원 정도 됩니다. 디자인 일은 아무래도 그런 일보단 더 가치 있는 일이라고 생각하는데요… 그보다 좀 더 받으면 어떨까 생각해 봤습니다."

글쎄… 쭈뼛쭈뼛하며 어리바리하게 이야기했을 것이다. 대표님은 친절하게 연봉에 대해 설명해 주셨고 생각한 금액보다 많은 금액을 제시해주셨다. 실감나지 않았지만 이미 채용하기로 결정하셨다고 한다. 인턴 기간을 거쳐 정식 직원이 되는 과정. 앞으로 어떤 일들이 펼쳐질지 모르지만 이곳 홍대를 자주 올 수 있다고 생각하니 심장이 마구 뛰기 시작했다. 그렇게 인사를 드리고 나왔는데 마치 영화의 한 장면처럼 소나기는 그치고 햇살이 쨍쨍하게 빛나고 있었다.

싱가폴 맥주 Tiger Beer에서 진행하는 글로벌 프로젝트 Tiger Translate에서는 각국의 거리를 표현하는 프로젝트가 있었다.
한국 대표로 선정되어 열정 넘치는 홍대 거리를 표현했다. - 2012

스마트폰 아톰런처를 통한 할로윈 테마세트 패키지 일러스트레이션 - 2012

(6) 디자인 계열에서는 저 컬러를 안 쓰지 않냐?

아르바이트로 공장을 나설 때 와는 다른 마음가짐이었다. 사회의 일원으로서 국가 경제발전에 기여한다는 느낌이랄까. 좋아하는 노래를 가득 담은 CD와 함께 출근하니, 마치 영화의 한 장면 속 주인공 같았다. 상쾌한 아침 공기를 들이마시며 사무실까지 콧노래 부르며 걸어갔다. 문을 열기 전 크게 호흡을 들이킨 후! "안녕하세요! 오늘 첫 출근한 최상현입니다. 잘 부탁드립니다." 자그마한 사무실 창가 사이로 따사로운 5월의 햇살이 비친다.

스타트업 한 지 오래되지 않은 이 회사는 크게 캐릭터 팀과 웹 디자인 팀으로 나뉘어진다. 난 오툰(Otoon)이라는 캐릭터 팀에 소속되었고 그렇게 첫 직장 생활은 시작되었다. 아무래도 첫 출근이다 보니 딱히 할 일은 없었다. 앞으로 캐릭터와 게임 관련 일을 할 테니 이것저것 많이 둘러 보라고 하신다. 인터넷을 마음껏 할 수 있다니 정말 기분이 좋았다. 부담 없이 편안한 마음으로 캐릭터들을 검색했다.

이미 일본 만화와 애니메이션 캐릭터에 익숙해 있던 내게 심슨, 비비스앤 벗헤드, 스폰지밥 같은 캐릭터들은 굉장히 충격적이었다. 아니 너무 멋있었다. 주인공이라면 정의를 위해 악당과 싸워야 하는데 이 캐릭터들은 그렇지 않았다. 너무나 자유로웠고 삐딱하면서도 매력이 철철 넘치는 녀석들이었다. 그때 생각했다. '앞으로 캐릭터를 만든다면 이런 캐릭터들 같이 만들고 싶다…' 고, 뭔가 잘생기거나 예쁘진 않지만 개성 있고 사랑스러운 캐릭터를 만들고 싶다고.

하루는 팀장님께 "왜 절 뽑으셨어요?" 라고 물었다. 물론 수습 3개월을 거친 후 정식사원이 되었지만 별 경력도 없는 날 뽑은 이유가 궁금했다. "그냥 신기했어요. 일반적으로 태블릿으로 작업하는데 상현 씨는 마우스로만 그린 거 잖아요? 그게 대단해 보였어요." 태블릿? 그게 뭐지? 학생 신분이었기에 고가의 태블릿을 사용하는 것은 불가능한 일이었다. 태블릿을 사용하면 더 쉽고 빠르게 그릴 수 있다고 하니 '이게 프로의 세계구나'라는 겸연쩍은 생각마저 들었다.

지금 나에게 태블릿은 컴퓨터 작업을 하면서 절대적인 필수아이템이 되었다. 이렇게 소중한 태블릿과의 만남은 생각처럼 쉽지 않았다. 주어진 태블릿을 이용하여 몇 차례 시도를 해 보았지만 이미 마우스 작업에 익숙한 나에게 태블릿은 불편했다. 그렇게 한 달 동안 책꽂이에 꽂아 놓은 채 사용하지 않았다. 익숙하게 사용하는 팀장님을 보면 참으로 유용해 보였고 반드시 다룰 줄 알아야 하는 것으로 느껴졌지만 정말 쉽지 않았다. 익숙해지면 팀장님처럼 잘할 수 있을까? 고민고민하다 결정을 내렸다.

좋아하는 심슨 캐릭터를 '그 이후'란 제목으로 재해석 - 2013

녀석과 친해지자. 녀석은 태블릿이다. 불편했던 이유를 곰곰이 생각해 보니 당장 무언가 결과물을 내려고 하니 어려웠던 것 같다. 작업에 대한 부담을 덜고 우선 친해지기로 했다. 생각을 바꾼 후부터 일상적인 작업에서 마우스 대신 태블릿을 사용했다. 웹 검색부터 프로그램 실행 등 일련의 모든 커서 움직임과 클릭에 있어 태블릿을 이용했다. 시간이 흐르니 마우스가 필요 없을 정도로 태블릿과 친해져 있었다. 조심스레 포토샵을 켜고 선을 그려보았다. 삐뚤삐뚤하게 그려지던 선이 꽤 안정적으로 바뀌었다. 도움이 된 건지 몰라도 태블릿 펜으로 그림을 그리는 행위 자체가 더 이상 불편하지 않게 느껴졌다.

회사에서 받은 태블릿은 WACOM Intuos1 6×8 사이즈로 익숙해지니 더 클 필요도 작을 필요도 없이 딱 좋았다. 현재 집에서 사용하는 태블릿은 WACOM Intuos2 6×8 사이즈 중고를 사용하는데 내구성도 강하고 고장 나는 일이 없어 지금까지도 잘 사용하고 있다. 누군가 '태블릿은 반드시 있어야 합니까?'라고 묻는다면, 사실 없어도 작업을 하는 데 큰 문제는 없다고 말하고 싶다. 다만 태블릿 작업의 가장 큰 장점으로는 필압(筆壓) 조절이 가능하여 섬세한 그래픽 작업을 함에 있어 편리하고 무엇보다 빠른 시간 안에 퀄리티 있는 작업을 만들어 낼 수 있다는 큰 장점이 있다. 이제는 이미 몸의 일부처럼 되어 버린 태블릿을, 그것 없이 작업하라고 한다면 나는 아무것도 못 할 것 같다. 무엇이든 연습하고 익숙해질수록 강력한 무기가 된다는 걸 알았다.

그날도 여느 때처럼 서툰 태블릿에 적응해가며 컴퓨터 작업을 하고 있을 때였다. 뒤로 두 명의 웹디자이너가 서 있었다. 그들은 아르바이트로 출근하며 웹디자인 일을 하는 친구들로 모두 홍대 미대생들이었다. 아무래도 미술에 대한 열등감이 있는 나로서는 작업과정을 보인다는 것은 여간 부끄러운 상황이 아니었다. 등 뒤에서 서로 주고받은 대화 내용이 지금까지도 기억이 나는 것을 보면 마음속 꽤 깊숙하게 자리 잡았나 보다.

"일반적으로 시각 디자인에서 저 컬러와 저 컬러는 안 쓰지 않냐? 특히나 전혀 조화를 이루지 않아 전체적으로 균형을 깨는 것 같은데 말이야."

그 컬러가 어떤 컬러였는지는 기억이 나지 않는다. 단지 엄청 부끄러웠고 전문가들에게 비춰진 내 작업이 초라하구나라는 강한 느낌뿐이었다. 움츠러든 어깨는 좀처럼 펴지지 않았다. 열등감이란 놈은 단어로 설명하기엔 굉장히 복합적인 감정이다. 어린 나이로서 회사를 계속 다녀야 하나 말아야 하나까지 고민을 했다. 하지만 이 경험은 나에게 굉장한 경험이자 또 한 번 사고의 전환점을 가져다 주었다. 사실 대학교에 있을 때 미대생에 준하는 지식을 얻기 위해 엄청 노력했다. 컬러 또한 그랬다. 어떤 컬러는 어떤 의미를 지니는지(미술 교과서에 나오는) 암기하듯 외우곤 했지만 전혀 도움이 되지 않은 것도 사실이다. 설사 내 학습법이 잘못되었다 하더라도 이미 남이 만든 규정대로 나를 맞추는 것은 남의 옷을 입은 듯 불편했다. 그냥 하고 싶은 대로, 좀 더 똑똑해진다면 나만의 구체적이고 체계화된 디자인 이론이 필요했다. '그래. 나에게 최적화된 디자인 이론이 만들어진다면 내 법칙 안에서 마음대로 할 거다. 누가 뭐라고 하겠어?'

혹자는 모두의 기준을 따르지 않고 자기 기준과 원칙대로 사는 삶에 대해서, 무모함 혹은 아웃사이더의 전형적인 모습이라고 폄하(貶下)할지도 모른다. 물론 우리가 따르는 많은 가치기준들은 수십 년에서 수천 년에 걸쳐 형성되어 왔기 때문에 그것이 옳다 나쁘다를 말할 수준은 넘어섰다. 다만 과거의 지식과 방법론이 하루가 다르게 급변하는 현실에 적합하지 않다면 거기서 미래 지향의 새로운 가치기준은 만들어질 수 있다고 본다. 그리고 이러한 기준들은 거시적으로 전체를 조망하기도 하지만 미시적으로 개인의 삶을 통해 각자의 기준과 원칙이 전체에 영향을 끼치는 경우도 많아지게 된다.

모든 학생들은 국, 영, 수를 잘해야만 하고, 좋은 대학교를 나와 크고 안정된 직장에 취업해야만 하며, 결혼하고 집, 차를 사야 하고 등등 세상의 수많은 잣대들이 우리를 줄 세운다. 많은 유교권 국가에서 개인보다 집단의 가치가 우선시되며 그 안에서 이루어지는 다양한 관계를 중요하게 여긴다. 이러한 관계 유지야말로 집단의 가치를 드높인다고 여기기 때문이다. 부모와 자식과의 관계, 스승과 제자와의 관계 등등. 그래서 집단(관계의 영역)을 벗어나 홀로 존재하는 것은 부정적으로 여겨져 왔다. 그 안에 들어가지 못하면 불안하고 외면되는 것이 자연스러운 세상이다. '남들과 다른 행동'은 튀는 행동으로 간주되어 지양되어 왔던 것 또한 사실이다. 개인의 개성을 중요한 가치로 여기는 유럽의 분위기와는 분명 다르다.

　미술도 그러한 관점에서 들여다 보았다. 관계를 깨지 않기 위해 개인이 아닌 전체의 부분으로서 스승들이 만들어 놓은 오래된 기준을 깨는 것은 어려운 일이다. 사람은 이렇게 그려야 하고 피부색은 이렇고 명암은 이러한 규칙에 의해 적용되어야 하며 등등의 변하지 않는 확실한 기준들. 과학적인 사실에 근거한 그림은 중요하다. 하지만 그 안에 갇혀서 평범한 그림이 되어 버리면 안 된다. 거인의 어깨 위에 서야 하지만 작고 볼품없는 거인이라도 나만의 거인을 만들어 보는 것은 어떨까 생각해 본다. 누군가의 기준에 자신을 맞추는 것은 스트레스지만 자신이 직접 기준이 되는 것은 무척이나 즐거운 일이다. 내가 추구하는 디자인을 보고 모두들 틀렸다고 말해도 상관없다. 내가 봤을 때 옳은 디자인이라는 확신이 곧게 서 있다면 인생 걸어볼 만하지 않은가.

　기존의 입시 미술을 통한 미대의 지향점이나, 그들이 추구하는 기준을 따르지 않고 홀로 존재하려는 행동이 쉽지 않은 일인 것만큼은 확실하다. 많은 시간이 지난 지금 저 경험을 돌이켜보면 분명 사고의 전환점이 되는 포인트였다. '모 아니면 도'라 했던가. 아무도 밟지 않은 이 눈 쌓인 길이 비록 낭떠러지로 연결될지라도 자신을 믿고 꾸준히 고민하고 노력한다면 그 끝에서 훨훨 날 수 있지 않을까? 디자인에서는 쓰지 않는 컬러라 하더라도! 일반적으로 함께 쓰면 안 된다고 학교에서 가르쳤더라도! 나는 쓸 테야! 왜? 내가 쓰고 싶으니까! 그래야 가장 나(我)스러우니까.

　노벨 물리학상 수상자인 나카무라 슈지는 청색 LED를 개발한 사람으로 유명하다. 당시까지 발명되지 않았던 청색을 개발할 수 있었던 그만의 방법은 기존 많은 사람들이 하던 방식이 아닌 다른 자기만의 방식으로 실험을 한 것이다. 오히려 터부시 되어왔던 방법을 활용하여 강하고 선명한 청색 LED를 개발했다. 그 또한 세상이 정하고 학교에서 가르친 대로만 했다면 이 같은 성과는 달성하기 어려웠을 것이다.

　세상에 정해진 답이 있을까? 한 치 앞도 모르는 우리 인생을 남이 정한 대로 살아가는 것만큼 안타까운 것은 없을 것이다. '한 번 하고 싶은 대로 해보자!'라고 결심한 이후 많은 시간이 흐른 지금 난 여전히 하고 싶은 일을 하며 살고 있는 듯 하다. 누군가의 눈치를 볼 필요도 없고 스스로의 기준에 부합된 작업과 세계관을 구축해가는 것만으로도 시간이 부족하다.

문화체육관광부에서 주최한 '캐릭터로 만나는 아시아 이야기'에서
카자흐스탄에서 전해져 내려오는 '알다르 호제(Aldar Kose)의 외투'에 대한 이야기를 재해석한 일러스트레이션 - 2014

마이애미 According to them 전시를 위해
가장 좋아하는 콜롬비아 축구선수 발데라마(El pibe)를 표현한 일러스트레이션 - 2012

(7) 거짓 이력서, 하루하루가 도전이었다

　　며칠 전부터 개그맨 정형돈의 불안장애와 함께 '사기꾼 증후군'이란 용어가 주목을 받았다. SBS 힐링캠프에서 그는 "운 좋게 잘되다 보니 밑천이 드러날까 걱정됐다. 내 능력 밖의 몫을 탐하다 잘못될 것 같다." 라는 말을 했다. 자신의 노력이 아닌 외부요인 덕분에 성공했다고 보는 심리 현상으로 비록 성공하지는 않았지만 거짓 이력서로 입사한 내 실력이 들통날까 불안해 하던 첫 회사가 떠오른다.

　약 2~3개월 가량의 인턴기간 동안은 특정 작업을 하기보다 많이 둘러보고 공부하는 시기였다. 지금도 확신하는 것 중에 하나가 '절대 자신이 머릿속에서 상상하는 것 이상을 표현하기는 어렵다'는 것이다. 특히 퀄리티와 관련해서는 더더욱 그러하다. 어떤 미션을 가지고 작업에 임할 경우 자신이 상상할 수 있는 범위 밑으로 결과물이 나오는 경우가 대부분이다. 그런 측면에서 많이 보고 많이 생각하는 것은 눈높이를 높이는 데 도움이 된다. 내게 인턴기간은 그런 눈높이를 올리는 시간이었다. 그렇게 3개월 가량 흐르던 어느 날, 평화로운⁽?⁾ 회사생활과 이별할 시간이 온 듯 하다. 그 순간은 점심시간 돈까스를 먹는 와중에 찾아왔다. 맞은편에서 식사하시던 대표님의 입이 나를 향했다.

　"키루 씨, 우리가 플래시로 뮤직비디오를 만들려고 하는데, 애니메이션 작업을 해줘야겠어. 어때? 만들 수 있지?"

　어랏? 아마도 이력서에 적은 다룰 줄 아는 툴에 적혀 있던 플래시를 염두에 두고 말씀하신 듯 하다. 플래시 애니메이션이라. 솔직히 플래시 프로그램을 다루지 못하는 것은 아니다. 조금은 다룰 줄 안다. 다만 그 실력이 어느 정도이냐가 문제이지. 당시 내 실력은 이러하다. (다소 기술적인 용어가 포함되지만) 플래시에서 오브젝트를 왼쪽에서 오른쪽으로 자연스럽게 이동시킴에 있어 항상 문제가 있었다. 오브젝트가 순간 이동하듯 뚝 끊어지는 것이다. 여기까지가 내 플래시 실력이었다. (이러한 오브젝트 이동 애니메이션은 가장 기초적인 수준이다.) 허나 애니메이션이라니 혹시 마시마로와 같은 애니메이션 제작을 원하시는 것인가… 그것이 가능할까.

두려웠다. 형편없는 실력이 들통날까도 두려웠지만 거짓 이력으로 인해 철창행을 지는 게 아닐까 더 두려웠다. 이 두려움은 퇴근 후 서점으로 발길을 돌리게 했다. 컴퓨터 전문서적 코너를 한참 들여다 본 후 두 권의 책을 샀다. 속으로 '이 두 권을 마스터하지 못하면 난 완전 망한다.' 라고 얼마나 되뇌였는지 모른다.

집에 와 책을 펼치고 공부를 하는데, 신기한 일이 벌어졌다. 학교에서는 그렇게 이해가 안 되던 것들이 하나하나 쏙! 쏙! 이해가 되는 것이다. 궁지에 몰린 쥐가 덤빈다더니 뇌가 쌩쌩 돌아가기 시작했다. 잘 모르는 부분은 외워서라도 한 장 한 장 넘겨갔다. 특히 애니메이션의 기본이라 할 수 있는 오브젝트를 자연스럽게 이동할 수 있게 되었다. 5%의 자신감을 회복한 채 회사로 출근했다. 운 좋게도 플래시 애니메이션 작업에 들어가기에 앞서 콘셉트를 잡고 콘티를 짜는 게 우선이었다. 이 작업을 하는 동안 집에서 열심히 공부를 하기로 했다. 학창시절 수능 준비하듯 밑줄 그어가며 열심히 공부했다.

한 달이 지났을 즈음, 그 날이 다가왔다. 만들어진 콘티가 확정이 나고 애니메이션을 작업하는 날이다. 익숙하다는 듯이 플래시를 켰고 오브제와 프레임 작업을 했다. 그간 집에서 밤마다 공부한 덕일까, 최소한의 작업을 하는 데 문제는 없었다. 가끔씩 팀장님이 진행상황을 체크할 때도 부끄럼 없이 보여줄 수 있었다. 그간의 마음고생을 저 멀리 우주로 날려버린 듯했다. 물론 디테일과 완성도 있는 퀄리티는 아니었다. 적어도 회사가 기대했던 수준은 나왔던 듯하다. 처음 만든 애니메이션이 회사 캐릭터가 등장하는 백설공주 이야기였는데 디즈니 느낌으로 잘 만들어졌다. 원래 실력이 들키지 않았다라고 생각하는 이유는 이후로 회사 내에서 플래시 애니메이터로 입지를 굳

혀갔기 때문이다.

　여전히 초보였지만 일 년이라는 짧은 시간에 간단한 도트작업부터 캐릭터 디자인 그리고 무엇보다!! 플래시 애니메이션도 할 수 있게 되었다. 학창시절과 비교한다면 놀라운 성장이 아닐 수 없다. 역시, 학교에서 일 년 공부한 것보다 현장에서 한 달 공부한 것이 훨씬 값지고 의미가 있었다. 그러나 시련은 끝나지 않았다.

　"키루 씨, 여기 플래시 액션 스크립트 코드가 잘 안 되는데 봐줄 수 있어요?"

　액션 스크립트? 그것은 프로그래밍의 세계 아닌가? 플래시를 잘해야만 한다는 강박은 여전히 진행 중이었다. 좀 복합적인 기분인데 거짓 이력과 조금씩 인정받기 시작하는 시점에서 '모르겠습니다.' 라고 솔직히 말하기엔 21살이라는 나이가 너무 어리지 않았나 싶었다. 때마침 퇴근시간이었고 "오늘은 약속이 있어서요, 내일 알려드리면 안 될까요?"라는 말과 함께 부리나케 서점으로 달려갔다.

　이번에도 서점에서 책을 구입하기엔 이미 두 권의 책이 있어 필요한 부분만 종이에 적어가기로 했다. 웹 디자인 팀장님이 여쭤어 본 부분은 로딩에 대한 부분이다. 아무래도 플래시가 웹에서 구현되기에 용량이 크다 보니 접속자 컴퓨터에 어느 정도 다운로드를 받게 하여 속도를 빠르게 하는 과정의 작업이다. 순간 1학년 때 C++ 객체지향 프로그래밍을 배운 기억이 난다. 시험을 치르는데 예상문제의 코드를 전부 외워 시험을 치른 기억이 났다. 프로그래밍과 난 절대 어울리지 않았고 무엇보다 아무런 흥미를 느끼지 못했다. 책의 내용을 몰래 숨어서 적었더니 안 그래도 악필인데 기호인지 알파벳인지 지렁이만 꿈틀대는 그림을 그린 듯했다. 집에 와서 해보니 오류가 나더라 헉! 우선 적은 종이를 달달 외워서 다음 날 출근했다.

홍대역에서 사무실까지 걸어서 10여 분 정도 걸리는데 언제 도착했나 싶을 정도로 로딩 코드를 수십 번 머릿속으로 되뇌며 걸은 듯 하다. 까먹을 새라 출근하자마자 웹 디자인 팀장님과 함께 코드를 수정해가며 테스트를 해봤다. 역시나 될 리 없었다. 그래도 아무것도 모르고 덤비는 게 아니라 대략의 코드 개념을 이해하고 대화를 나누니 스스로가 제법 뭐 좀 아는 사람처럼 보였다. 살짝 우쭐! 이후로도 웹 팀에선 액션 스크립트 문의를, 캐릭터 팀에선 애니메이션 작업을 하며 아슬아슬 밧줄 위를 걸었다. 다행인 건 새벽마다 플래시 공부를 하며 긴 봉으로 균형을 잡으니 균형을 잃지 않고 떨어지진 않았다. 가슴 졸이며 메모해 간 쪽지를 몰래 보며 작업하던 그 시절에 '정말 집중하면 못 할 것이 없구나'라고 깨닫게 되는 계기가 되었다.

흔히들 영어를 하려면 영어학원을, 그림을 그리고 싶으면 미술학원부터 찾는 것처럼, 무언가 하고 싶을 때 그것을 가르쳐주는 곳부터 우선적으로 찾는 경향이 있다. 하지만 다른 접근법으로, 좋아하는 것 혹은 잘하고 싶은 것이 있으면 무작정 자기 방법대로 접근해 보는 것도 좋은 방법이다. 설사 방법이 틀렸다 할지라도 그 과정은 스스로에게 중요한 경험이 된다. 빨리 배워서 빨리 써먹을 수 있는 것보다 천천히 가더라도 자기 주도적으로 학습하는 방법은 매우 중요하다. 타인의 지식을 일방적으로 받아들이는 것보다 직접 체험한 작은 것이 그보다 더 클 수도 있다.

이후로 도트, 캐릭터, 애니메이션, 일러스트레이션, 영어, 웹 디자인, 로고 디자인, UI 등등… 이 작업들이 하고 싶다고 해서 학원을 다닌 적은 한 번도 없다. 기본적으론 훌륭한 작업을 하는 작가(혹은 디자이너)들의 작품을 감상하고 왜 좋은지 스스로 고민해 본다. 처음엔 간단한 모작으로 시작하지만 마음속엔 '뛰어넘으리라'는 마음으로 스스로 다듬어 가는 것이다. 학창시절 공부가 공부의 전부가 아니라, 세상에서 즐겁게 살아가기 위한 공부가 더 많이 필요하고 지속적이어야 한다는 사실은 시간이 지날수록 더 강하게 느껴졌다.

함께 모여 저녁식사 중인 옐로우 레몬들─ 2012

옐로우 레몬 캐릭터들이 한 자리에 모여 자신이 나오는 TV를 감상하는 모습 - 2012

(8) 첫 프로젝트 세이클럽 아바타

가끔 이런 생각을 한다. '연필을 잘 깎아 놓아야 필요할 때 바로 쓸 수 있다.'

좋은 기회의 프로젝트가 주어졌지만 그것을 감당할 능력이 되지 않는다면, 얼마나 안타까울까? 글로벌을 꿈꾸는 주변 작가들은 이런 말을 하곤 한다. '몇 년 후에 유럽에서 같이 전시하면서 커피 한 잔 합시다!' 혹은 '까짓 마음만 먹으면 미국을 다 휘어잡을 수 있죠.' 좋다. 그들뿐만 아니라 나도 그러길 늘 바란다. 그래서 하나 물어봤다. '영어 공부는 계속 하고 있나?' 물론 영어가 글로벌 진출의 필수적인 부분은 아니겠지만 하고 안 하고는 엄청난 차이가 있기 때문이다. 그리고 말을 이어갔다.

"우리 이런 생각을 해보면 어떨까? 만약 지금 당장 미국에서 제일 크고 유명한 회사에서 너에게 발표를 제안했어. 물론 항공 편이며 호텔, 식사 등 모든 경비를 제공한다는 조건으로. 자, 넌 갈 수 있겠니? 이 엄청난 기회를 두고 Yes! I can do it! 이라고 할 수 있겠니?"

평소 영어가 잘 준비되어 있다면 기회를 바로 잡을 수 있겠지만 영어를 못한다면 선뜻 할 수 있다고 대답할 수 있을까? 절대 불가능할 것이다. 영어를 떠나서 작업에 있어서도 매일마다 감을 유지하고 꾸준히 기술을 연마하는 것은 무도가들의 수련만큼이나 중요하다. 언제 올지 모를 기회를 위해 실력을 다져놓는 것은 그래서 중요한 의미를 가진다.

2000년 세이클럽 아바타라는 프로젝트를 마주했을 때 난 어땠을까? 훗날 온라인 업계에서 큰 이슈가 되었던 이 프로젝트를 진행할 수 있는 능력이 있었던 걸까? 결론부터 말하면 그럴 능력은 없었던 듯 하다. 내 경우만큼은 능력이 훌륭해서 프로젝트를 잘해 나갔다기보다 프로젝트를 진행하면서 많은 고민을 했고 매 순간 한계점과 마주하면서 함께 성장할 수 있었던 경우라고 생각한다.

아바타 프로젝트는 오툰 팀장님과 둘이 준비하게 되었다. (원화가가 한 분 더 계셨지만 실질적인 그래픽 작업은 둘이서 진행) 당시 캐릭터와 도트 실력을 모두 겸비한 팀장님 덕분에 밑에서 많은 걸 배우며 프로젝트에 임할 수 있었다. 준비기간은 대략 한 달쯤 되었다. 마땅히 벤치마킹으로 여길 대상이 없던 그때 한창 인기를 누리고 있던 '퀴즈퀴즈' 게임 캐릭터들의 퀄리티 그 이상을 요구하던 상황이었다. 부랴부랴 벤치마킹을 시작했는데 다양한 개성을 가진 캐릭

세이클럽 아바타와 비공개 아바타 - 2000

터들이 아이템에 따라 각기 다른 모습을 보여주는 실로 대단한 캐릭터들이었다.

최종적으론 팀장님이 만드신 도트 기반의 결과물이 선택되었지만 그 이전에 다양한 형태와 방식의 캐릭터 디자인 시안들이 들어갔다. '아바타'라는 개념을 대표할 만한 콘텐츠가 없던 시절, 우리는 새로운 플랫폼을 디자인해냈고 인터넷 속도가 빠르지 않던 당시 시절 도트는 적은 용량으로도 많은 걸 담아낼 수 있는 최상의 포맷이었다.

2002년 5월 집으로 가는 마을버스 안에서 내 앞의 남자가 신문을 보고 있었다. 그곳에는 큼지막한 이미지와 함께 세이클럽의 아바타를 보도하고 있었다. 나는 그 큼지막한 이미지를 보고 기쁘지 않을 수가 없었다. 신문의 이미지는 다름이 아닌 내가 작업했던 비공개 캐릭터가 크게 나와 있었기 때문이다. 비록 나와는 상관없이 크게 성장한 아바타들이지만 초기 밤낮을 고민하던 캐릭터들이 잘되어 신문에 나오는 것을 보니 흡사 내 자식들이 신문에 난 것처럼 기쁘지 않을 수 없었다.

이 비공개 캐릭터는 무료 아이템으로서 비공개를 하는 사용자에게 보여지는 캐릭터이다. 선글

라스와 마스크로 얼굴을 가리고 빨간 두건과 70~80년대 혼수이불 같은 빨간 이불을 둘러싼 게 특징이다. 아이러니하게도 이 캐릭터의 인기로 고객은 유료 아이템을 구매하는 사용자가 줄어들었고 독특한 특징으로 인해 코스튬플레이가 여기저기서 펼쳐지기도 했다. 지금도 구글에서 '세이클럽 비공개'라고 검색하면 사람들의 다양한 패러디들을 확인할 수 있다.

모바일 바탕화면 콘텐츠 - 2001

도트(Dot), 혹은 픽셀(Pixel)이라고도 하는 이 방식의 작업은 아마추어에서 프로로 넘어가는 중요한 열쇠가 되었다. 사실, 대학 게임동아리에서 2D 작업을 했을 때 주 작업이 도트였다. 일본의 슈퍼로봇대전을 표방한 코리아로봇대전을 작업할 당시 캐릭터들이 첫 도트 작업이었던 것이다. 이후 회사에 입사한 후 미니게임들을 만들었는데 이 또한 도트로 만들어진 게임이었다. 잘하는 것은 아니었지만 최소한 도트작업에 대한 거부감은 없었기에 아바타 플랫폼을 도트로 만들고 진행할 수 있었다. 여기까지는 아마추어로서 접근할 수 있었던 기회라고 한다면 이 프로젝트를 계기로 가지게된 자신감은 보다 깊고 멀리 나아갈 수 있게 해주었다.

프로페셔널, 이 단어는 지향하는 과정이지 어떤 도착점은 아니었다. 지금도 다양한 방면으로

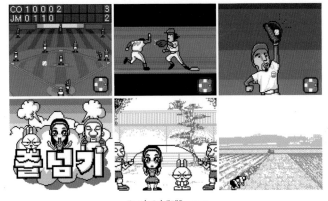

모바일 게임 콘텐츠 - 2002

프로를 지향하고 있으며 기술적이든 신념적이든 매 순간 다듬고 날카롭게 날을 세우고 있다. 도트 작업은 프로로 전향하게 된 시작점이라 할 수 있는데, 근거는 보다 전문적인가, 체계화 되어 있는가를 통해 확인할 수 있다. 일 년 전 학교 도서관에서 읽었던 미술 책들처럼 스스로 만든 기준으로 노하우들을 정리하고 싶었다. 이는 세이클럽 아바타 서비스가 성공궤도에 오르기 시작하면서 실무적인 면에서 자신감을 가질 수 있었는데 그때부터 그간 회사 생활하면서 얻은 지식들을 정리하기 시작했다. 정리를 한다고 해서 뭔가 거창한 것은 아니었다. 당시 운영하던 개인 홈페이지 게시판에 하나둘씩 글을 쓰기 시작한 것이다. 우선 개념을 정리하는 것부터 시작인데, 기존의 정의를 적용하기보다 나만의 정의를 내린 후 조금씩 다듬어갔다.

예를 들어 사전적 의미의 '도트(Dot)'는 2D 이미지의 최소 단위인 사각형의 '점'을 뜻한다. 본래 '도트'는 동그란 점을 뜻하는 단어지만, 게임에서는 '픽셀'(Pixel)과 혼용해서 사용하며, 사실상 '픽셀=도트'라고 봐도 무방하다. 게임 개발에서는 이미지를 만들 때, 작은 점들로 이루어진 비트맵 그래픽(Bitmap Graphics)을 만드는 작업을 '도트를 찍는다'고 표현하기도 하지만 실무자로서 디테일이 떨어지는 설명이라고 생각한다. 도트는 비트맵 그래픽방식(다른 방식으론 벡터방식(Vector Graphics)이 있다.)에서 사용하는 최소단위이며, 픽셀은 도트의 단위 개념으로 Cm, Inch 등과 같은 수치로 이해하면 좋다. 물론 혼용해서 사용하지만 스스로 구분할 수 있으면서 혼용하는 것과 아무것도 모르면서 혼용하는 것은 다르다는 것을 말하고 싶었다.

1. 컴퓨터 2D 그래픽은 크게 두 가지 종류로 나뉘는데 비트맵(Bitmap)과 벡터(Vector) 방식으로 나뉜다. 흔히 사용하는 포토샵은 비트맵 방식으로 최소단위인 도트로 이루어져 있다. 정해진 사이즈 안에 한정된 도트 수가 존재하고 확대할수록 점점 뭉개져 보이는 단점이 있다. 반면 벡터 방식은 일러스트레이터 프로그램이 좋은 예인데, 시작점과 끝점 사이를 수학적인 방식으로 면을 채워주기 때문에 확대하더라도 깨지거나 뭉개져 보이지 않는다.

2. 도트 작업의 가장 기본은 지저분하지 않게 하는 것이다. 좀 더 구체적으로, 지저분하다는 것은 뭉개짐과도 비슷한데 이를 안티얼라이징이리고도 할 수 있다. 이렇게 깨진 중간색이 들어가지 않은 의도된 컬러들로만 깔끔하게 표현되는 게 가장 중요하다.

3. 도트 작업할 경우 도트가 겹쳐지는 것에 주의해야만 한다. 'ㄱ', 'ㄴ' 형태로 도트가 겹쳐지게 되면 100% 사이즈로 보았을 때 볼펜 똥처럼 뭉개져 보이기 때문이다. 이는 2번에서 정리한 지저분하지 않게 작업하는 것과 같은 맥락이다.

이러한 도트 작업을 함에 있어 몇 가지 중요한 규칙이 존재한다는 것을 알았다. 기본적으론 팀 장님이 알려주신 내용과 직접 작업하면서 이해하게 된 내용들을 쉽고 간단하게 정리하였다. 이렇게 다듬어진 내용은 자그마한 개인 홈페이지에 올려지게 되었다. 도트에 관심이 있던 사람들이 내가 쓴 글에 관심을 보이기 시작했고, 더 체계적으로 정리해서 초보자도 쉽게 적용할 수 있는 방법들을 정리해 나갔다.

개념부터 적용, 응용에 이르기까지 틈틈이 정리하다 보니 꽤 탄탄한 구성이 되어갔다. 어디 적힌 책의 내용을 옮긴 것도 아니고 세상에 하나뿐인 나만의 지식이 쌓인 것이다. 당시는 세이클럽 아바타의 흥행으로 시장이 많은 도트 디자이너들을 필요로 하던 때이기도 하다. 이와 맞물려 내 글들을 보고 한 출판사에서 연락이 왔다. '도트 디자인 방법을 알려주는 책'을 집필하자는 것이었다. 헉!! 내가 책을 쓴다고? 그건 공부 많이 하고 똑똑한 사람들의 세계가 아닌가? 나처럼 어리고(당시 23살)

대학도 안 나온 사람도 쓸 수 있는 건가?

   '픽셀아트 디자인 with photoshop', 2003년 3월 영진닷컴을 통해 나온 이 책이 첫 집필 책이다. 물론 한 권을 집필해야 한다는 심적 부담이 너무 커서 동료 도트 디자이너들과 공동으로 집필했지만 나의 생각과 노하우를 담았던 첫 책인 것이다. 도트라는 것이 세상엔 존재하지 않는 디지털 상의 가장 작은 단위이지만, 한 젊은이에게 꿈과 비전을 제시해주고 아마추어에서 프로로 전향하고자 하는 마음의 불씨를 당긴 고마운 개념이다.

   남들은 눈여겨보지 않는 사소한 것, 소외당한 것, 혹은 내가 좋아하는 작은 하나, 오히려 아무도 주목하지 않았기 때문에 그 안에 담겨진 가능성은 무한하다고 생각한다. 2012년 발행된 데이비드 리스(David Rees)의 저서 '연필깎기의 정석_How to sharpen pencils' 역시 사소한 것이라고 생각했던 연필 깎는 행위가 체계화되고 정리됨으로써 그 가치가 무한대로 펼쳐질 수 있다는 것을 보여주고 있지 않은가.

   난 행운아다. 첫 프로젝트가 세이클럽 아바타인 것도 그렇고 그 일을 할 수 있는 회사에 입사하게 된 것도 모두 행운이었다. 행운과 기회가 친한 친구 사이라면 기회가 왔을 때 놓치지 않도록 하루하루 실력을 쌓고 정리하면서 '누군가의 것'이 아닌 '내 것'이라는 양식을 채워가야 했다. 하나의 프로젝트의 시작부터 흥행의 궤도까지 경험해 보는 것은 굉장히 중요하다. 세이클럽 프로젝트는 실력만 가지고 얻을 수 있는 경험이 아니었던 만큼 행운이 따라야 하는 소중한 자산이었다. 앞으로도 이런 기회는 자주 올 것이다. 그게 기회인지 가짜인지 스스로 구분할 줄 아는 눈만 잘 키운다면 그리고 평소에 기회가 주어졌을 때 행운으로 받을 수 있는 실력이 준비되어 있다면 단 한 줄의 이력이지만 어줍잖은 여러 줄의 이력보다 훨씬 값진 보물을 얻을 수 있을 것이다.

모바일 게임에 들어가는 캐릭터 일러스트레이션 - 2008

축구가 세상에서 제일 좋은 두더지 - 2008

(9) 캐릭터? 나도 만들 수 있을까?

　　　　누군가 좋아하는 경제학자가 있냐고 묻는다면 단연 '데이비드 리카도(David Ricardo)'라고 말한다. 그가 주장하는 경제원리(특히 비교우위론, 경제학적 지대는 사고를 정리하는 데 많은 도움이 되었다)도 좋아하지만 무엇보다 대학 문턱에도 가지 못한 그의 삶이었다. 금융시장에 대해 정식교육을 받은 적이 없지만 증권시장에서 수백 파운드를 벌어들였고 학계의 거물들과 격렬한 논쟁을 펼치기도 했다. 멋지다! 특별히 좋아하는 그의 말은

"그런 건 대학교수들에게나 통할 바보 같은 소리야."

　앞서 언급했듯 나의 열등감은 그 하나하나가 도전을 자극하는 에너지였고, 대학교 중퇴 혹은 최종학력 고졸이라는 학력은 대학 졸업 그 이상을 넘어서려는 의지로 전환된 상태였다. 그러던 때 만난 리카도는 롤모델이 되어 있었다. 책 속 세상과 현실 속 세상은 너무나 다르다는 것을 알았고 직접 체험하고 부딪혀 보면서 얻는 지식이야말로 진정 내 것이라는 신념을 다지게 되었다. 디자인 수업을 하면서 자주 드는 예가 있다.

"소위 유명하거나 실력 있는 사람들이 많은 사람들에게 전달하는 메시지에 주의를 기울여야만 합니다. 세계적으로 알려진 캐릭터 디자이너가 '캐릭터는 똥입니다'라고 해서 캐릭터가 똥이 아니라는 것입니다. 공신력을 가진 미디어나 출판사의 책에 캐릭터는 똥이라고 쓰여 있다고 해서 곧이곧대로 믿으면 안 된다는 말입니다. 스스로 경험해보고 똥이라고 판단이 내려질 때, 비로소 그것을 받아들여야 합니다. 비판 없이 수용하는 것만큼 위험한 것은 없습니다."

물론 이 책에서 쓰여지는 모든 생각과 주장들 또한 위와 같은 관점을 유지한 채 보아야만 한다. 이 모든 건 당시 최상현이라는 사람이 경험하고 생각하고 행동한 것들이지, 이것이 정답이라고 단정지어서는 안 된다. 사고를 받아들임에 있어 스스로 고민하고 경험해 봄으로써 받아들이는 지식이야말로 진정 자기 것이기 때문이다. 그런 의미에서 16년 동안 학교에서 배운 지식들을 다시 내 것화(化)시키는 과정이 필요했다. 21살 때 접한 캐릭터가 비로소 그 무대에 오르게 된 것이다.

캐릭터의 사전적인 의미로는 '소설, 만화, 극 따위에 등장하는 독특한 인물이나 동물의 모습을 디자인에 도입한 것. 장난감이나 문구, 아동용 의류 따위에 많이 쓴다'이다. 이 정의 외에 다양한 출판 서적이나 대학 강의에서도 크게 다르지 않게 가르친다. 캐릭터를 공부하기 전 사전 지식 또한 크게 다르지 않았다. '아기공룡 둘리', '떠버기', '머루와 다래' 등… TV 애니메이션이나 만화로 접하거나 문방구에서 연습장이나 스케치북을 통해 자주 보는 것들이었다. 하지만 이는 전체를 100이라고 했을 때 30정도밖에 되지 않는다. 한국에서는 이 30이 전부일지 모르지만 세계를 기준으로 보면 훨씬 다양하고 거침없는 70의 시장이 존재하고 있었던 것이다. 그 70에 집중할수록 내가 생각하는 캐릭터는 조금 다른 의미로 다가오기 시작했다.

청개구리 모드 가동! 우선 기존(당시가 2001년이니 그 이전을 말한다) 캐릭터들과 다른 콘셉트(Concept)와 포지셔닝(Positioning)을 설정했다. 물론 타겟팅(Targeting)도 달랐다. 2000~01년이 인터넷과 모바일이라는 새로운 플랫폼이 대중화되기 시작하면서 캐릭터의 무대는 크게 확대되었다. 더 이상 TV나 만화책 혹은 문구점에서만 체험할 수 있는 것이 아니라 온라인이라는 또 다른 세계에 적합한 캐릭터가 필요하다고 생각했다. 기존의 플랫폼들은 연령과 공간을 제한했다면, 인터넷 세상은 남녀노소 국내외를 가리지 않고 누구나 쉽게 접근이 가능한 네트워크인 것이다. 더 이상 사전적 의미처럼 캐릭터가 유아동만을 타겟으로 하지 않는다는 것을 의미한다.

"무슨 캐릭터가 이런가 싶다. 캐릭터는 귀엽고 깜찍하고 예쁘고 그래야 하는 거 아닌가? 누군가의 '진짜 특이한 캐릭터가 바글바글 하더라'라는 소개만 믿고 갔다가 황당하기까지했다. 외국 영화나 뮤직비디오에서만 볼 수 있던 갱스터, 혹은 조폭처럼 생긴 캐릭터, 게다가 한두 캐릭터가 아니라 일단 나왔다 하면 우글우글 떼거지로 나온다. 자세히 보면, 사키루 패밀리만의 특유의 멋이 있다. 특히 여느 캐릭터 디자인에서는 생략하는 부분이 잘 드러나 있다. 예를 들어 코를 자세히 그린다거나 이를 모두 그려낸다든가 하는 것들. 사키루 패밀리 캐릭터들의 매력은 은근히 배어 있는 유머에서 나온다. 동물 힙합 패밀리, 무서운 갱걸스 패밀리, 귀폭 패밀리 등 주제는 무시무시하지만 보다 보면 웃음이 나온다. 확실히 대중적으로 인기를 끌 만한 캐릭터는 아니지만 소수 마니아들의 열광적인 지지를 받고 있다."

2001년 3월호 '신디더 펑키' 잡지에 실린 인터뷰 내용이다. 이전의 귀엽거나 예쁜 혹은 코, 입, 귀 등을 생략하여 심플하고 깔끔하게 그리는 이전의 스타일과는 전혀 반대로 접근했다. 유아동을 위한 캐릭터가 아닌 10대~20대의 남성을 타겟팅 하였으며, 화려하거나 선망의 직업이 아닌 다소 소외되거나 안 좋은 이미지를 가진 일을 하는 사람들의 매력을 담아 콘셉트화했다. 그리고 웹(web)이라는 가상공간(개인 홈페이지)에서 스토리를 보여주는 새로운 포지셔닝으로 접근했다. 운이 좋았던 건지 나빴던 건지 몰라도 당시 유행하던 '엽기 토끼 마시마로'의 흥행으로 나는 엽기 캐릭터, 엽기 디자이너로 불리게 되었다. '엽기'는 당시 문화적인 한 코드로서 평범하지 않은, 예상치 못한 행동을 하는 다양한 형태의 것 앞에 붙여지곤 했다. 나쁘지 않았다. 좋은 의미든 나쁜 의미든 시장에 자리를 잡아가고 있음을 의미한 것이기 때문이다.

"이번에 우리 회사에서 자체 서비스할 캐릭터를 공모합니다. 디자이너분들은 00일까지 자신만의 캐릭터를 만들어 프레젠테이션 해주세요."

세이클럽 아바타 서비스가 안정화되어 갈 즈음엔 이미 오툰팀의 캐릭터 디자이너가 5~6명은 되어 있었다. 아바타의 흥행은 분명 회사의 이익에 도움이 되었고 우린 더 넓어진 사무실과 더 많은 인력으로 작업을 하고 있었다. 그리고 드디어! 공식적으로 서비스할 캐릭터 공모전이 사내에서 열리게 된다. 이는 팀장님 캐릭터와 함께 추가로 라인업되어 상품화도 되고 서비스되는 어마어마한 기회였다. 이 기회를 놓치고 싶지 않았다.

슈마이&팻푸, 힙합 듀오 캐릭터는 그렇게 만들어졌다. 힙합음악을 즐겨 듣던 당시 아이디어가 떠올랐다. 힙합을 하는 캐릭터, 콘텐츠는 뮤직비디오를 기반으로 하되 실제 캐릭터만의 음악을 만드는 것이다. 1998년경 시작된 고릴라즈(Gorillaz)나 아담 정도를 상상하면 좋을 듯 하다. 가상의 캐릭터가 실제 음악을 하는 것. 처음에는 3명을 기준으로 스케치했으나 뚱뚱한 녀석과 홀쭉한 녀석 두 명으로 하는 것이 더 재미있을 것 같았다. 한 달 가량 준비를 했고 대표님과 팀장님 앞에서 한 명씩 프레젠테이션이 이어졌다. 난 힙합을 하는 음악 캐릭터를 발표했고 운 좋게 내 캐릭터가 채택되었다. 오예!! 아무래도 이국적인 느낌의 개성 넘치는 캐릭터가 마음에 드셨나 보다. 슈마이&팻푸라는 이름도 당시 활동하

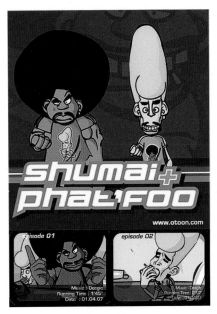

초기 슈마이&팻푸 - 2001

던 랩퍼가 직접 지어준 이름이다. 우리는 실제 힙합 팀으로부터 음악을 받았고 이를 바탕으로 플래시 애니메이션 뮤직비디오를 만들었다. 물론 캐릭터 디자인부터 콘티, 뮤직비디오 제작까지 모두 내 담당이 되었다. 그 어느 때보다 심혈을 기울여 애니메이션 제작에 힘썼다. 한 편, 두 편 나올 때마다 세상의 빛을 보게 될 아이들에 대한 사랑은 커져만 갔다. 어르고 달래며 캐릭터를 키워나

가던 중, 사정상 회사를 퇴사할 수밖에 없었다. 결국 캐릭터가 대중의 관심을 받기 전에 프로젝트는 내려질 수밖에 없었다.

비록 유명한 캐릭터를 만들진 못했지만 작업 과정을 거치면서 작가 혹은 디자이너가 얼마나 애정과 사랑을 쏟아붓는지 체험할 수 있었다. 주변의 무수히 많은 캐릭터들을 둘러보자. 하나하나는 누군가의 모든 것이 담겨 있는 그들 자신일지도 모른다. 지금까지 그려온 크고 작은 캐릭터들은 내 내면의 무언가가 투영되어 드러난 본질일지도 모른다고 생각해 본다.

캐릭터 디자이너로 10년 동안 작업해왔지만 많은 사람이 알아볼 정도의 유명한 캐릭터는 없다. 종종 '저희가 알 만한 캐릭터가 뭐 있나요?' 라고 물을 때마다 부끄러워지는 것도 사실이다. 1차적으로 내 실력이 부족해서일 것이고 2차적으로 좋은 기회를 아직 못 만나서라고 생각한다. 하지만 결국 내 문제일 수밖에 없다고 생각하는 것은 좋은 기회는 좋은 역량을 가졌을 때 오기 때문이다. 한때는 알량한 자존심으로 '인기 있는 캐릭터들은 너무 상업적이야'라며 자기 위안을 삼기도 했지만 결국 내 문제이다. 한때는 나도 뭔가를 보여줘야 한다고 성급한 마음을 가지기도 했지만 지금은 다르다. 스스로의 역량을 꾸준히 발전시켜 가면 좋은 기회가 올 것이고 그때 최선을 다해 멋진 캐릭터를 만들고 싶다.

재해석한 슈마이&팻푸 - 2007

아마 나처럼 오랫동안 한 분야에서 일을 해왔지만 크게 두각을 드러내지 못한 사람이 많을 것이다. 주변의 성공한 어떤 것들을 유심히 들여다보면 그들이 얼마나 버티면서 우리와 같은 시간을 보내왔는지 알 수 있다. 끝까지 버티고 최선을 다하는 것. 나 역시도 좋은 디자이너가 되기 위해선 필요한 덕목이라고 생각한다.

홍대 산토리니 갤러리 Fairy Tale Book 전시를 위한 피터팬를 주제로 아트웍한 일러스트레이션 - 2012

모바일 게임을 위한 일러스트레이션 - 2015

(10) 최종학력 고졸, 대기업 입사 가능할까?

　　　　주제 파악 못 하고 무식해서 겁이 없고 자신이 뭐라도 된 양 콧대만 높아서 세상이 자기중심으로 돌아가는 줄로 착각하는 어리석은 자가 있다면 그건 나의 20대 중반을 가리킨다. 친구들이 부모님으로부터 용돈을 받을 때 돈을 벌었고, 사고 싶은 것에 있어 크게 구애받지 않았다. 회사에서 진행한 프로젝트는 잘되어 사회에서 이슈가 되었으며 조금씩 정리한 글들이 책으로도 출판되었다. 하나둘씩 강의 요청이 밀려오고 월급 외에도 적지 않은 수입이 생기면서 세상 참 살 만하다고 생각했다. 우쭐한 마음으로 가득 찬 아이는 더 이상 캐릭터 디자인은 재미없다고 생각했다.

'캐릭터? 한 2, 3년 해보니까 이제 이 정도만 할 줄 알아도 충분한 거 같아. 대략 시장에서 캐릭터가 어떻게 디자인되고 거래가 되며 어떤 형태로 대중이 관심 있어 하는지 파악이 되었어. 도트? 세이클럽 아바타하면서 실제 어느 정도 퀄리티가 나와야 상업성이 있는지, 그리고 관련해서 책까지 집필했잖아? 이 정도면 충분해. 아무것도 없이 시작했지만 이 정도의 지식과 경험이면 만족할 만한 수준이야.'

당시 인터넷에서 떠오르는 이슈는 더 이상 세이클럽 아바타가 아닌 싸이월드의 그 무엇이 될 것이라고 직감했다. 하지만 더 관심을 가지고 배우고 싶었던 영역은 디자인이 아닌 커뮤니티였다. 평소 사람들의 대화나 토론프로그램을 즐겨보던 내게 가상세계 특히 온라인에서 사람들이 어떠한 형태로 관계를 맺고 커뮤니케이션을 하는지 무척 궁금해하던 터였다. 하지만 입사할 방법이 없었다. 그저 싸이월드 아이디를 가지고 활동하는 수백만 유저 중 한 사람일 뿐 아무것도 아니었다.
주변 사람들을 만나면 입버릇처럼 말하곤 했다. '싸이월드에서 일하고 싶다'고. '내가 가면 잘할 수 있을 것 같아'라고. 물론 이는 당시 서비스되고 있던 스킨이나 미니룸을 염두하고 한 말들이다.

여성적이고 감성적인 서비스였던 싸이월드에 새로운 가치를 부여할 수 있다고 생각했기 때문이다. 디자인을 말하고 있었지만 실은 기획을 하고 있었다. 지금 생각해보면 상품기획에 더 가까운 듯 하다. 세이클럽 때 노하우를 기반으로 유저들이 무엇을 원하는지 그리고 제공자(싸이월드)는 무엇을 만들어야만 하는지 직감할 수 있었다. 그러다 기회가 왔다. 기억하는가. 행운과 기회는 같은 녀석일지도 모른다고.

주변에 '싸이월드에 입사하고 싶다고' 소문을 냈더니 아는 디자이너분께서 싸이월드 디자인 팀장님의 이메일 주소를 안다는 것이었다. 그래! 이거야! 그날 이력서를 작성했다. 순간 대학생 때 오툰에 입사하기 위해 이력서를 쓰던 당시와 겹쳐지더라. 한 줄 한 줄 정성을 다해 적어 내려갔다. 최종학력은 고졸이고 이전 직장에서는 어떤 프로젝트를 했으며 얼마나 커뮤니티에 관심이 많고 하고 싶은지 자기소개서까지 작성했다. 떨리는 마음을 붙잡고 '발송' 버튼을 눌렀다. 처음 이력서를 쓸 때와 같은 마음이다. 심장이 쿵쾅거리고 이미 그 회사를 다니는 듯한 상상을 하게 된다.

신기할 정도로 첫 이력서를 보냈을 때와 같았다. 한 달이 지나도록 아무런 연락이 없었던 것이다. 일반적으로 답장이 없으면 관심이 없다는 표현이 정확할 것이다. 하지만 이때도 그걸 몰랐다. 순수했던 건지 멍청했던 건지 상대방으로부터 피드백이 없다는 사실을 이해 못 했던 것 같다. 커뮤니티도 관심이 있었지만 게임을 좋아했다. 지금 이 글을 쓰는 순간에도 '어느 정도 글이 마무리되면 게임 한 판하고 자야지' 라고 생각하고 있다.

평소 작업하면서 알게 된 게임 회사 대표님과 이야기가 잘되어 새로운 프로젝트에 참여하기로 결정이 났다. 즉, 싸이월드 답변을 기다리다 중도에 게임회사에 입사가 결정 난 것이다. 순진한(?) 꼬마는 또 다시 싸이월드 팀장님에게 메일을 쓴다.

'안녕하세요, 한 달전쯤 이력서를 보냈던 최상현입니다. 다른 회사에 입사가 결정되었기 때문에

전에 보낸 이력서는 신경 안 쓰셔도 될 듯합니다. 그럼 멋진 서비스 만드세요.'

대략 이런 느낌의 메일을 보낸 듯하다. 이 메일은 싸이월드에서 일하고 싶었던 한 줄기 소망을 담아 포기 반 기대 반이라는 생각으로 보냈다. 오툰 입사 때도 그랬지 않은가. 답장을 달라고 연락을 했더니 면접을 보게 되어 인생의 커다란 기회를 잡지 않았던가. 이번에도 가능할까? 라는 기대심이 없었다면 거짓말일 것이다. 찔러나 보자. 그래 이게 정확하겠다.

신이 포기 반 기대 반을 저울질 하다가 기회를 한 번 더 주기로 결정한 것 같았다. 싸이월드 팀장님으로부터 답장이 왔다. 한 달 동안 그토록 기다렸던 메일이었다. 그 내용이 혹 불가능하다라는 내용이라고 하더라도 최소한 나라는 존재를 그들에게 어필했다는 것만으로도 벅찬 뭔가가 느껴졌다. 답장은 이러했다. '그 동안 정신 없이 바빠서 미처 확인도 못 하고 답장도 못 했네요. 이제야 보게 되었습니다. 입사가 결정되었다니 어쩔 수 없네요. 혹시 시간되시면 회사 구경이라도 오세요. 서울역에 내리셔서 그린빌딩으로 오시면 됩니다'.

꿈인가? 그래 입사하러 가는 것도 아니고 회사 구경 오라는 것이지. 그래도 왠지 좋은 느낌인걸? 답장을 받고 입사가 결정된 게임회사 대표님과 이야기를 나누었다. '아직 결정된 것은 아니지만 전부터 너무나 가고 싶었던 회사가 있습니다. 아직 결정된 것은 없지만 잘하면 면접을 볼 수도 있습니다. 대표님께는 너무나 죄송스럽지만 양해를 부탁드리겠습니다.' 내가 그 대표님이었다면 뭐 이런 건방진 놈이 다 있나. 우리 회사는 무시하는 건가? 라고 생각할 수도 있었다. 그럼에도 말할 수밖에 없던 이유는 나를 인정해주고 채용 결정까지 내려주신 대표님께 실망과 배신을 안겨드리고 싶진 않았다. 최소한의 예의를 지킨다면 그건 미리 양해를 구하는 것이라고 생각했다.

약속한 날짜에 서울역으로 향했다. 집이 부천이라 전철을 갈아타지 않아도 한 번에 도착할 수 있었다. '오호. 만약 출근한다면 편히 가겠는걸'이라고 생각했다. 그린빌딩 앞에 도착하니 녹색 빌딩 위로 커다란 SK 로고가 한눈에 들어왔다. '대기업은 대기업이구나'라고 생각하며 안으로 들어갔다. 이내 메일을 주고받았던 디자인 팀장님이 날 맞이해주셨다. 회의실에서 이런저런 대화를 나누다 부장님이 들어오셨고 순간 직감했다. 이건 면접이다.

"자, 질문 하나만 하지. 왜 우리가 자네를 뽑아야 하나?"

더 이상 시간 끌 것 없다는 듯 첫 질문은 짧고 강력했다. 하지만 싸이월드에서 일하고 싶다고 생각했을 때부터 고민했던 부분이기에 막힘 없이 대답할 수 있었다. 확신해 찬 어조로. "제가 분석한 현재의 싸이월드 서비스는 감성적이며 여성적이라고 생각합니다. 사용하는 문구의 톤앤매너가 그러하며 판매되고 있는 상품들이 여성 고객을 향하고 있습니다. 전 남성 고객층을 새로이 유입시키는 한편 그들로부터 매출을 일으키는 일을 하고 싶습니다." 약 한 달 동안 인사팀 부장님과 부사장님 면접을 보고 최종 신체검사까지 통과한 후에야 정식으로 SK 싸이월드 사업팀에 입사할 수 있었다. 여담이지만 부사장님 면접 때 질문도 기억이 난다. 내게 "행복이란 뭐라고 생각하는가?" 라고 질문하셨고 당시 읽었던 공자 말을 인용하여 "자기가 좋아하는 것을 일로 한다면 그것이야말로 행복이라 할 수 있다고 생각합니다."라고 답한 기억이 난다.

간절히 원했고 이루어졌다. 서울역에 가기 전에 한강철교를 지나는데 아침 출근 시간에 비치는 햇살은 정말 아름다웠다. 양화대교에서 비치는 아침 햇살과 견주어 손색이 없을 정도로 희망찬 에너지를 느낄 수 있다. 매 순간순간 너무도 행복하다라고 느끼며 출근을 했다.

시간이 흘러 처음 내게 손을 내밀어 주신 디자인 팀장님께 당시 상황을 여쭈어 보았다. 싸이월드가 SK에게 인수된 지 얼마 되지 않아 정신 없던 상황이었고 솔직히 추가로 직원을 채용할 계획이 없었다고 한다. 그런 상황에서 입사했다고 생각하니 뭔가 더 뿌듯함이 느껴졌다. 최소한 나라는 사람의 의지를 표명했고, 미션을 달성하기 위해 수백 명의 직원이 근무하는 조직 시스템에서 잘할 수 있을까라는 질문을 던진 이상, 정면 돌파하자고 생각했다.

꽃보다 남자의 김준과 같은 그룹에서 활동했던 티맥스의 리더 신민철 '음악원정대' 앨범에 들어가는 일러스트레이션 - 2013

스포츠 아트 페스티벌 전시를 위해 그린 농구선수 - 2009

(11) 대학교 중퇴, 15년이 흐른 지금…

　　부모님은 내가 30대에 들어선 후에도 "대학교를 복학해서 졸업하는 게 어떻겠니?"라고 조심스레 묻곤 하셨다. 사회에서 필요로 하는 대학교 졸업장이 가지는 의미를 말씀하시는 건 아닐까 짐작해 보지만 직장인으로서 이미 돈맛을 본 내가 대학교 2학년으로 복학해 3년간을 학생으로 보내기엔 사회에서 더 배울 게 많다는 결론을 내렸다.

　학력에 대해선 요즘 취업세대 못지않게 수없이 생각해봤다. 단순히 이력서에 한 줄 추가되는 얘기가 아니라 말 그대로 배움이 가지는 힘에 대한 이야기다. 에디슨 때문에 빛이 가려진 비운의 천재 물리학자 니콜라 테슬라는 "모든 마찰저항 중에서 인간의 운동을 가장 늦추는 저항은 바로 무지(無知)이다."라고 말한 적이 있다. 끊임없이 배우고자 하는 마음가짐은 학교에 있고 없고를 떠나서 삶의 일부로서 반드시 함께해야 한다고 본다. 조금이라도 공부를 해 본 사람은 알겠지만 하나를 알면 열 가지 모르는 게 생기는데 이는 끝없이 알아가야 함을 보여준다. 그러고 보면 배우고 익힌다는 것은 어떤 형태로든 우리에게 힘으로 작용한다. 굳이 학교라는 특수 공간에만 제한을 두지 않더라도 일상생활 전반적으로 공부가 필요하다. 수동적인 학습이 아닌 자발적인 자기 주도학습이 몸에 밸 때 학력은 발동한다.

　그럼 단 한 번도 대학교 졸업장 못 받은 것을 후회해 본 적이 없냐고 묻는다면… 물론 있다. 졸업장이 있었으면 더 많은 일을 할 수도 있었다. 예를 들어 청강문화산업대학교에서 만화 일러스트레이션학과 수업을 진행할 때가 그러했다. 학교 측에선 내규에 따라 최소 학사까지는 공부를 마쳐야 시간 강사든 뭐든 할 수 있었다. 최종학력이 고졸인 내게 대학교에서 수업을 한다는 것은 불가능한 일이다. 하고 싶어도 할 수 없는 상황인 것이다. 하지만 운이 좋게 학과장님의 강력한 추천으로

2008년 일 년 동안 수업을 진행할 수 있었다. 평상시 교육에 관심이 많았던 내게 꿈같은 기회였고 최선을 다해 두 학기를 진행했다. 졸업한 후에도 찾아오는 학생들이 있는 것을 보면(개인전 때나 결혼식 때) 최소 중간 정도의 수업은 하지 않았나 짐작해 본다. 구인 사이트를 보면 최종학력이 대학교 졸업부터 일할 수 있다는 기준들을 볼 수 있는데 아직은 필요한 듯도 보였다.

대학교를, 졸업장을 받기 위함이라는 개념을 떠나 함께 동고동락하는 동기들을 생각하면 좋은 추억을 많이 만들 수 있는 뜻깊은 장소라고 생각한다. 청춘의 시기에 많은 경험들을 공유하며 성장한 친구들을 만들기란 그만큼 쉽지 않기 때문이다. 일 년뿐인 시간이었지만 사회 생활하면서도 동기들을 만날 때면 든든한 힘이 되고 그들과의 추억이 떠오르는 건 분명 소중한 자산이 된다. 사회 생활을 하면서 대학교 동기나 선후배가 없다는 점은 분명 슬픈 일이다.

그럼에도 어렸던 20대에 험한 세상에서 버틸 수 있었던 것은 직장에서 만난 인연들을 하나하나 소중히 여겼기 때문이 아닐까 짐작해 본다. 함께 SK컴즈에서 근무했다가 지금은 강화도에서 펜션을 운영하는 과장님을 첫 아이 만삭 기념으로 찾아갔을 때 멀리 바다가 보이는 벤치에 앉아 옛날을 회상하니 참으로 평온했다. 따뜻한 차를 마시며 매일 한 시간 일찍 출근해 함께 디자인 공부를 했던 기억들을 떠올리니 '우리도 참 열정적이었구나'라는 생각마저 들었다. 첫 아이가 태어나고 돌이 가까워질 무렵 한 번 더 찾아갔고 과장님네 가족과 함께 어스름한 저녁에 고기를 구워 먹을 때는 '뭐 이리 시간이 빨리 가는 거지'라고 농담을 던져 보기도 했다.

15년이 지난 지금, 20대를 지나 30대 후반이 되어가는 지금. 대학교 중퇴는 어떤 의미로 다가올까? 라고 묻는다면, 인생에 있어 잘 결정한 일 중 하나라고 말할 수 있겠다. 사회 생활을 해오다 보면 정신적으로 강해야 하는 순간들을 수시로 경험하게 된다. 이때 누군가 혹은 무엇에 의지하지 않고 홀로 강하게 맞설 수 있었던 힘은 나를 둘러싼 그 어떤 스펙들이 아니라 나라는 존재 자체에 집중했기 때문이라고 말하고 싶다. 그냥 순수한 나로서 문제에 직면했고 돌파할 힘을 찾아갔다. 쉽게 말해 가지고 있는 자격증에 의지하지도 않았고 대학교를 운운하지도 않았으며 어도비로부터 받은 상이나 책을 여러 권 집필했다고 그로부터 나라는 존재를 표출하지 않았음을 의미한다.

항상 아무것도 없는 나로부터 시작했고 남들과 비교하든 말든 내가 추구하는 것에만 집중했다. 나를 둘러싼 무언가에 자부심을 느끼는 순간 그 안에 갇힌다고 생각하기에 보다 자유로워지기 위해선 그 무엇에도 의미를 두지 않는 마음가짐이 필요했다.

압구정 피규어인에서 My Hero란 주제로 그린 표범과 플래시의 스피드가 더한 육상선수 일러스트레이션 - 2012

압구정 피규어인에서 My Hero란 주제로 그린 악어와 조커의 능력이 더한 축구선수 일러스트레이션 - 2012

(12) 부모로서 내 아이들에게 학력이란

　　　　나도 궁금하다. 정작 부모가 되고 나면 가치관이 바뀌고 달라지는 게 아닐까. 4살 2살 두 아이를 키우는 아빠 입장에서 이 아이들이 공부로부터 어떤 스트레스도 받지 않았으면 하는 게 아직까지는 한결같은 바람이다. 언급했듯 공부란 학교에서 좋은 성적을 받기 위해 하는 것이 아니라 삶의 한 부분으로서 긴 호흡을 가지고 하는 것이다. 이에 좋아하는 것을 더 잘하고 싶으면 자발적인 학습이 이루어지지 않느냐는 이상적인 생각을 해보지만, 정작 아이들이 수험생이 되었을 때 그들에게 공부하라고 호통을 치지는 않을까 두렵긴 하다.

　　만약 내가 여느 부모들처럼 학교에서 일등 하는 게 인생의 최고 목적이라고 가르친다면, 이 책을 읽고 있는 두 딸이 "아빠는 말과 행동이 틀려! 제발 정신 차리고 우리들이 막 태어났을 당시를 생각해봐요!" 라고 이야기해 주었으면 한다. 나는 좋은 대학교를 나오지도 세상에서 훌륭하다고 인정받지도 못했지만, 최소한 좋아하는 일을 하며 살아왔고 그 안에 사랑하는 사람을 만나 결혼하고 두 아이를 낳았다. 그렇게 살아온 36년의 삶이 두 딸에게 전혀 부끄럽지도 않거니와 너희들은 공부 열심히 해서 꼭 좋은 대학교를 나와야 한다고 강요하고 싶지 않은 것이다.

　　내 이야기를 많이 했으니 이번엔 조심스레 와이프 이야기를 꺼내볼까 한다. 그녀는 고등학교를 졸업하고 일찍부터 사회생활을 시작했다. 목동에 지어지는 현대백화점에서 사무직과 점장님 비서직을 겸하고 있었던 그녀는 지인의 소개로 나를 만났고 그때 그녀가 20살 나는 23살이었다.

　　연애를 시작했지만 주말에도 근무하는 그녀의 직업 특성상 소소한 군것질거리를 사가지고 백화점을 찾아가 계단이 있는 직원들 동선에서 10분 정도 만나는 게 전부였다. 그렇게 연애가 싹터 가던 때 우연히 그녀의 연습장을 보게 되었다. 그곳에는 귀여운 소품들부터 여자 그림들이 그려져 있었다. 자초지종을 들어보니 평소 낙서를 즐겼고 회사 사보에 종종 들어가는 그림들을 그리곤 했다고 한다.

　당시 회사와 정글 아카데미 학원 강의를 병행하던 나는 그림을 그린다는 행위 자체는 꼭 미술학원을 다녀야만 하는 것도 아니고 하물며 미대생들에게만 주어진 특권은 아니라고 강력하게 생각하고 있었다. 석기시대의 인류가 동굴에 그림을 그렸듯 표현하고 싶은 행위는 인간의 본능이다. 좋아하느냐 그렇지 않느냐의 차이만 있을 뿐 누구나 그림을 그리며 취업도 하고 프리랜서도 할 수 있다고 이야기를 해왔다. 그리고 그녀의 연습장에서 가능성을 보았다. 내 그림이 강하고 삐뚤어졌었다면 그녀의 그림은 귀여우면서도 성격 있어 보이는 사랑스러운 캐릭터들이었다. 순간 확신이 들었다. 캐릭터 디자이너가 될 수 있다고.

　그녀와 많은 시간 대화를 나누었고 디자이너가 되기 위한 준비를 시작했다. 본격적으로 돌입하기 위해선 2년 동안 다니던 회사를 그만두어야만 했고 그녀는 남자친구의 바람대로 그렇게 했다. 분명 쉽지 않은 결정이었을 것이다. 현대백화점이면 2002년 당시 한창 잘나가던 회사로 보너스도 꾸준히 잘나왔다고 했다. 계속해서 근무한다면 크게 무리 없이 안정적인 직장생활을 누릴 수 있었

와이프가 교회 유치부를 위해 만든 캐릭터와 집게 상품

다. 꿈을 위해 안정적인 직장을 포기한 그녀를 위해 모든 것을 쏟아부었다. 주말에 데이트 할 때면 커피숍에서 그림도 그리고 공부도 하며 참으로 많은 시간을 보냈다.

당시 내 전략은 이러했다. 홈페이지를 만들고 포트폴리오를 쌓아간다. 홈페이지는 도트를 활용하여 아기자기 귀엽게 만들고 포트폴리오는 현업에 적용 가능한 범위를 추려 가상으로 작업한다. 도트 디자인하는 법부터 캐릭터란 무엇인지 강의는 계속되었고 6개월 정도 집중하면 취업은 쉽게 이루어지리라 생각했다. 하지만 그것은 판단 착오였다. 생각보다 채용이 쉽게 이루어지진 않았다. 6개월이 지나 일 년이란 시간이 흘렀고 그녀는 막연히 디자이너 준비만 할 수 없게 되었다. 아르바이트를 병행하며 용돈을 벌어야 하는 상황에 이르렀다. 그렇다고 포기하지 않았다. 20대를 돈을 벌기 위한 시간으로 허비하는 것보다 좋아하는 것을 찾고 그것에 집중하는 시기라고 확신했기에 시간이 좀 걸리더라도 꾸준히 함께 공부를 할 수 있었다. 그렇게 1년 6개월이란 시간이 흘렀다.

드디어 디자인회사에 채용이 되었고 그녀의 명함엔 디자이너라는 직함이 명시되어 있었다. 준

와이프가 칫솔질하는 교구용품을 캐릭터와 함께 만든 것

비해 오던 그 시간 동안 나를 믿고 따라와준 여자친구가 대견스러웠고 내 생각이 틀리지 않았다는 증명에 나 또한 뿌듯했다. 첫 회사는 도트 디자인도 필요했기에 내가 알려준 기술로 충분히 실력을 뽐낼 수 있었다. 이후로 우리의 데이트는 카페에서 그림 그리는 시간이 많았고 같은 디자이너로서 전시회부터 사소한 것에도 관심을 가지며 모든 것이 일과 관련이 지어졌다. 작업하다 잘 안 풀리는 일이 있으면 내게 물어 봐주기도 했고 도움을 주었더니 잘 해결되었을 때는 남자친구로서 뿌듯함을 느끼기도 했다.

와이프가 직접 제작한 돌잡이 아이템들

첫 회사에서 2년 정도 지나 또 다른 디자인 회사로 취업을 했고 이 회사는 후에 외국계 회사로 성장하여 더 다양한 일을 하게 된다. 지금도 당시 이야기를 나누면 그 과정은 힘들었지만 돌이켜 보니 좋아하는 일을 찾았고 그림을 그리는 순간만큼은 너무 행복하다라고 말한다. 누군가 시키는 일만 하며 살다가 자신이 원하는 콘텐츠를 스스로 만들어 나가니 주체적인 삶을 살아감에 있어 자부심도 생겼다고 한다.

지금은 두 아이를 키우는 엄마로서 100일 사진이며 돌잔치에 들어가는 아이템들을 손수 만드는 것을 보면 미적인 감각을 키우는 쪽으로 20대를 보낸 것이 얼마나 잘 한 일이었는지 돌이켜 보게 된다. 며칠 전에 있었던 크리스마스에는 직접 트리와 나무 글자들을 만들어 거실에 예쁘게 꾸며 놓았는데 그 솜씨가 실로 대단하다.(난 그런 손재주가 없어 그녀가 부럽다.) 아이들이 더 커서 여유가 생기면 더욱 다양한 것들을 만드는 디자이너로서 그 꿈을 평생 이뤄가고 싶다고 한다.

결혼 후 장모님, 장인어른과 당시 이야기를 나눠보면 딸아이가 남자친구 말만 믿고 회사를 그만 두고 1년 반 동안 백수생활을 하는 게 안타까웠던 것은 사실이라고 하셨다. 나도 내 딸아이가 남 자친구 말만 믿고 안정적인 직장을 박차고 나와 백수로 지낸다면 왜 그러냐고 한탄할지도 모른다. 하지만 시간이 지나 생각하면 딸의 꿈을 찾아 주었고 지난 직장에서 받았던 불필요한 스트레스들 이 사라지고 온전히 자기 기술로 인정받는 전문가로 돈을 번다는 자부심을 가지게 된 것은 고맙게 여긴다 하셨다.

태어난 두 딸아이라고 다른 기준을 갖다 댈까? 분명 No이다. 학원에서 강의를 하던 20대 초반 때부터 교육에 관심이 많았고 그 결과 대학교를 인생의 목표로 질주하는 삶이 아이들에게 치명적 인 스트레스를 줄 수 있다는 사실을 잘 알기에 나도 와이프도 그런 삶을 강요하진 않을 것이다. 두 딸이 이 책을 보고 있다면 '자신감을 가지고 하고 싶은 것에 집중해라. 학교 성적 중요하지 않다. 대학교는 더더욱 필수조건이 아니니 아빠 엄마와 많이 대화를 나누고 친구들과 함께 꿈을 꾸며 비 상하라고' 말하고 싶다.

남자 한복을 그려보고 싶어서 그린 아이돌과 한복 - 2015

첫째 아이 돌 선물을 위해 그린 그림으로 크고 작은 동물들과 함께 사랑하며 살아가라는 마음을 담아 그린 일러스트레이션 - 2014

깨는 사키루

2

Chapter

두 번째 틀, 안정된 직장을 깨다
신발을 신으면 발의 감각이 사라진다

꿈의숲 아트센터에서 열린 초청 개인전에서 레몬 캐릭터들을 보고 있는 첫째 딸

(1) 디자인팀이 아닌 기획팀으로

　　　　　여기에 맛있는 사과가 있다. 어떻게 표현하고 싶은가? 그림으로 표현하고 싶은가? 아니면 음악으로 표현하고 싶은가? 아니면 사과로 맛있는 요리를? 음악 작업을 하는 사람은 지극히 청각적이다. 주변의 상황이나 분위기에 있어 소리에 민감하게 반응하고 영감을 받는다. 소리로 표현하길 좋아하며 좋은 소리에 감동한다. 디자이너는 지극히 시각적이다. 눈으로 보여지는 컬러나 라인에 반응하고 영감을 받는다. 어떤 상황이나 주제를 표현할 때 시각적으로 표현하길 좋아하며 좋은 이미지에 감동한다.

　　그것은 단기적으론 장점이지만 장기적으론 단점이다. 인간이 느낄 수 있는 오감은 예술에 있어 필수불가결한 에너지를 제공한다. 그 에너지는 잠도 안 자고 불태울 수 있을 정도로 대단한 것이다. 아쉽게도 오감을 동시에 느낄 수 있는 사람은 드물다. 보고 있으면 소리에 둔하고 듣고 있으면 냄새에 둔하게 된다. 최대한 많은 감각을 세우고 느껴 보는 것. 거기에서 자신의 에고를 깰 수 있는 힘이 만들어 진다.

당신이 디자이너임에도 음악으로 표현하고자 한다면, 당신은 창의적인 사람이다.
당신이 디자이너임에도 글로 표현하고자 한다면, 당신은 창의적인 사람이다.
당신이 디자이너임에도 냄새로 표현하고자 한다면, 당신은 창의적인 사람이다.

회사에서 디자이너로 불리던 시점부터 디자이너란 과연 무엇일까에 대한 고민을 많이 했다. 막연한 동경으로 시작했지만 그 정체성을 찾아가는 여행에서 반복적으로 익숙해진 기술들을 나열하는 것은 의미가 없다고 확신했다. 더 훌륭한 디자이너가 되기 위해선 디자이너가 되면 안 되었다.

2004년 30여 명이었던 싸이월드 사업팀이 2007년에 200여 명에 이르는 사업본부가 된다. 그만큼 사업의 범위도 커졌고 큰 매출로 성장하고 있다는 것을 반증한다. 네이트온, 이투스, 이글루스, 싸이월드 등 다양한 서비스를 가지고 있던 SK컴즈는 서비스 별로 분리되어 있던 디자인팀들을 통합하게 된다. 하나의 디자인 본부를 구성하여 다양한 서비스에 효율적이고 양질의 디자인을 제공하는 것이 목표인 것이다. 내가 속해 있던 상품기획팀 산하 VX(Visual Experiences)팀은 상품기획과 디자인을 병행하던 팀이었다. 이러한 흐름 속에 선택의 기로에 설 수밖에 없었다. 디자인팀이냐, 기획팀이냐. 사실 새로운 디자인 본부가 만들어진다는 소문이 날 때부터 마음속으로 이미 정했었다. 기획팀으로서 남기로. 같은 팀에 있던 멤버들은 하나둘씩 디자인팀으로 옮기거나 새로운 TF팀으로 거처를 옮기기도 했다. 결국 나(당시 대리)와 과장님 단 둘만이 VX팀에 남았다.

건방지게도 미니룸 퀄리티를 일정 궤도 위로 올려놓은 이후로 디자인에 큰 관심이 없었다. 처음부터 그러했듯이 커뮤니티에 관심이 많았고, 이러한 결과물들이 어떤 기획들을 토대로 이루어지는지 궁금했던 터였다. 기획에 대한 욕심이 생기니 저절로 공부하게 되었다. 서점에서 기초적인 경제, 경영서부터 다양한 사고와 시장을 이해할 수 있는 책들을 두루 읽게 되었다. 첫 회사에서 낭떠러지라고 생각한 공부가 큰 도움이 되었던 것처럼, 실무에 바로 적용한다고 생각하니 책 속의 글들이 너무 살갑게 다가오는 것이었다. 사소한 문장 하나라도 놓치지 않으려고 노력했다. 공부한 내용은 실무에서 다양한 형태로 적용해보고 현 시점(인터넷이 보급화된 시장)에서 과거의 방법론이 더 이상 통하지 않다는 것도 깨달았다.

이러한 지적 호기심은 처음 디자인을 접하고 잘하고 싶었던 마음과 크게 다르지 않았다. 제대로 배운 적도 없고 누구도 가르쳐주지 않았지만, 마치 정복하고 말겠다는 에베레스트 산처럼 밑에서부터 차근차근 나만의 등반로를 거쳐서 올라가고 싶었다. 설사 정한 길이 남들은 피해가거나 틀린 길이라고 이미 정해져 있더라도 그건 내가 직접 경험하고 판단할 문제지 지레짐작해서 피하고 싶지 않았다. 소문만 듣고 하나둘 피하다 보면 결국 이상한 길로 갈 게 뻔하기 때문이다. 잘못된 길로 갔을 때 왜 그 길이 잘못되었는지 직접 체험했을 때 비로소 내 것이 되는데, 이는 어떤 분야에서든 프로페셔널로 진입하는 데 있어 매우 중요한 부분이다. 일을 잘하고 못하고를 떠나서 주체적으로 프로젝트를 진행함에 있어 남의 이야기를 빌려 적용시키는 것과 스스로 경험한 것을 빌려 적용시키는 것은 큰 차이가 있기 때문이다.

디자이너로서 일할 때 주로 포토샵, 일러스트레이터와 자주 만났다면, 기획 일을 접하면서부터는 파워포인트, 엑셀, 워드 등 문서 프로그램들과 친해져야만 했다. 더 이상 생각들을 시각적으로 표현하는 것이 아니라 사실자료를 기반으로 한 글과 숫자로 표현해야만 했다. 무엇보다 큰 매력은 디자인이 감성적인 측면이 강하다고 한다면 기획 일은 보다 논리적이고 전략적이어야 한다는 것이다. 이러한 사고의 전환이 가장 중요한 부분인데, 다행히도 좌뇌의 영역에도 늘 관심이 있어왔다. 고등학교 시절 이과에서 물리, 화학, 수학2를 배울 때도 성적이 좋았던 것은 아니지만 재미있게 공부했던 기억이 난다. 우선 숫자에 거부감이 없고 확률과 통계를 재미있어 했기 때문에 새로운 기획 일에 도전함에 있어 즐겁게 접근할 수 있었다.

하지만 책을 통해 얻은 어줍잖은 지식을 실무에 적용하는 것이 여간 어려운 일이 아니다. 하물며 학교 과제가 아닌 현장에서 돈을 벌고 가치를 만들어야 하는 상황에서는 그 중요성이 더 크다 할 수 있다. VX팀 과장님은 이런 나에게 크고 작은 기회들을 주셨다. 주 상품이었던 스킨과 미니룸 서비스를 진행하면서 BP(우리는 CP_Contents provider를 사용하지 않고 BP_Business partner를 사용했다.) 업체들과의 커뮤니케이션을 맡겨주셨고, 난 그들과 일관된 비전과 방향성을 공유하려고 노력했다.

이 작업을 위해 선행되어야 했던 것이 싸이월드 서비스에 대한 정체성 확립이었다. 물론 초창기 때부터 정해진 가치관을 토대로 어떻게 서비스를 바라볼 것인가를 고민했고 그것이 회사와 BP업체들에게 어떤 기회와 미래를 제시할 수 있는지 정리하는 것이 먼저였다. 이렇게 만들어진 매뉴얼을 토대로 서비스의 기준을 잡고 조금씩 업그레이드해 갈 수 있었다. 이러한 경험은 디자인과는 많이 다른 경험이다. 이전엔 단지 예뻐 보이거나 독특해 보이는 것이 전부였다면 지금은 어떤 콘셉트와 방향성을 가지는 게 진입하고자 하는 시장에 적합한 포지셔닝인지, 그에 따라 디자인은 어떤 경험을 제공할 수 있어야 하고 최종적으로 그것이 회사와 고객 모두에게 어떤 가치를 줄 수 있는지 고민이 우선시 된 것이다.

한번은 싸이월드의 미래가 걸린 TFT(Task Force Team)가 구성되었을 때 일이다. 각 팀에서 1명씩 모인 프로젝트 팀은 급변하는 미래에 어떻게 대응해야만 하는지를 위한 팀이었다. 팀장님께선 날 추천해 주셨고 7명 정도 되는 팀원 중 하나로 싸이월드의 미래를 고민할 수 있는 기회가 생겼다.

모두 베테랑 과장님 이상으로 구성된 TFT에 내가 포함된 것을 보고 나만의 역할이 있다고 생각했다. 유일한 20대(당시 25살)였으며 독특한 발상을 즐겨했던 나의 신선함이 필요하리라고 생각했다. 우연일지 몰라도 TFT를 이끄는 부장님이 처음 면접을 볼 때 내게 "왜 우리가 자네를 뽑아야만 하나?"라고 질문하셨던 부장님이었다.

지금 생각해보면 웹에서 모바일로 패러다임이 전환된다는 결과를 이끌어내고 실행에 옮겼다면 SK컴즈의 운명은 완전히 달라졌을 것이다. 이미 국내 최고의 메신저 서비스(네이트온)와 커뮤니티(싸이월드)를 보유하고 있었기에 그대로 모바일 흐름만 잘 타고 갔더라면 지금의 카카오톡이나 페이스북을 한 회사가 다 가지고 있는 정도의 파워를 낼 수 있었지 않았나 생각해 본다. 하지만 스티브 잡스가 아닐진대 지금의 미래를 예상하기란 거의 불가능한 일이었다. 약 1개월 동안 TFT는 많은 조사와 회의를 진행했고 새로운 시장에서도 승승장구할 수 있는 싸이월드를 고민했다. 감성적인 서비스였음에도 불구하고 차갑고 날카로운 이성적인 판단과 결단 없이는 한 시대를 풍미했던 과거로 돌아갈 수밖에 없었던 것이다. 세이클럽 아바타처럼… 그래서 항시 객관적으로 자신을 돌아보고 시장이 어떻게 변해가는지 민감하게 반응하고 유동적으로 대응할 수 있어야 한다.

내가 근무했던 2004년부터 2007년까지의 싸이월드는 온라인에서 최고의 정점을 찍은 서비스였다. 그 안에서 얼마나 많은 사람의 땀과 수고로 서비스가 성장하는지를 지켜보았다. 이 기간 동안의 경험은 다음 단계로 넘어갈 수 있는 디딤돌이 되어주었다.

김홍도의 씨름과 무동을 한 화면에 담아 재해석한 일러스트레이션 - 2011

단군 신화를 표현한 일러스트레이션 - 2015

(2) 싸이월드 미니미 진화 프로젝트

       SK컴즈 싸이월드팀에 입사한 후 첫 미션은 미니룸과 미니미를 만드는 것이었다. 도트에 익숙했기에(추측건대 입사할 수 있었던 이유는 도트와 관련해서 세이클럽 아바타를 수행했고 관련해서 책을 집필했기에 가능했다고 생각한다.) 별 부담 없이 작업을 시작했다. 그러나 시간이 흐를수록 당황하지 않을 수 없었다. 자신감이 넘쳤던 만큼 생각대로 결과물이 나오지 않았다. 며칠 있으면 작업물을 공유해야 할 텐데 전혀 퀄리티가 나오지 않았다. 문제가 뭘까… 그냥 디자인만 잘하면 되는 것이 아니었나? 수년이 지난 지금에야 담담히 써 내려 가지만 결과물을 보고 실망할 팀장님과 다른 직원들의 표정을 생각하면 쥐구멍에라도 숨고 싶은 심정이었다.

  디자인에 대한 고민은 출퇴근하는 전철 안에서도 잠들기 전에도 계속되었다. 어느 날 화장실에서 볼일을 보는 순간 아차! 하는 생각이 들었다. 유레카! 바로 그거였어! 그 깨달음은 꼬리에 꼬리를 물어 머릿속으로 시뮬레이션해보니 생각했던 답에 가까운 그림이 나왔다. 그것은 무엇이었을까? '등잔 밑이 어둡다.' 했을까? 결국 '디자인'이란 무엇인지 고민하게 되었고 비로소 답을 찾을 수 있었다. 그동안 디자인과는 상관없이 테크닉과 시각적인 결과만을 추구했던 내가 본질에 다가서는 순간이었다. '주어진 목적을 조형적으로 실체화하는 것' 사전적인 의미의 디자인이다. 노벨 경제학상을 받은 인지과학자 허버트 알렉산더 사이먼(Herbert Alexander Simon)의 말을 빌리면

  "어떤 상황을 원하는 상황으로 바꾸는 것을 목표로 행동방식을 만드는 모든 사람은 디자이너이다. _Everyone designs who devises courses of action aimed at changing existing situations into preferred ones"

  디자인이라는 행위를 한다는 것은 '현재 상황'을 파악하고 소위 더 나은 방향성을 가지고 행동하

는 일련의 행위를 일컫는다고 할 수 있다. 내가 놓친 부분은 현재 상황(여기서는 미니룸 서비스)을 파악하지도 못했을뿐더러 어떤 방향성을 가지고 작업을 할지 기준조차 없었던 것이다. 다시 앞 부분으로 넘어가면, 작업하면서 힘들었던 부분은 내가 만든 미니미가 이미 서비스되고 있는 다른 아이템들과 전혀 어울리지 않는 것이었다. 자연스럽게 녹아 들지 못하고 혼자만 잘난 듯이 외톨이처럼 동떨어져 있었던 것이 문제였다. 입사할 때는 싸이월드 서비스에 대해서 다 이해한 것처럼 떠들었지만 그저 빈 수레가 요란할 뿐이었다.

출근하자마자 미니룸이 어떤 서비스인지 분석했다. 아바타가 자신의 감정이나 취향을 온라인에 표현하는 1인칭 정체성이었다면, 미니룸은 3인칭 정체성으로서 나뿐만 아니라 주변 공간을 표현하는 서비스인 것이다. 예를 들면 아바타는 희로애락의 감정을 캐릭터의 표정이나 동작으로 보여주면 되지만 미니룸은 나를 대표하는 개인 미니미 외에 다른 미니미나 아이템, 배경을 활용해서 공간감을 이용해 다양하게 꾸밀 수 있다는 것이다. 즉, 나 혼자만 중요한 게 아니라 나와 너 크게는 우리 그리고 주변 사물과 공간이 어우러져 사용자의 정체성을 표출하는 것이다. 이러한 현재 상황을 이해하고 나면 새로운 개념이 탑재되고 작업이 이루어진다.

'공간'이라는 상황은 입체적인 3D 느낌을 주어야 하기 때문에 평면적인 구도보다는 투시를 주어 표현하는 것이 효율적이다. '우리'라는 상황은 개인이 세상의 주인이 아닌 친구와 주변 아이템과 얼마나 잘 어울리냐에 따라 서비스의 가치관이 잘 전달되는 것이다. 이런 생각들을 가지고 작업에 임하니 도트를 하나 찍더라도 긴 연장선 안에서 명분이 있었다. 이러한 확신들이 쌓이면서 자연스레 미니룸의 NEXT를 고민하게 되었다. '고객에게 더 좋은 가치를 주려면 어떤 서비스와 상품들이 필요할까'라는 고민이 시작이었다.

2004년에 만났던 미니미들은 차렷 자세로 정면을 응시한 채로 서 있었다. 혹은 뒷 모습 정도랄까. 이러한 패턴은 미니룸 전반적으로 배여 있었다. 실제로 이러한 콘셉트들이 당시 미니미의 정체

싸이월드 개인 미니미 개선을 위해 만든 미니미들 - 2005

성을 보여주는 방법이기도 했다. 기존의 정체성을 해치지 않는 선에서 고객에게 새로운 가치를 부여할 수 있는 것으로 무엇이 있을까? 내 첫 대답은 역동성이었다. 야구선수 미니미이면 야구복을 입고 차렷 자세로 서 있는 게 아니라 실제로 야구와 관련된 행동을 하도록 움직이게 만드는 것이다.

애니메이션화.

난 확신했다. 이렇게 움직이는 미니미가 미니룸 안에 있으면 더 에너지가 넘칠 것이고 사용자는 도토리를 사용함에 있어 새로운 가치에 확신을 가지고 사용할 것이라는 확신이 있었다. 내 예상은 적중했고 폭발적인 반응이 있었다. 곧 관련해서 매뉴얼을 만든 다음 미니미 제작 업체들과 공유해서 애니메이션이 되는 미니미를 서비스 했다.

그다음은? 다양성이라고 생각했다. 아무래도 주요 여성 고객이 많다 보니 예쁘고 귀여운 아이템들이 주를 이루었다. 입사할 때 던졌던 공약! '남자 타겟층!'을 위해 남자들이 좋아할 만한 미니미들을 만들었다. 기본적으로는 레포츠, 스포츠부터 격투기에 이르기까지 역동성을 극대화하면서 남자들에게 어필할 수 있는 미니미들을 만든 것이다. 최소한 여성 고객층이 남자친구에게 선물할 수 있을 정도부터 시작하자고 마음먹었다. 점점 다양해지는 미니미의 카테고리만큼 다양한 취향의 고객들이 새로 유입되기 시작했다. 뭐 이 정도면 성공적이라고 생각한다.

싸이월드 미니룸에 들어가는 역동성 있는 미니미들 - 2005

그다음은? 시선 처리. 정면이든 반 측면이든 모두 정면을 응시하고 있다. 공간에서 다양한 느낌을 주려면 미니미의 시선 처리 역시 다양해야만 했다. 때론 밑을 볼 수도 있고 하늘을 올려다볼 수도 있다. 뒤를 돌아본다거나 슬쩍 옆을 쳐다본다거나 다양한 시선 처리는 미니룸이라는 공간을 입체적으로 만들기에 충분했다. 자연스레 시선은 감정으로 이어졌고 항상 웃고 행복한 미니미만 있는 것이 아니라, 때론 슬프고 짜증 나고 황당하기도 한 다양한 감성을 미니미에게 부여하는 작업으로 이어졌다. 감정 표현이야말로 나를 온라인에서 드러낼 수 있는 가장 강력한 방법이라고 생각했다. 이 모든 형태를 갖추었을 때 미니미는 한 단계 진화할 수 있었고 당연 매출로 이어졌다.

숨가쁘게 달려온 몇 년 동안 복잡 다양해진 만큼 많은 관계자가 하나의 작업을 함에 있어 일관된 퀄리티와 정체성을 유지하는 것이 중요한 과제로 떠올랐다. 때에 맞추어 미니미, 미니룸 제작 가이드를 만들었고 기본 템플릿에서 허용되는 범위와 각도별 혹은 성별 응용작업 시 고려해야 하는 상황들을 정리했다. 제작가이드가 만들어지면서 20여 개가 넘는 제작업체가 마치 한 회사에서 만든 것처럼 일관성을 가지고 서비스하게 되었다.

디자이너는 자칫 시각적인 부분만 보게 되거나 고집하는 경향이 있다. 기획까지는 아니더라도 그것의 시작점(어렵게는 본질)으로 돌아가서 생각해본다면 명확하고 선명한 끈이 보일 것이다. 그 끈을 잡고 올라간다면 크게 엇나가는 디자인은 피할 수는 있을 것이다.

미국 화가 Norman Rockwell의 1924년작 'Paraide'를 현재의 소셜미디어로 재해석한 일러스트레이션 - 2011

미국 화가 Norman Rockwell의 1936년작 'Barbershop Quartet'를 오마쥬한 일러스트레이션 - 2011

(3) 모든 것이 열세

2006년 2월 7일 싸이월드 미니홈피 다이어리에 작성한 글

      모든 것이 순탄했다. 21살 때부터 사회생활을 한 이래 20대 중반에 이르기까지 이렇다 할 실패나 좌절감을 맛본 적이 없었다. 좋은 대학? 나이? 이런 것은 승승장구함에 있어 전혀 걸림돌이 되지 않았다. 빨간 사원증 줄을 매고 당당히 출근하는 내 모습에서 때론 '나 꽤나 잘나가는 거 아냐?'라는 착각을 하기도 하였으니 말이다.

  실제로 디자이너로서 이력서에 적힌 글들은 큰 의미가 없다. 얼마나 다양한 스펙트럼에서 퀄리티 있는 작업을 낼 수 있느냐 없느냐가 중요 관건이다. 좋은 대학교를 졸업한 것이 좋은 실력과 반

드시 비례하지 않는다는 말이 사실인 것처럼 말이다. 자격증도 그러하다. 지금까지 어떤 자격증도 취득한 게 없지만 일하는 데 전혀 문제 되지 않았다. (자랑은 아니다. 내 경우는 게으른 이유가 크다.) 하지만 기획 쪽으로 마음이 돌아선 순간부터 모든 상황은 달라졌다. 서울대, 연세대, 고려대 출신부터 카이스트에 이르기까지 국내 명문대 출신의 엘리트들이 중요한 기획업무를 담당하고 있었고 새로 채용되는 인력들도 국내 유수의 수준 높은 인재들이었다. 물론 그렇다고 '학력은 정말 중요하구나'라는 생각을 가진 것은 아니다. 그들과의 차이를 느낄 때마다 내가 넘어야 할 산이 얼마나 높은지 가늠할 수 있어 좋았다. 분명 정상이 보이지 않는 산을 넘는 것과 정상을 알고 넘는 것은 큰 차이가 있다.

첫 걸림돌은 용어였다. 갑자기 왠 용어냐고 반문할지 모르지만 디자이너들에겐 디자이너들만의 용어가 있듯이 기획자들에겐 그들만의 용어가 있다. 초기시절 회의자리에 참석하면 낯선 용어들이 난무하는 곳에서 핵심을 이해하는 데 많은 어려움을 겪었다. 그것을 기초라고 생각했다. 예를 들어 경제학과나 경영학과를 다니면 기본적으로 배우는 법칙이나 사례에서 나온 용어들. 다른 대체 용어가 없는 만큼 이해하고 외워서 내 것으로 만드는 수밖에 없었다. 하루는 경제학과를 다니는 동생에게 연락해서 1학년 때 전공 교과서를 달라고 했다. 그 동생은 흔쾌히 주었고 전공 도서를 시작으로 경제학, 경영학 관련 책들을 읽기 시작했다. 동서고금을 막론하고 수많은 학자들이 분석한 미시적이면서도 거시적인 사례분석은 굉장히 날카롭고 논리적이었다. 철학이 이데아를 다루고 과학은 현상계를 다룬다면 경제, 경영 분야는 이 둘의 교점처럼 느껴졌다. 눈에 보이는 세상을 다루지만 철학적인 수준의 사람을 이해하지 않고서는 세상에 대응할 수 없기 때문이다.

하지만 어찌 독서 수준으로 이 차이를 메울 수 있을까. 굳이 긍정한다면 최소한 어떤 이야기가 오가는지 이해할 수 있는 정도. 그 이상도 이하도 아니었다. 한 번 나약해지기 시작하니 꼬리에 꼬리를 물어 모든 것이 한없이 부족하게 느껴졌다. 생각은 초라해지고 문서 작성은 소심해져 갔다. 디자인 분야는 일정한 수준의 테크닉만 달성해도 중간 정도의 실력을 인정받을 수 있다. 주어진 업무를 달성하는 데 큰 차이가 없다는 것이다. 그 이상은 타고난 감각과 취향의 다양성과 깊이에서 차이가 나는 경우가 많다.

기획 분야는 어떨까? 디자인과 달리 다양한 프로그램을 다룰 줄 아는 능력은 크게 중요하지 않다. 그렇다고 기존 방법론들을 일괄적으로 적용할 줄 안다고 해서 업계에서 중간 정도의 실력을 발휘한다고 말하기도 애매하다. 최소한 상품화하는 비즈니스 모델에 대한 이해도와 진입하고자 하는 시장에 대한 다각적인 정보와 프로세스를 이해하고 있는지가 일을 할 수 있는 시작점에 있다고 본다. 그 이상은 시장의 경계선에서 미래를 내다볼 줄 아는 혜안(慧眼)과 데이터를 분석하고 이를 뒷받침할 수 있는 논리와 전략설정 능력이 좌우한다고 생각한다.

경험의 차이, 다양한 파트를 조율할 수 있는 커뮤니케이션 능력과 시스템을 만들고 안정된 프로세스로 이끌어가는 복합적인 능력이 내겐 없었다. 사실 여기까지 알아내고 이해하는 것만으로도 버거운 일이었다. 하나부터 열까지 모든 것이 열세인 상황. 월급을 받는 것조차 무색해지는 상황. 물론 그 누구도 어린 디자이너에게 IT시장의 탈출구를 기대하는 사람은 없었을 것이다. 매일 반복적으로 이루어지는 많은 업무 중의 하나라도 작업이 가능하다면 그것만으로도 만족할 수도 있다고 생각한다. 그렇다면 최소한의 기대치부터 달성하는 것이 첫 번째 넘어야 할 산일 것이다.

상품 기획팀은 싸이월드에서 매출을 일으키는 스킨, 음악, 미니룸 등의 매출을 끌어올리는 것이 목표였다. 매일 올라오는 매출 데이터를 분석하는 것으로 아침을 열었다. 특히 세대별, 성별로 인기 있는 아이템과 그 이유를 찾아보는 시도부터 시즌별, 이슈별로 영향을 받는 아이템에 대한 분석 등 다각적인 관점으로 매출을 들여다보려고 노력했다. 폴라로이드 사진처럼 서서히 윤곽이 들어났다. 막연함에서 어디서부터 시작하면 될지 구체적이며 단계적인 그림이 그려졌다. '나도 뭔가 할 수 있겠다'싶었다.

이러한 열세 속에 있다보면 스스로 뭘 하는 사람인지 혼란스러운 경우가 자주 일어난다. 뿌리가 있다면 씨앗을 들여다 보며 내가 어떤 열매를 맺을지 알 수 있겠지만 나는 그런 뿌리도 씨앗도 없는 존재가 되어가고 있었다. 학교에서 배운 것도 아니고 디자인을 잘하는 것도 아니고, 기획을 잘하는 것도 아니고, 좋아하는 취미활동에서는 더더욱 아무것도 아닌 상황… 짧지만 그간 만들어 놓은 경력을 뒤로 하고 낯선 영역에서 다시 처음부터 인정받아야 하는 상황의 연속은 심신을 지치게도 하지만 한 분야의 깊이 있는 통찰력을 가지는 것에 부족함이 늘 존재했다.

모든 분야가 그러하듯 깊이 들여다볼수록 모르는 것이 기하급수적으로 많아진다. 지식과 관련해서는 방법이 없다. 꾸준한 독서를 통해 간접적으로 체험하는 수밖에 없었다. 노력할수록 한계점은 명확해지고 빠르게 다가오지만 잃을 것이 없다는 생각으로 나만의 논리로 서비스를 관철해보는 시도를 해보았다. 가끔 칭찬을 들을 때면 기분이 너무 좋았다.

2006년 대리로 승진하면서 보다 많은 기회와 책임이 주어졌다. 시기적으로 팀원들이 다른 팀으로 이동하고 과장님과 단둘이 VX팀에 남으면서 기회는 더 많이 주어졌다. 우리는 싸이월드의 숙원사업이었던 개인 미니미를 대폭적으로 개선하는 작업에 집중했다. 숙원사업으로 규정할 수 있는 근거는 오랫동안 많은 사랑을 받아 온 만큼 요구사항도 많았다. 합리적으로 이해할 수 있었던 불만사항을 해결하기 위해선 프로그램적으로 많은 부분을 들어내야 하는 상황이었다. 또한 많은 인력이 투입되어 작업하기엔 매출과 직접적인 관련이 없어 실적으로 인정받기도 어려운 부분이었다. 우린 고객의 만족이 우선이라 생각하고 기획에 들어갔다. 우선 늘 서 있는 개인 미니미가 앉을 수 있도록 동작을 추가하고 다양한 콘셉트의 의상들을 정기적으로 업데이트하는 계획을 세웠다. 팀을 설득하고 명분을 만들어 프로그램 팀과 함께 개선에 들어갔다. 타 팀과 협업하며 일정대로 진행했고 오픈하는 날 사용자들의 반응을 기다렸다. 개인 미니미의 꾸밀 아이템이 더 많아지자 자연스레 미니룸 매출로 이어졌다. 다시 미니룸을 꾸미기 시작하고 아이템을 구매하기 시작한 것이다.

이후로 사진인화, 백신 등을 담당하면서 다양한 서비스를 안정화시키는 작업들을 진행했다. 이러한 서비스들은 자체 콘텐츠가 아니기에 업체들과의 협력이 무엇보다 중요했다. 특히 업체별 경쟁력을 분별하여 사용자가 명확하게 선택할 수 있도록 제시해주는 것이 중요했다. 디자인과 다른 영역에서 혼자 공부도 하고 고민도 많이 했던 이 시간에 디자이너의 관점이 아닌 또 다른 관점으로 시장을 파악할 수 있는 안목이 생겼다.

10여 년이 지난 지금은 어떨까? 우선 정체성. 내가 뭐 하는 사람인지는 여전히 자주 고민하는 부분 중 하나이다. 다만 그때와 다르게 받아들이는 것은 정체성이란 게 이미 정해져 있고, 평생 그것을 고집할 것이 아니라면, 지금처럼 늘 고민하며 찾아가는 것도 나쁘지 않다고 생각한다. 결과가 아닌 과정. 무언가를 규정하는 순간 스트레스가 시작된다면 규정하지 않고 좀 더 자유로운 활동영역으로 살아가고 싶다.

열세. 열등감. 스스로 뛰어나다고 자아에 도취되지 않는 이상 이런 것들이 사라질 수 있을까? 라는 고민. 비교를 통하지 않고 스스로 강해지려고 노력하지만 그것이 쉽지 않다면 받아들이고 자극제로 활용하는 것이 건강에 좋지 않나 싶다. 시간이 지날수록 우세한 부분이 많아지는 것보다 열세인 것이 많아지는 속도가 훨씬 빠를 것이다. 그것들을 인지하고 공부하며 배워나갈 때, 지적 호기심이 채워지고 그것이 경험으로 이해되었을 때, 내가 생각한 방향으로 잘 나아가고 있다고 생각한다.

개인 프로젝트 '이상한 크리스마스'를 위해 그린 일러스트레이션 - 2011

꿈의숲아트센터 초청개인전을 위해 제작한 레몬 모나리자 일러스트레이션 - 2011

(4) 어떤 사람이 될까 VS 어떤 일을 할까

어떤 20대를 보낼지에 관해서는 명확한 기준이 있다. 인생을 큰 그림으로 보았을 때 10대는 학생으로서 공부에 전념하는 시기라면 20대는 돈을 많이 버는 시기는 아니라고 생각한다. 주변을 둘러보아도 일반적으로 3, 40대에 안정된 수익구조를 기반으로 부를 쌓을 수 있는 시기로 보여진다. 그럼 20대는 어떤 때일까? 이 질문은 어떻게 3, 40대에 돈을 많이 벌 수 있을까라는 생각과도 관련이 있을 것이다. 좀 막연할 수 있으니 범위를 더 좁혀보자.

반대로, 20대에 돈을 많이 벌기 위해 다양한 아르바이트를 한다고 가정해 보자. 시간이 흘러 조금씩 모은 돈이 어느 정도 쌓여 있겠지만 이후 30대는 어떻게 보내야 할까? 여전히 다양한 아르바이트를 지속해야 할까? 아르바이트를 계속하는 것이 좋다고 쉽게 판단을 내리기 어려울 것이다. 에너지와 열정이 넘치는 20대, 돈을 버는 데 에너지를 소모하게 되면 정작 수확해야 하는 30대에 거둘 것이 없다. 개구리가 뛰기 전에는 반드시 크게 움츠렸다가 멀리 뛰는 것처럼 우리의 20대는 한껏 움츠리는 시기라고 생각한다. 보다 멀리 날기 위한 움츠림.

20대에 그릇의 크기를 키워놓지 않으면 3, 40대에 담을 것이 많지 않다. 디자인, 캐릭터, 도트 그리고 상품 기획에 대한 20대의 도전은 그릇의 폭과 깊이를 넓히려는 의도였다. 훗날 이 다양한 경험들을 반드시 발휘할 날이 올 것이라고 생각했다. 20대에 중심을 잡아준 이러한 기준은 무엇이 될까가 아니라 무엇을 할까라는 사고의 전환을 만들었다. 디자이너가 되려고 했다면 디자인이라는 영역에 한정된 나를 만들었을 것이다. '이건 디자이너의 영역이 아니야' 라는 자기 세계에 빠져 완전 다른 영역에 관심을 가지고 도전하기란 쉽지 않았을 것이다.

혹자는 한 가지만 몰입해도 부족한 때에 굳이 여러 가지를 할 필요가 있을까? 라고 반문할지도 모른다. 세상의 모든 것은 하나라는 생각을 기반으로 사실 인문학, 과학은 서로 관련이 있는 하나로 볼 수 있다. (디자인, 경제, 과학이 서로 다른 영역이 아니라고 말하고 싶은 것이다.) 다만 이해하기 쉽도록(혹은 학교에서 가르치기 쉽도록) 각 분야를 구분 지어 놓은 것뿐이다. (실제로 과학을 뜻하는 Science는 라틴어에서 유래된 말로 옛날엔 지식으로 통용되던 단어이다. 훗날 과학이 지식의 대표에서 점차 과학을 의미하는 것으로 사용하게 되었다.) 자기 계발을 좀 더 폭넓게 이해하고 다양한 영역에 관심을 기울인다면 한 우물에서 미처 보지 못한 다양한 관점과 이해를 통해 그 분야에서 독자적인 위치를 확보할 수 있음을 말하고 싶다.

막연히 '디자이너'를 동경해 디자인 회사에 지원한 것은 분명하다. 전혀 다른 영역의 세계라고 생각했기에 더 끌렸는지도 모른다. 아무것도 없던 내가 열정을 가지기에 디자이너라는 직업은 큰 도전이었다. 캐릭터와 도트의 매력에 흠뻑 빠져 지냈고 캐릭터 디자이너로서 자부심을 가지는 때이기도 했다. 하고 싶은 것이 많아지면서 좀 더 큰 그림을 그렸다. 훗날 나만의 사업을 꾸려가야 한다면 더 많은 경험이 필요하다. 이에 경제, 경영적인 개념을 비롯한 기획마인드는 필수불가결한 부분이었다. 이번에는 '기획자'가 되기 위해서가 아니라 하고 싶은 것을 마음껏 할 수 있기 위한 지식과 경험들이 필요했던 것이다. 그래서일까 인터뷰를 할 때 자신을 소개하라는 질문이 답하기 가장 어렵다. 스스로 특정 직업을 규정하는 순간 그 안에 갇힐 것 같았기 때문이다.

어느 초등학교에서 선생님이 아이들에게 물어보았다. "너희들은 앞으로 어떤 사람이 되고 싶니?"라는 질문에 한 아이가 "저는 대통령이 되고 싶어요."라고 대답했다. 이번엔 선생님이 "너희들은 앞으로 어떤 일을 하고 싶니?"라고 물었다. 이번엔 다른 아이가 "저는 불쌍한 사람들도 잘살 수 있는 나라를 만들고 싶어요."라고 대답했다. 언뜻 보면 같은 질문, 같은 대답이라고 생각할지 모르지만 이건 완전히 다른 질문과 대답이다.

아이들을 먼저 보자. 전자의 아이는 대통령이 되려고 노력할 것이다. 그 과정에 처음의 의지와는 다른 행동들을 해야 하는 때도 있을 것이다. '되고 싶다'라는 생각은 결과적이고 목적성을 띄기 때문에 불행하더라도 저 끝에 행복이 있을 것이라고 생각하고 과정의 중요성을 경시하는 경향이 있다. 이러하다 보니 목적을 달성하지 못했을 때 상실감이 크고 그 절망감이 상당하다. 반면 후자의 아이는 전제되어야 하는 상황(무엇이 되어야 비로소 어떤 일을 할 수 있다.)이 없기 때문에 다른 직업을 가지고 있다 하더라도 불쌍한 사람을 도울 수 있는 행위가 제약을 받지 않는다. 목적 중심의 삶이 아니기 때문에 과정의 삶에서 행복감을 느끼고 살면서 자신의 의지나 가치관이 흔들릴 필요도 없다. 이 관점은 매우 중요한데 디자이너를 예로 들어보자.

디자이너가 되는 것이 목표인 사람은 목표를 달성한 이후의 방향성이 사라지게 된다.(물론 또 다른 되고 싶은 것이 찾아올 수도 있으나 기본적으로 디자이너라는 소기의 목적을 달성했을 때를 생각해 보자.) 방향성이 사라졌다는 것은 현실에 안주하기 쉬운데 사회에서 인식하는 디자이너 역할의 범주 이상을 벗어나려고 하지 않는 경향이 많다.

"디자이너가 그런 일은 왜 해야 해?"

"그 일을 시키려면 월급이라도 더 주든가."

크리에이티브를 지향하는 디자이너에게 이러한 사고가 도움이 될 리는 절대 없다. 그건 오너 입장에서도 마찬가지다. 자기 직함에 갇혀 다른 영역의 지식이나 사고에 관심을 가지지 못한다면, 행여 그 직업이 점차 사양길에 접어들 경우 어떻게 대처할 것인가? 스스로 직업을 한 가지로 규정하고 그 안에 갇히게 되면 좁아진 시야만큼 발전도 더디게 된다.

반면 시각적으로든 경험적으로든 사람들에게 더 좋은 가치를 부여하기 위한 일이 하고 싶은 사람은 디자이너가 되어서도 더욱 다각적인 부분에 관심을 기울이게 된다. 있는 가치를 돋보이게 할 수도 있지만 없는 가치를 만들어야 하는 경우엔 상당한 크리에이티브가 필요한데 디자이너는 기획자에게만 떠 넘기고 의지하는 게 아니라 스스로 적극적으로 나서게 된다. 왜냐하면 나를 규정하는 틀이 없기 때문에 그 밖을 벗어남에 있어 높은 장애물이 존재하지 않는다. 자유롭고 개방적이며 유동적이다. 이런 사고를 가진 사람이 시간이 흐름에 따라 실력이 향상될 수밖에 없다는 것은 명백한 일이다.

　지금도 하고 싶은 일을 생각하지, 되고 싶은 뭔가를 찾지는 않는다. 나이가 들면 들수록 이러한 생각은 점점 더 뚜렷해 질 것이다. 아티스트가 되고 싶은가? 아니면 자신의 세계관을 담은 이 세상에 없던 뭔가를 창작하거나 표현하고 싶은가?

모바일 게임을 위한 일러스트레이션 - 2012

모바일 게임을 위한 일러스트레이션 - 2012

(5) 넌 왜 이리 오지랖이 넓니!

오지랖, '이 일 저 일에 관심도 많고 참견도 많이 하는 사람을 가리키는 말' 혹자는 나의 활동과 관련해서 이 단어를 사용할지도 모른다. 어려서부터 통지표 선생님란에는 항상 '산만하다'라고 적혀 있었고 난 그게 무슨 뜻이냐고 엄마에게 물은 기억이 난다. 생각해 보면 어려서 한가지에 오래 집중 못 하고 여기저기 산만하게 돌아다닌 것이 사회라는 통지표엔 '오지랖이 넓다'라고 표현된 듯 하다. 이 부분을 어떤 식으로든 포장하고 싶지 않다. 그저 주변의 모든 것에 관심이 많고 서로 관련이 없을 것 같은 모든 것들이 실은 서로 관련이 있다고 생각해서일지도 모른다.

회사 생활이 그랬다. 주어진 일만 하는 것은 별로 재미가 없었다. 그건 그냥 하면 되는 것이고 시간이 지날수록 익숙해지는 그런 평범한 것이라고 치부하곤 했다. 평소에도 타 서비스에 관심이 많아 이런저런 아이디어를 늘어놓지만 담당자들에게 '굳이 그렇게까지 해야 하나'라는 냉담한 반응을 들었다. 말이 좋아 아이디어지 어리숙한 표현이었을 것이다. 젊은 혈기로 가득 찼던 난 '그들이 더 좋은 서비스를 만들 수 있는데, 일을 벌리고 싶지 않은 듯 해'라며 답답해 하기도 했다.

내가 틀린 걸까. 물론 내 오지랖을 반영해 달라는 것은 아니다. 생각해 볼 여지가 있지 않으냐는 표명이었고 옳다고 생각하는 것을 굳이 침묵하지 않는 성격도 한몫 했으리라. 점점 큰 조직 속에 있으면서 기계처럼 일하는 것이 싫었다. 그저 월급만 받으면 되고 딱 그 정도만 하면 된다는 생각들을 이해하지 못했지만, 매너리즘에 빠져 있다고 투덜대는 내 모습 또한 그리 좋은 그림은 아니었다.

사진에 취미를 가지기 시작했던 그때도 그랬다. 여자친구였던 지금의 와이프와 연애를 할 때 카메라가 있으면 추억도 남기고 재미있을 것 같아 캐논 350D를 구입했다. 처음으로 산 렌즈교환식 카메라여서 그런지 마치 프로 사진작가라도 된 것 같았다. 데이트 때뿐만 아니라 회사 출근할 때도 매일같이 카메라를 들고 다녔다. 점심시간 때면 동료 직원들의 일상이나 주변 모습을 찍기에 바빴다. 자리로 돌아가 잘 나온 사진을 동료에게 보내는 것이 소소한 행복이었다. 나뿐만 아니라 사진에 관심이 많은 친구들이 회사 안에 적지 않다는 것을 알았다. 물론 그들의 카메라 장비는 웬만한 프로 작가들의 것 못지않았다. 그들과 출사도 다니며 사진에 대한 이야기를 주고받을 때면 너무 행복했다. 그 즈음 사진 좋아하는 직원들이 출사 외에도 뭔가 더 생산적인 활동을 하면 어떨까라는 오.지.랖.이 발동했다. 평소 홍보지원 팀과 교류가 있던 나는 뭔가 아이디어가 떠올랐다. 홍보팀은 자체 기사를 위한 사진 콘텐츠를 위해 작은 카메라(소위 똑딱이)로 전문성 없이 촬영을 하곤 했었다. 문의해본 결과 인력, 비용 문제 때문에 자체적으로 해결하고 있다는 것이었다. 옳거니!

사진을 좋아하는 직원들을 중심으로 사진팀을 구성했다. 우리들은 어떤 목적 없이 다양한 사진 찍는 것을 좋아했기에 명분과 기회에 목말라 있었다. 이 팀을 활용하여 홍보팀의 기사 사진촬영을 돕고 싶다고 말했다. 장비뿐만 아니라 사진 촬영에도 관심이 많은 멤버들이라 퀄러티도 보장할 수 있다는 제안이었다. 홍보팀 부장님도 너무 좋다고 반겨주셨다. 그때부터 사진 촬영 건이 있을 때마다 사진 팀 멤버 중 시간되는 친구가 사진촬영을 도왔다. 우리의 노고가 인정되어서일까. 홍보팀 차원에서 우리들에게 보상이 주어졌다. 사진 촬영 횟수를 매달 정산해서 SK상품권을 준 것이다. 5만 원 단위의 상품권이 쌓이면 꽤 많은 수준의 상품권이 되곤 했다. 팀의 위상은 점점 더 높아졌고 점점 사진 팀에서 활동하고 싶은 직원들이 늘어만 갔다.

아무리 좋은 제도에도 구멍이 있다고 했던가. 좋은 취지로 시작했고 원원(win-win)하는 듯 보였지만 순수하게 촬영하던 때에는 없던 폐해도 생겼다. 서로 친한 홍보팀원과 사진팀원이 일을 반복적으로 하게 되었고 늘 소수의 사진팀원에게만 목돈의 상품권이 주어졌다. 물론 나 역시 친분 관계가 있어 자주 촬영을 하는 편이었지만 이 사실을 아는 순간 '이건 아니다' 싶었다. 이내 사진팀 활동을 희망하는 다른 친구에게 자리를 넘겨주고 일상의 평범한 날로 돌아왔다.

당시 SK컴즈 문화 중 하나는 직원 개인의 역량을 발휘하여 자유롭게 아이디어를 발진하고 매주 금요일마다 2시간 정도 시간을 투자할 수 있었다. 경영지원팀 과장님과 한 팀이었던 난 사내 문화에 관심이 많았다. 특히 커뮤니티에 관심이 많았는데 일상에서 보여지는 수면 위 커뮤니티 말고 보이지 않는 속마음, 우리가 일컫기로는 언더 커뮤니티에 관심이 있었다. 우리 회사 직원들은 어떤 속마음을 가지고 있을까? 그리고 그것을 익명의 형태로 자유롭게 이야기할 순 없을까? 뒤에서 이야기하는 것을 수면 위로 끌어올리는 형태일 수도 있다. 그냥 뭐 그런 대수롭지 않은 고민들을 하고 있었다. 방법은 의외로 간단히 나왔다. 화장실!

화장실 칸마다 연습장과 펜을 하나씩 비치한다. 벽에는 큰 전지를 붙여 누구나 볼일 보면서 낙서를 할 수 있게 만들었다.(물론 경영지원 팀의 허락 하에 진행되었다.) 여자 화장실은 들어갈 수 없으니 여직원에게 부탁하여 모든 층 화장실에 설치했다. 반응은 뜨거웠다. 어느 층의 누가 제일 미녀, 미남인가를 투표하는 것에서부터 왼손으로 쓴 고민거리 등 다양한 이야기가 노트에 오고갔다. 쓰는 재미도 있지만 그 자리에서 적힌 글을 읽는 것도 재미있었다. 혹시 내 애기가 적힌 건 아닐까? 라는 호기심도 작용했을 것이다. 재미난 상황도 나왔는데 자신이 쓴 글의 댓글을 보기 위해 빈 화장실 칸으로 안 들어가고 기다렸다가 들어가기도 한다는 것이었다. 화장실에서의 커뮤니티가 활성화되면서 좀 더 공식적인 뉴스도 곁들일 수 있었다. 가령 이 달에 새로 입사한 직원 소개라든가 사내 에피소드 등을 공유하는 것이다. 한 달쯤 되면 책이 모두 채워지는데 그럼 다시 새 책으로 교체하는 금요일 오후시간이 오.지.랖의 정점이어서 참 행복한 순간으로 기억에 남아 있다.

유추해보면 이러한 오지랖적인 활동들이 당시 SK가 지향하는 문화와 일치하는 측면이 있었던 듯 하다. 새로이 채용된 20여 명의 공채들에겐 동일한 수의 멘토가 붙여진다. 회사 생활에 잘 적응하라고 모범이라 판단되는 대리급 이상의 직원을 선정하는 것이다. 대리 1년 차인 첫 해부터 2년

차일 때까지 두 번 연속 공채의 멘토로 선정되었다. 대수롭지 않은 상황일 수도 있다. 하지만 나에겐 크게 다가왔다. 최소한 4년 동안의 활동들이 회사 입장에서 보았을 때 불량하다거나 잘못되진 않았다는 반증으로 느껴졌다. 지금은 좀 더 넓은 의미로 가치관에 반영되어 있다. 디자인을 잘하기 위해 잘된 디자인만 벤치마킹하는 것이 아니라 자주 다니는 길거리나 전철에서 읽는 책에서도 모든 지식과 경험이 훌륭한 디자인을 만드는 데 도움이 된다는 생각으로 발전하게 되었다.

이렇게 습관화된 관찰력은 남이 미처 보지 못했던 순간들을 기억하게 하곤 한다.

페이스북의 의뢰로 페이지 인사이트를 위한 일러스트레이션 - 2012

독일에서 열리는 옥토버페스트 페스티벌을 위해 그린 개인 일러스트레이션 - 2012

(6) 질문 있습니다

수백 명의 IT 종사자들이 유명인사의 발표를 듣기 위해 한자리에 모였다. 시간이 되자 한 사람씩 주제를 가지고 발표했다. N사 디자인을 총괄하는 실장님의 발표가 이어졌고 이런 말씀을 하셨다.

"면접을 보면 10명 중 6~7명 정도는 그 자리에서 결정을 내리곤 합니다. 함께할 수 없다고. 왜냐하면, 대화를 나누다 보면 우리 회사에 입사하는 게 최종 목표이지 그 이상의 꿈을 가진 사람이 없기 때문입니다. 세계적인 디자이너가 되고 싶은 사람이 있다면 당장 채용하겠지만 이런 사람은 10명 중 한 명 있을까 말까 한 상황입니다. 세계적인 꿈을 가지고 도전하세요."

이야기를 한참 듣고 있으니 이해가 안 가는 부분이 있었다. 좀 있다가 시간이 주어지면 질문을 하려고 메모를 해 두었다. 이윽고 강연이 마치고 질문 시간이 되었다. 빽빽이 앉은 많은 사람들 사이로 사회자는 질문이 있냐고 물어본다. 조용하다. 아무도 손을 들고 질문하지 않는다. 아니면 질문이 없어서일 수도 있다고 생각하고 손을 번쩍 들었다. 살짝 당황한 듯 보이는 사회자가 스태프를 통해 마이크를 주었다. 내 궁금증은 이거다.

"만일 세계적인 디자이너를 꿈꾸는 사람이 귀하의 회사에 입사했다고 해 봅시다. 당신은 어떻게 그를 세계적인 디자이너로 만들어 줄 수 있나요? 제가 알기엔 실장님도 세계적인 디자이너가 아니고 하물며 N사도 세계적인 기업이 아닌데 큰 꿈을 가지고 온 디자이너를 그 이상으로 성장시켜주실 수 있는 전략이라도 있으신 건가요? 어차피 직원이 되고 나면 자체 서비스에 들어가는 디자인을 하는 게 전부일 듯한데. 많은 디자이너들을 조금 폄하한 것은 아닌가요?"

돌이켜보면 당돌했다. 이제 20대 중반 정도 된 풋내기가 우리나라를 대표하는 거대 기업의 디자인 수장에게 저런 질문을 던졌으니 말이다. 대답할 가치가 없다고 생각하셨는지 질문에 대한 대답은 N사가 세계적인 기업이 되기 위해 얼마나 많은 노력을 기울이고 있는지를 표명하는 내용이 되었다. 흔히 답정너('답은 정해져 있고 넌 대답만 하면 돼'라는 뜻의 신조어)라는 사람들이 그러하듯 원했던 대답은 아니었다. 난 왜 이런 말도 안 되는 질문을 했을까?

첫째, 한국에서 태어나 한국 교육시스템 아래에서 공부하고 떠밀려 대학을 간 사람들에게 '넌 세계적인 비전이 없으니 아직 멀었어'라고 하기엔 우리나라 중간 과정이 너무 빈약하다. 즉, 꿈을 가지고 디자인 공부를 하는 많은 디자이너들이 어떤 계기를 통해 세계적인 디자이너를 꿈꿀까? 우리 시장은 그러한 도전과 기회를 젊은이들에게 충분히 제공하고 있는가? 우리내 기업들은 직원을 대할 때 장기적인 비전을 가지고 함께 세계로 나아갈 만큼 성숙되어 있는가?

둘째, 무슨 말인지는 안다. 커다란 꿈이 없는 디자이너는 한계가 명확하니 함께할 수 없다는 말이지 않나 싶다. 상황을 반대로 생각해 보면 실력은 있지만 꿈이 없는 디자이너에게 회사가 자극을 줄 수는 없는 걸까? 동기부여를 제공해 함께 성장할 수는 없는 건가? 그렇다면 이미 실력도 있고 세계적인 꿈을 가진 사람만이 지원할 수 있는 건가? 아니면 세계적인 꿈만 꿔도 입사가 가능한가? 스스로는 그만큼 대단하다고 생각하는가?

셋째, 면접과 관련한 이야기는 회사의 입장을 이야기한 것인가? 아니면 채용하는 자신의 입장을 이야기한 것인가? 전자라면 애초에 세계적인 꿈을 가진 사람들을 찾는다고 하면 될 것이고, 후자라면 거대 회사를 등에 지고 그 힘에 올라탄 것은 아닌가? 발표 내용이 모두 사실이라면 이미 세계적인 꿈을 꾸는 디자이너로 가득 넘칠 것인데 그들이 보인 결과물은 무엇인가? 세계를 압도할 만한 것인가?

아무것도 잃을 게 없었기에 삐딱한 시선으로 듣고 삐딱하게 질문을 하지 않았나 싶다. 그러면서 한편으로 듣고 싶었던 대답은 세계적인 디자이너들이 그러하듯 좀 엉뚱하거나 센스 있는 답변을 기대했는지도 모른다. 그러나 내 질문 같은 돌발상황에 재치 있게 대응하지 못한다면 그분의 순간 대응능력만큼은 그다지 세계적이진 않은 듯해 보였다.

사실, 이 컨퍼런스에 참여하기 전에 한창 읽던 책에 이런 내용이 있었다. 세계적으로 권위 있는 노벨 물리학상을 받은 어떤 박사에 대한 이야기였다. 워낙 유명했던 분이라 수많은 대학에서 초청이 이루어졌고 그날도 노벨상을 받은 자신의 전문분야를 가지고 이야기를 하던 때였다. 수업이 끝나고 한 학생이 질문을 했다. 그 질문은 박사가 노벨상을 받았던 분야의 핵심에 가까운 내용이었다. 박사는 한동안 고민하다 다시 물었다. 학생이 질문한 내용이 어쩌고 저쩌고가 맞냐고. 학생이 맞다고 대답하니 박사는 이렇게 말했다.

"학생의 질문은 내 전문 분야에 매우 근접한 질문이라네. 하지만 난 그 답을 모르겠어. 나도 다시 깊이 연구해 보겠지만 학생도 그 답을 알게 되거든 내게 알려주게. 멋진 질문을 해줘서 고맙네."

함께 있던 모든 학생들이 그 친구를 향해 박수를 쳤고 그는 영웅이 되었다. 박사는 스스로의 권위를 지키려고 변명하지도 않았으며 그렇다고 대충 얼버무리지도 않았다. 모든 것을 내려놓고 질문 아래 연구하는 박사로서 마주했다. 모르는 것을 모른다고 할 때 성장할 수 있듯 박사는 한 단계 더 성장했을 것이다. 이처럼 실력이란 타인을 존재 그 자체로 마주하고 자신을 내려놓을 때 점차 성장하는 게 아닌가 싶었다. 이처럼 좋은 질문은 질문한 사람도 질문을 받는 사람도 모두 성장하는 밑거름이 되기도 한다.

돈이든 지식이든 경험이든 알량한 그 무엇으로 남보다 우위에 서려는 마음가짐은 자신의 노력한 것 이상의 이득을 취하려는 지대(地代)와 크게 다를 바가 없다. 잘 뜯어보면 별것도 아닌 것에 큰 의미를 두고 남을 평가하려는 행동은 면접이라는 특수상황을 떠나서 어떤 자리에서도 조심스러운 부분이다.

난 질문을 했고 그는 답변을 했다. 질문한 나도 얻은 게 없었고 답변을 한 그도 얻은 건 없어 보인다. 이상한 질문은 없다고 생각해 왔다. 모든 질문은 옳다. 남들의 시선보다 자신의 무지가 드러나는 것이 더 두렵다면 그 사람의 미래는 항상 남들의 시선 아래 있지 않을까. 다소 건방진 질문을 던지지 않았나 싶지만 난 정말 궁금한 것을 물어봤고 10여 년이 지난 지금 다시금 회상하며 그때 일을 적는 거로 봐서 그 질문은 이후로 내 가치관에 큰 영향을 준 것 같다.

당시 나 역시 직장인이었기에 누군가의 채용이라는 범주에서 벗어날 수 없다. 하지만 상사의 방향성이나 회사의 비전이 나와 맞지 않는다면 당사자에게 직접 물어볼 것이다. 그건 아니지 않으냐고 내가 틀렸으면 나도 좋은 공부를 한 것이고, 내가 맞는데 그들이 변하지 않는다면 난 나의 비전을 찾아 발걸음을 돌려야 한다. 주체적으로 사고하고 행동할 때 스스로 만족하는 삶을 살 수 있다고 늘 생각해 왔다.

누군가 내 책을 읽고서 질문할지도 모른다.

'당신은 그렇게 잘 났냐'고.

Digital Abstract에서 진행하는 두 번째 아트카드프로젝트에서 다이아몬드 7을 맡아 그린 일러스트레이션 - 2015

섹시한 루돌프 - 2010

(7) 경험해보지 못한 것에 대한 두려움

　　　　착하고 뭐든지 똑 부러지는 누나가 내 손을 잡고 어딘가로 향했다. '너도 이런 곳에 와 봐야 해!' 하며 데려간 곳은 롯데리아였다. 그땐 고등학교 1학년일 때로 숫기 없고 남들 앞에 나서 지 못하며 어리바리하던 때였다. 내가 평상시 집-학교만 다니고 다른 환경에선 쑥스러움이 많았던 터라 누나가 직접 데리고 온 것이다. 누나는 정확하게 파악하고 있었다. 내가 낯선 곳을 얼마나 두 려워하는지 말이다. 햄버거 가게뿐만 아니라 은행, 커피숍 등은 나에게 쉽게 혼자 가기 어려운 장 소들이었다. 나만 그런 걸까? 아니면 누구나 한 번쯤 이런 경험들을 가지고 있을까?

　　공간이 무서웠던 이유는 들어갔을 때 그곳 시스템에 맞추어 어떤 행동(주문이든 뭐든)을 취해야만 하는데 첫째는, 어떤 프로세스로 움직여야 하는지 몰라서 부끄러운 것. 둘째는, 필요한 것을 이야 기하고 받아내는 일련의 과정에 어려움을 느낀다는 것. (슈퍼에서 원하는 과자를 사는 것은 가능) 한 번도 경 험해 보지 못한 것에 대한 두려움이 무지하게 컸던 것으로 기억한다. 이토록 소심하고 평범하게 살 아온 19년. 그러나 20살 이후 사회생활을 하면서 많이 대외적인 성격으로 변해갔고 오히려 도전하 는 것에 즐거움을 느낄 정도로 다른 내가 되어 있었다.

　　은행도 편하게 가서 업무를 볼 수 있게 되었고 술집이든 카페든 주문하고 서비스를 받는 것에 아 무런 문제가 없게 되었다. 누군가에게는 당연한 것들일지 모르지만 적어도 난 그렇지 못했던 듯 하다. 사실 사고의 전환이 큰 도움이 되었다. '어차피 사람이 하는 건데 뭐'한 생각으로 모르는 것 은 물으면 되는 것이었다. 더 이상 학생이 아닌 사회인으로서 시스템에 적응해가고 있었다. 못 할 게 없다고 생각했다.

　　하.지.만. 20대 중반이 되어서도 여전히 두려운 공간이 있었다. 그곳은 공항이다. (공항이 왜 무섭지?라고 의아해 할지 모르나, 난 두려웠다.) 중국과 일본을 여행한 적이 있지만 한 번은 회사에서 조직적으로 준비해서 갔었고 일본 여행은 싸이월드 직원들과 단체로 함께 갔던 여행이다. 그저 그들이 시키는 대로만 하면 국외로 이동하는 데 문제가 없었다. 하지만 나 혼자 알아서 모두 하라고 한다면? 덜…덜… 생각만 해도 무서웠다. 어딜 가서 뭘 해야 하나라는 생각만으로도 움츠려 들었다. 흡사 고등학교 때 햄버거 가게를 두려워하던 것과 같은 상황이었다. 이럴 수가… 10년 가까이 흘렀음에도 또 다시 이런 두려움이 찾아오다니… '이게 나라는 녀석의 한계인가'라는 생각에 이르게 되었다.

그래서 불현듯 결심한 공항 극복 프로젝트!! 약 10여 일 동안 홀로 호주 여행 다녀오기 프로젝트였다. 누구의 도움도 받지 않고 스스로 여권준비부터 호주 도착, 그리고 홀로 여행한 뒤 다시 한국으로 돌아오는 개인 프로젝트였다. 준비하던 날부터 비행기가 이륙하기 전까지 매일매일 심장이 벌렁거렸다. 과연 내가 할 수 있을까? 해본 적도 없고 문제가 닥쳤을 때 도와줄 사람도 없는데 그게 가능할까? 시드니 공항에 도착하는 순간까지 그 불안함은 여전히 존재했다. 아니 더 커졌다고 해야 맞겠다.

전혀 숙소를 예약하지 않았기 때문에 공간을 이동할 때마다 새로운 숙소를 찾아 헤매야 했고, 매일 새로운 장소를 돌아다니려고 노력했다. 배, 기차, 경비행기, 버스 등 다양한 이동교통 수단을 이용하면서 이전에 해보지 않았던 경험에 정면으로 대응했다. 이 주일 동안 홀로 여행하다 보니 막바지엔 약간의 외로움도 있었지만 혼자서 낯선 땅에서도 잘 여행했다는 생각에 스스로가 대견스럽게 느껴졌다.

홀로 떠났던 이 여행은 나 자신에게 굉장히 중요한 전환점이 되었다. 정확히 이때를 기점으로 해보지 않았던 것에 대해 과감히 시도해보는 경향이 잦아지게 된다. 사실 우리 뇌는 익숙하지 않았던 것을 경험하는 것을 그리 좋아하지 않는다. 왜냐하면 경험을 토대로 판단하기에 낯선 것은 불편하다. 불편함을 자주 만날수록 기존의 습관 혹은 정체된 자신과 멀어진다고 생각해도 좋을 듯 싶다.

물론 익숙한 삶을 평생 영위하며 사는 것도 그 나름의 가치가 존재한다. 모두가 특별하게 살 필요가 없듯이 평범한 삶 또한 충분히 존중받아야 한다. 다만 나처럼 호기심을 가지고 꾸준히 나아가고자 하는 사람에겐 벗어나고자 하는 용기가 필요하다. 프로 바둑기사 이세돌처럼.

구글 딥마인드가 개발한 컴퓨터 바둑 인공지능 알파고는 중국 판 후이 2단과의 승리 여세를 몰아 한국의 이세돌 9단과 5국에 이르는 바둑시합까지 두게 되었다. 이세돌은 현존하는 세계 최고의 바둑기사로서 그 도전을 받아들였다. 자신의 명예가 걸린 만큼 1920개의 CPU와 280개의 GPU를 가진 슈퍼 컴퓨터와의 대결을 한다는 것은 그동안 경험해 보지 못한 완전히 새로운 경험이었을 것이다. 어떤 새로운 상황과 마주하게 되었을까.

첫째, 형체가 없기 때문에 심리싸움이 불가능하다. 5시간 동안 최고로 집중하기란 인간으로서 거의 불가능한 일이다. 둘째, 스타일을 전혀 알 수가 없다. 사람은 오래할수록 익숙해지는 패턴이 존재하기 마련인데 알파고는 그런 게 없다. 때론 전성기 때의 이창호처럼 때론 지금의 이세돌처럼 과감하게 두듯이 말이다. 셋째, 연산 가능한 부분은 엄청나게 빠르고 정확하게 판단해낸다. 특히 5국에서 불리했던 경기를 정확한 계산하에 바꿔치기 한 부분은 인간의 판단으론 굉장히 어려운 부분이라고 한다. 이러한 상대적인 조건 속에서도 이세돌은 귀한 1승을 얻어낸다.

인터뷰에서 그는 "어느 순간부터 내가 바둑을 즐기고 있나 의문이 들었는데 이번 대국은 원 없이 즐겼다. 다만 이번 대국을 통해 바둑에 대한 이해가 늘었다기보다 인간의 창의력 등 기존에 알던 것들에 대한 의문이 들었다."

그는 경험해 보지 못한 것에 정면승부했고 원 없이 즐겼다. 이 경험은 그를 완전히 또 다른 세계로 인도할 것이라고 확신한다. 감히 다른 바둑기사가 엄두도 못 낼 새로운 영역으로 말이다. 옛 사람들은 바다 끝에는 낭떠러지가 있다고 생각하고 나아가길 두려워했지만, 콜럼버스 같은 탐험가들이 신대륙을 발견하면서 더 이상 지구는 평평하지 않다는 것을 증명해 보였다. 이후로 스페인, 포르투갈, 영국 같은 강대국들이 자신감을 가지고 앞다투어 뻗어나갈 수 있었다. 나 역시 경험해 보지 못한 저 끝에는 낭떠러지가 있다는 두려움을 가지고 살았지만 막상 그 너머를 경험하고 나니 더 큰 꿈과 더 많은 것을 경험해보고 싶은 마음이 싹트기 시작했다.

저 너머엔 우리가 경험해 보지 못한 엄청난 것들이 존재한다.

남녀의 알콩달콩 밀당을 우키요에 스타일로 표현해 본 개인 프로젝트 일러스트레이션

미국 Adobe의 의뢰로 제작한 드림위버 강좌 일러스트레이션 - 2015

(8) 집-회사, 그 거리만큼이 내 가능성이었다

　　　2005년에 떠났던 호주 여행은 인생에 여러모로 큰 전환점을 준 여행이다. 세상이 얼마나 넓고 다양한 사람들이 살고 있는지 몸소 깨달았던 여행이기도 하다. '호주에서 산다면 어떤 일을 할 수 있을까'라는 생각은 거꾸로 한국이라는 제한된 지리적 공간에서만 활동하고 있는 게 아닌가라는 생각으로 이어졌다. 원해서 서울이라는 지역에서만 활동하는 건 아니지만 그 누구도^(학교 선생님이나 교수들을 포함해서) 넓은 세상으로 나가라는 교육을 전파한 사람이 없었다.

　2006년은 SK컴즈에서 근무한 지 4년째가 되는 해였다. 그때가 되면 복지정책으로 일주일의 휴가가 추가로 주어진다. 이때다 싶어 더 넓고 다양한 문화가 있는 유럽으로 떠날 여행을 계획한다. 마침 호주에서 워킹비자로 있다가 돌아오는 친한 친구와 함께 둘이 유럽으로 배낭 메고 GO!! 이번에도 묵을 장소를 사전 예약하지 않고, 비행기 편과 유레일 열차 패스만 끊어 출발했다.

　이번 여행의 목적도 명확했다. 넓은 세상을 경험하고 경험하지 못했던 새로운 세상과 정면으로 마주하러 간 여행이다. 그리고 한 가지 더! '내가 이 사람들과 함께 일한다면 어떤 느낌일까? 내 작품들이 이 나라에서 보여진다면 어떤 느낌일까?' 등의 상상력을 곁들인 여행이 시작되었다. 여행은 영국을 시작으로 프랑스, 스위스, 이탈리아 순으로 끝나는 게 대략의 콘셉트, 다소 현대적인 느낌의 도시 런던을 시작으로 예술적 가치가 높은 박물관이 즐비한 프랑스 파리 그리고 대자연을 느낄 수 있는 스위스를 거쳐 마지막으로 이탈리아 북도시부터 로마까지 내려온다. 그런데 마지막을 로마로 잡은 이유는 궁극의 고대 건축이나 분위기를 마지막으로 체험해 보고 싶어서였다.

　영국 런던, 처음으로 마주한 유럽의 모습은 다소 쌀쌀하고 어두웠다. 빅토리아역에 도착한 우리는 먼저 숙소부터 찾았다. 때가 때인지라 무거운 짐을 들고 언제까지 돌아다닐 순 없었다. 다행히도 역 주변이라 숙소가 많았다. 짐을 풀자마자 런던 지도를 펼치고 우리의 작전은 시작되었다. 시작점을 런던으로 선택한 것은 역사적인 건축이나 문명을 접하고 현대적인 장소를 보게 되면 그 감흥이 떨어질 것 같은 이유에서였다. 축구의 나라인 영국이니만큼 그들의 축구사랑은 대단했다. 훗날 축구 관련 콘텐츠를 만든다면 이 시장에 진입할 수 있도록 사람들의 분위기나 축구 콘텐츠에 대한 수준을 파악할 필요성이 있어 보였다. 그리고 우울한 분위기에 가끔씩 내리는 비를 볼 때면 영국 밴드 음악들의 선율이 더 가깝게 와 닿곤 했다.

이번에는 프랑스 파리. 런던에서 유럽의 느낌을 조금 맛보았다면 예술을 감상할 차례이다. 파리에서 꽤 떨어진 변두리에 숙소를 잡은 후 루브르, 오르세 박물관부터 작은 전시에 이르기까지 다양한 고급의 예술작품들을 감상했다. 문명과 관련해서는 대영박물관에서 많이 보았기 때문에 예술작품 위주로 감상했다. 미술책에서만 보던 그림들이 실제로 이렇게 크게 그려졌는지 믿기 어려울 정도로 크고 섬세했다. 르네상스 시대 거장들의 작품이 500여 년이 지난 지금도 위대하다는 것을 존재만으로 확실히 증명해 보이고 있었다. 박물관에서는 초, 중학생 또래의 아이들도 많이 보였다. 그들은 여유를 가지고 시간을 들여 작품을 감상하고 아무 데나 앉아서 스케치를 한다. 이거다 싶었다. '예술이란 것이 삶의 여유로부터 나오는 것이 아닐까?' 혼자 생각해 본다. 유럽 아이들은 어려서부터 예술작품들과 가까이 지내는 듯하다. 하긴 지리적으로 가까이 붙어 있으니 부담 없이 여유롭게 감상할 수 있는 듯하다. 나 같은 배낭여행객은 아무리 이틀 동안 루브르 박물관을 본다고 해서 그 많은 작품들을 제대로 감상할 수 없다.

현대 유럽과 과거를 찬란하게 장식했던 예술작품들을 만난 후 스위스 인터라켄 대자연 속으로 들어왔다. 알프스 산맥을 끼고 있는 스위스 인터라켄은 많은 관광객들로 붐비는 곳이다. 그렇다고 도시 같은 번화가가 아니고 맑은 공기와 하얀 눈이 뒤덮인 호수를 끼고 있는 아름다운 마을이다. 그동안 일하면서 서울이 전부인 양 출퇴근하며 살아왔던 세상과는 전혀 다른 쉼과 아름다움이 있는 공간이었다. 인간의 문명보다 광대한 자연이 숨을 쉬고 있었고 시간이 흐를수록 '인간 또한 자연의 일부'라는 깨달음이 있었다.

이탈리아 로마는 평소 역사에 관심이 많던 터라 그 어느 도시보다 큰 기대를 품고 이동했던 도시이다. 판테온 신전, 포룸 로마눔, 콜로세움 등 고대(기원전)라고 할 수 있는 대형 건축물들이 그대로 살아 숨 쉬고 있고 직접 만져볼 수 있다니 이건 대단한 일이 아닌가? 어쩌면 어렸을 때 경주 수학여행 갔을 때는 미처 몰랐지만 관심을 가지면서부터는 완전히 새롭게 다가왔던 것처럼. 아니 전율이 느껴질 정도로. 이때부터 동서고금을 관통하는 그 무엇에 관심을 가졌다 해도 과장이 아닐 정도로 가장 많은 영감과 자극을 받은 도시가 로마였다.

여행하는 내내 이런 생각을 자주 했다. '나의 가능성은 어느 정도일까?' 호주나 유럽을 여행해 보기 전까진 집, 회사가 전부였다. 회사의 비전이 곧 내 비전이었으며 회사를 위해 모든 것을 쏟아붓는 것이 매달 받는 월급에 대한 최소한의 예의라 생각했다. 하지만 그 노력과 성과가 가지는 범위가 집에서 회사까지가 전부인 것 같았다. 거기까지가 내 활동 영역의 전부였으니까. 이때 나이가 28인데, 30이 되기 전에 그리고 결혼을 하기 전에 과감하게 나한테 투자해 볼 가치가 있다고 판단했다.

24시간 나라는 존재의 가치를 만들기 위한 노력. 해볼 만하지 않은가? 난 왜 더 멀리 나아가지 못하는가를 고민했고 그건 나만의 콘텐츠가 없기 때문이라는 결론을 내렸다. 사실 이건 너무나도 슬픈 현실이었다. 이러한 여행 경험이 없었다면 글로벌 무대를 향한 의지는 갖기 어려웠을 것이다.

아버님은 경상도 분이시고 어머니는 전라도 분이시다. 일찍이 돈을 벌기 위해 서울로 상경하신 부모님은 직장에서 만나 결혼에 이르셨다. 우리 세대와 달리 부모님 세대엔 산업화가 한창이던 시절이고 노동 현장에서 기술을 가지고 열심히 일하는 것이 삶의 목표였다. 가정을 꾸리시면서 본인들 세대처럼 힘든 세상을 살지 않게 하려고 어려운 형편에서도 수도권에 터전을 잡으셨다. 이러한 부모님의 생각을 시작으로 나 또는 우리 세대는 전보다 편한 환경에서 공부하고 IT에 좀 더 쉽게 다가갈 수 있었다고 생각한다.

우리 부모님이 그러했듯 나 역시 자식들을 위해 새로운 인프라를 구성하고 싶다. 부모님이 수도권이라는 인프라를 마련해 주셨다면 난 글로벌이라는 인프라를 자식들에게 마련해 주고 싶다. 그러기 위해선 온전히 24시간을 날 위해 살아야 했고 집에서 회사까지의 거리가 아닌 전 세계를 무대로 움직여야만 한다고 생각한다. 내가 좀 더 노력하고 열심히 하면 우리 아이들은 나보다는 좀 더 쉽게 넓은 세상에 다가갈 수 있지 않을까. 최소한 외국인에 대한 거리낌이 없고 학교 친구가 전부가 아니라 세상 모든 사람이 소중하고 친구가 될 수 있다는 생각을 심어줄 수 있지 않을까.

결혼을 하고 아이가 생기니 삶의 초점이 서서히 달라지는 것은 막을 수 없다. 나를 위한 삶에서 우리를 위한 삶이 되니 더 이상 단기적인 시각으로 살 순 없다. 나만의 가능성을 믿고 돌진하지만 뒤에서 나를 믿고 묵묵히 따라주는 가족들을 위해 큰 세상에서 소통하고 아이들에게 이처럼 즐거운 세상이 너희를 기다리고 있다고 말하고 싶다.

대한민국 문화 소개 개인 프로젝트를 위해 그린 조선의 왕 일러스트레이션 - 2013

스위스 Ours Magazine을 위해 그린 패스트푸드 일러스트레이션 - 2013

(9) 8년간의 직장생활에 종지부를 찍으며…

　　　상반된 개념이 공존하는 순간, 그리고 그 경계선에 섰을 때, 사표를 냈지만 원활한 인수인계를 위해 두 달간 더 근무하기로 했다. 하지만 이미 마음이 떠나니 이전처럼 깊이 있게 집중할 수 없었다. 어차피 곧 그만두기 때문에 업무도 점점 줄어들고 회의에서 제외되는 경우도 많아졌기 때문이기도 하다. 마지막 날을 앞두고 다른 사업본부장님들로부터 새로운 업무를 같이 해보자

　　2007년은… 4, 5년이 지난 후 전환점으로 기억되는 해가 될 것이다.

　　2000년부터 시작한 사회생활을 접고 홀로 시장에 뛰어든 시기이다. 안정을 버리고 불안정하고 불투명한 길을 선택하는 것은 물론 쉽지 않은 길이다. 다만, 현 상황에 불만이 많은 나로선 말로만 하는 것이 아니라 행동으로 보여주어야 할 시기이고, 나에 대한 도전과 열정이 필요한 시기라 판단이 된다. 현 상황에 나의 불만이란 무엇일까? 20대 젊은이들에 대한 불만이기도 하며, 세상에 대한 불만이기도 하다.

　　왜? 20대의 똑똑한 젊은 인재들이 공무원을 지향하고, 의사, 변호사가 되려고 할까?

　　개인적으로 안타깝다. 국가에서 똑똑하고 크리에이티브한 젊은이들은 안정보다는 도전을 선택해야 한다. 허나 누구보다 진보적이고 혁신적이어야 할 젊은이들은 공무원이 되려고 한다. 과학을…, 사회를…, 경제를… 바꾸어야 할 주체가 되어야 하지 않을까??

　　왜? 누군가 만든 시장에 안주하려 하는가? 새로운 시장을 만들려고 하지 않은가? 말로만 비판하지 말고 직접 실행에 옮겨보자. 20대는 '시간'이 있어 그 어떤 세대보다 무궁한 발전을 할 수 있고 열정을 가지고 도전을 할 수 있다. 벌써부터 돈, 혹은 안정에 취하지 말자. 이런 생각으로 퇴사를 결심했던 2007년이고. '사키루픽쳐스'라는 이름으로 2008년 기존과 다른… 그리고 새로운 시장을 만들어 보려고 한다. 물론 실패할 확률이 낮지 않다는 것도 안다. 젊었을 때의 실패로 다음번엔 분명 더 튼튼한 돌들을 쌓을 수 있을 것이다. 2000년부터 2007년까지 멀리 뛰기 위해 움츠린 개구리였다면 2008년은 멀리 가든 못 가든 뛰어보자.

는 제안을 받기도 했다. 정중히 거절을 표했지만 관심 있게 지켜봐 주신 점에 대해서는 감사한 마음을 가진다. 짐을 싸고 나오던 날. 안정에서 불안정으로 넘어가는 시점이지만 비로소 자유를 얻었다는 생각에 앞으로 펼쳐질 날이 기대되었다. 회사를 그만두었던 그 해 작성한 일기를 통해 당시로 되돌아 가보고자 한다.

지금 되돌아보았을 때 난 얼마나 멀리 뛰었을까? 그때 그만둔 시점이 전환점이 되었을까? 난 새로운 시장을 만들어 왔는가? 실패를 통해 더 튼튼한 돌들을 쌓았는가? 불평과 불만으로 합리화된 나의 출발은 당시 했던 많은 질문과 포부들을 되돌아보며 다시금 고민하게 만든다.

부모님 입장에서 잘 다니던 대기업을 그만둔다니 아들을 말리고 싶으셨겠지만, 묵묵히 믿어주셨다. 생각해 보면 내 아이가 안정된 직장을 잘 다니다가 하고 싶은 일을 한다고 그만둘 때, 과연 쉽게 믿어주고 응원해줄 수 있을까? 아니면 어떻게든 설득해서 계속 근무하게 할까? 솔직히 확신할 수 없다. 그만큼 그 누구에게도 쉬운 일이 아니다. 처음 직장 다닐 때도 그렇고 8여 년이 지나 그만둘 때도 그렇고 끝까지 아들을 믿어준 부모님에게 감사한다. 마음껏 살아보라고 지원해주신 덕분에 인생의 다음 라운드로 넘어갈 수 있었다.

회사를 그만둔 지 10여 년이 지난 지금 솔직히 고백하자면 수년 전부터 직장생활을 하고 있는 꿈을 꾸곤 한다. 긴 시간 혼자 작업하다 보니 동료들과 회의하고 함께 식사를 하는 순간들이 얼마나 소중했는지 새삼 깨닫게 되었다. 종종 인간의 특성에 대해서 생각해 보곤 하는데 신은 우리에게 이미 가지고 있는 것을 그 순간엔 인지하지 못하게 만든 듯하다. 반대 상황을 경험했을 때(즉, 반대되는 두 상황을 모두 경험했을 때) 비로소 가진 것을 느끼게 되는 것 같다. 예를 들어 양팔과 다리가 있을 땐 이게 얼마나 감사한 일인지 모른다. 잃었을 때 비로소 가진 것에 대해 소중함을 느낀다. 부모님은 또 어떨까. 살아 계실 때 소중함을 느끼는 사람이 얼마나 될까? 직장도 그러했다. 소속되어 안정을 누릴 때는 그 안에서 불평 불만이 가득하지만 소속에서 벗어나 홀로 있게 되면 그때 얼마나 소중한 것들을 가지고 있었는지 깨닫게 된다.

안정에서 불안정으로 넘어간 경계선에서 그 예리함을 경험하는 것은 무척 중요하다. 우리가 생명의 위협을 느꼈을 때 살고자 하는 간절함이 묻어나듯 나태해진 온몸의 신경을 다시 일깨우는 순간이 있다. 베이컨의 말마따나 "청년들은 판단하는 것보다는 생각해 내는 것이 어울리고, 타협보다는 실행이 적합하며, 안정된 직업보다는 새로운 기획이 더 잘 어울린다."

28살의 겨울, 드디어 학교에서 가르쳐주지 않은 홀로 살아남기 위해 입고 있던 모든 옷을 벗고 차가운 세상에 한 걸음 내딛는다.

카카오톡과 라인의 캐릭터를 카제 작가와 히어로물로 재해석한 콜라보 일러스트레이션 - 2015

카카오톡과 라인의 캐릭터를 카제 작가와 히어로물로 재해석한 콜라보 일러스트레이션 - 2015

(10) 내 삶은 날 위해서 살 때 가치가 있다

체질적으로 술에 약하기 때문에(조금만 마셔도 몸 전체적으로 붉어진다.) 술자리를 거의 안 갖는 편이다. 하지만 친한 선후배 그리고 친구들과는 한 두 달에 한 번 정도 술자리를 가지곤 한다. 그 날은 모션영상을 하는 존경하는 형님의 말로 술자리가 이어졌다.

"그거 알아? 키루가 회사를 다닐 때하고 지금 회사를 나온 지금 하고 많이 다른 거? 전에는 뭐랄까… 말수도 적고 무척

만화 슈도넛&콘스틱에 등장하는 캐릭터들 - 2008

이나 예민해 보였다고 할까. 무엇보다 특유의 유머가 사라졌었거든. 근데 지금은 눈빛이 초롱초롱 살아났어. 표정이나 대화에 여유가 있고 안정감이 생겼어."

앞에 놓인 술잔을 바라보며 많은 생각들이 스쳐 지나간다. 아무것도 모르고 시작한 사회생활에서 인정받기 위해 많은 고민을 했고 부족함을 느낄 때마다 어떤 변명을 만들어 회피하려고 하지 않고 정면 승부했다. 실력도 부족하고 실수도 많았지만 매 순간순간에서 배우려고 최선을 다했다. 이

러한 시간들이 경제적으론 안정감을 주었을지 모르지만 나 자신을 점점 죄어오는 것은 아니었나 싶다. 그 일등공신은 단연코 예민함이다. 어려서부터 아침 일찍 일어나야 하는 날은 항상 알람 시계보다 일찍 깨어난다. 의식적으로 일찍 일어나야 함을 뇌에게 압박했기 때문이 아닐까 싶다. 극장에서 옆 자리 팝콘 소리가 거슬린다든가 결혼 초기 옆 자리에 누군가 함께 있어서 그런지 새벽마다 자주 깨곤 했는데 이 모든 게 예민해서가 아닐까 생각해본다. 하물며 직장 생활을 하면서 생기는 스트레스를 그냥 넘기진 못했을 것이다. 자연스레 얼굴에 드러나고 어떤 상황이든 날카롭게 반응했을 수도 있다.

2007년 11월 회사를 퇴사한 후 달라진 내 모습을 주변 사람들은 느낄 수 있었나 보다. 아무래도 24시간 나를 위해 보낼 수 있다는 것이 큰 에너지였다. 진짜 나만의 하루를 사는 듯한 느낌이 들었다. 평일 낮에 커피숍에 앉아 한가로이 그림을 그릴 수도 있고 밤늦게까지 작업하더라도 모두 날 위한 일이다 보니 더 신나게 적극적으로 임할 수 있었다. 이러니 예전에 있던 나의 유머(?)도 다시 돌아온 듯하다. 유머는 삶의 여유에서 비롯된다고 하니 바쁜 와중에도 여유 있는 삶을 살 수 있었다.

홍대 근처에 사무실을 구해 동료 작가들과 함께 생활했다. '사키루픽쳐스'라는 개인 사업자 등록을 하고 하나의 작은 기업체로서 마음가짐을 새로이 하기로 했다. CI(Corporate Identity)를 시작으로 사키루픽쳐스 공식 홈페이지를 개설했다. 이를 이용하여 명함도 새로이 제작하고 회사를 소개할 수 있는 소개서 문서도 제작했다. 자그마한 것부터 하나하나 만들어가니 이미 대단한 회사의 대표라도 된 듯 어깨가 으쓱했다. 매달 돈을 버는 것은 중요하지 않았다. 가장 중요한 것은 나를 대표할 수 있는 콘텐츠를 제작하는 것이었다. 그것이 캐릭터일 수도 있고 웹툰이나 만화 형태일 수도 있었다. 그간의 경험을 바탕으로 시장에서 서비스될 수 있는 정도의 퀄리티로 끌어올리기 위해 많은 시간을 보냈다.

〈디자이너 되다〉라는 웹툰은 지금 이 책을 시작할 수 있는 초석이 되었다고 해도 과언이 아니

디자이너되다 웹툰 - 2008

다. 아무것도 모르고 꿈도 없던 시절에서 디자이너가 되기까지의 과정을 웹툰으로 그렸다. 캐릭터, 월간 웹 잡지에 연재를 하면서 열심히 콘텐츠를 만들었다. 현재도 진행 중인 이 웹툰은 20살부터 지금까지 있었던 많은 이야기를 담기 위해 시작되었다. 시즌1이 '디자이너 되다'라면 '기획자 되다', '아티스트 되다' 그리고 '아빠 되다' 등의 시리즈로 전개되는 평생 그리고 싶은 웹툰이다. (지금은 바쁜 육아와 일상으로 업데이트가 멈춘 상태.) 유명 웹툰에 비하면 연출도 엉성하고 사람들의 주목을 받은 것도 아니지만 스스로 솔직하고 담담하게 이야기를 그려나갔기 때문에 나름 애착이 가는 내 재산이다. 아마도 이 책에 쓰여진 모든 내용을 포함해 극적인 요소를 담아 업데이트 될 날을 기다려본다.

슈도넛&콘스틱, 오툰 근무시절 만들었던 첫 캐릭터 슈마이&팻푸를 만화로 그렸다. (원래 이미지와 이름은 사용할 수 없으므로 재해석한 캐릭터로 이름도 바꾸었다.) 힙합을 사랑하는 말썽꾸러기 캐릭터들로 하나씩 배워가며 유명 랩퍼가 되는 성장기 만화이다. 실제 랩퍼들을 만나 조언을 듣고 스토리 방향을 잡으며 탄탄하게 준비하던 만화이다. 실제 랩퍼가 만들

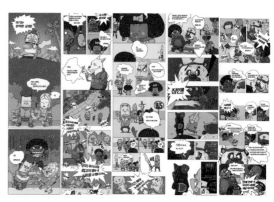

힙합을 주제로한 슈도넛&콘스틱 만화컷 - 2008

어준 음악과 목소리로 슈도넛과 콘스틱이 등장하는 힙합 앨범도 기획했다. 역시 주목을 받진 못했지만 어렸을 때 아쉬움이 남았던 캐릭터들을 부활시켜 스토리를 만들어 시도하는 과정에서 정말 행복했다. 커피숍에서 콘티를 짜며 친구들과 이런저런 이야기를 나눌 때면 세계 최고의 만화가라도 된 듯 기분이 좋았다.

　미국 서브프라임 모기지론 사태로 전 세계가 경제적으로 휘청거렸던 2008년은 개인 사업자로 세상에 첫발을 내디딘 해이기도 하다. 직장 생활을 할 때보다 확실히 경제적인 차이가 있었지만 행복감을 느끼는 정도는 돈과 상관없이 나의 이야기를 구체화시키는 작업을 할 때가 가장 즐거웠다. 주도적으로 뭔가 만들어 갈 때 사람은 보다 자발적이고 높은 집중력을 발휘한다. 힙합 콘텐츠를 만들 땐 직접 랩퍼들을 찾아 다니며 조언을 구하거나 콜라보레이션 작업을 의뢰하기도 하고, 만들어진 콘텐츠를 홍보하기 위해 다양한 미디어에 제안서를 작성하는 등 24시간이 부족할 정도로 뛰어다니게 된다. 바쁘게 아침저녁 출퇴근하고 야근을 하는 이전의 모습과는 다른 삶의 패턴이다. 좋아하는 것을 하며 시간을 보내는 것과 돈이라는 현실적인 개념이 대립했던 2008, 09년에 내면에서 우러나는 삶의 방향성이 하나 만들어졌다. 자본주의 사회에서 살아가는 데 있어 현실성이 조금 결여될지는 모르지만, 나로서 흔들리지 않게 하는 중요한 축이 되는 신념 말이다.

　'스스로에게 돈보다 소중한 것이 많아질수록 행복하다.'

　실제로 국세청에서 사업자 등록증이 나오던 날, '돈만 포기하면 이 세상엔 할 일이 정말 많지 않을까'라는 생각을 했다. 돈을 좇게 되면 할 수 있는 일이 제한되고 재미가 없어지기 때문이다. 그렇다고 현실적인 부분을 고려하지 않을 수 없다면 결국 돈이 따라오는 구조로 만들어야겠다고 생각했다. 그러려면 사키루라는 존재가 혹은 그가 만들어내는 콘텐츠의 가치가 시장에서 독보적인 의미를 지니고 있어야 한다. 당장 한두 달 먹고살기 위해 시간을 낭비하는 것보다 원하는 목표를 위해 스스로의 역량을 키울 필요가 있었다.

모바일 게임을 위해 그린 농구 일러스트레이션 - 2015

2014년 FC 바르셀로나의 트리플 달성을 기념해 그린 일러스트레이션 - 2014

(11) 24시간 나를 위한 삶

"호호호호호호호"

장모님이 식탁 위에 올려둔 내 핸드폰을 들고서 한바탕 웃음이 터지셨다. 무슨 일이실까? 뭔가 재미난 일이라도 일어났나 하던 찰나

"아직도 이런 핸드폰을 쓰고 다닌단 말이지? 지금은 동네 할아버지들도 이런 핸드폰 안 들고 다니는데 말이야~ 호호호호"

하하하하. 장모님께서 웃으며 이야기하시니 왠지 나도 웃음이 났다. 사실 핸드폰에 대한 이야기는 시간이 지나면서 점점 많이 들어오고 있다. 왜? 아니 왜? 굳이 옛날 폴더폰을 쓰는 이유가 있나요? 라는 질문을.

나도 최신 스마트폰을 쓰고 싶다. 다양한 소셜 미디어에 가입해 사진도 올리고 다른 사람들이 올린 콘텐츠를 구경하고 싶다. 전철로 긴 시간 오고가는 때에 재미난 게임을 하거나 지난 축구 하이라이트 동영상을 보고 싶고, 한국 경기가 있는 날엔 더 이상 옆 사람 스마트폰을 몰래 훔쳐보고 싶지도 않다. 약속장소의 주소가 문자로 와도 따로 지도에서 찾아봐야 하는 불편함, 낯선 동네에서 길을 잃고 헤맬 때마다 항상 스마트폰의 필요성을 느낀다. 특히 문자가 150여 개가 넘어가면 용량 초과로 그때마다 문자를 지워야 하는 번거로움도 싫고 20개까지밖에 저장 안 되는 스팸번호는 여전히 불필요한 전화들을 받아야만 하는 수고로움으로 가득하다.

이런 와중에도 단지 전화와 문자만을 하고 싶다며 폴더폰을 사용하는 내가 고지식해 보이기도 하고 어렸을 때 보아왔던 꼰대의 모습이 아닐까도 생각해 본다. 2008년 아이폰이 국내에 들어온 이후로 분명 IT 시장은 크게 변화했다. 인터넷기반의 PC에서 LTE, WIFI 기반의 모바일로 플랫폼

이 바뀌면서 모든 생태계가 달라졌다. 8~9년 동안 세계 곳곳에서는 수많은 스마트폰이 쏟아져 나왔고 집 컴퓨터와 맞먹는 가격의 핸드폰이 지금은 누구나 하나 이상 가지고 있는 필수품이 된 것도 사실이다. 이쯤 되면 고집 센 꼰대라고 해도 할 말은 없다.

카카오톡(일명 카톡), 오래전에 구입한 아이패드를 통해 카톡은 해오고 있었다. 지금은 일주일에 한두 번 뭐가 왔나 보는 정도니 거의 안 한다고 봐야 할 것이다. 사실 처음부터 그랬던 것은 아니다. 모두가 카톡을 사용할 때 나도 계정을 만들어 지인들과 메시지를 주고받곤 했다. 유료인 문자에 비해 무료로 문자를 주고받을 수 있는 카톡은 전 국민의 사랑을 받아오고 있지만 나에게만큼은 그렇지 않았다. 유료인 문자는 꼭 필요할 때 정리된 내용들을 주고받는 형태라고 한다면 무료인 카톡은 불필요한 문자들이 남발하는 커뮤니케이션이었다고 말하고 싶다. 굳이 하지 않아도 되는 커뮤니케이션 채널이 확장됨과 동시에 반드시 응답을 해야만 할 것 같은 무언의 압박을 느끼기도 일수다. 수시로 들려오는 '깨톡!'이란 소리는 노이로제 걸릴 것 같았고 작업에 집중하느라 확인을 안 할 때면 '혹시 무슨 큰일이 난 건 아닌가?'하는 호기심에 열어보지만 별것 아닌 메시지들인 경우가 많았다. 실제로 순기능이 더 많은 서비스이겠지만 나에겐 되려 온전한 내 시간을 방해하는 귀찮은 존재에 지나지 않았다.

게임, 아이패드를 통해 즐겨 한 게임은 식물vs좀비와 심슨이다. 한창 디펜딩 게임에 빠져 있던 터라 식물vs좀비는 1, 2 모두 거의 모든 판을 깼을 정도로 열심히 했다. 심슨의 경우는 팜 종류의 수집 게임인데 좋아하는 캐릭터이기에 매일 아침마다 수확을 해가며 많은 시간을 할애했다. 매일 똑같은 행동을 하면서 '이게 뭐 하는 짓인가'라는 생각을 하지만 어느덧 신규 캐릭터를 얻고자 노력하는 나를 벗어나진 못했다.

집착 그리고 게임을 클리어 했을 때의 성취감. 에너지 음료처럼 순간적인 쾌감과 피로는 잊게 해주지만 쌓일수록 누적된 시간(양)은 흐를수록 감당하기 어려운 상황으로 다가오곤 한다. 심슨의 경우 여러 차례 서비스 점검으로 계정이 없어지고 나서야 그만두게 되었는데 오히려 너무 좋았다. 그릇에 무언가가 가득 담겼을 때는 넘치지 않을까 초조했는데 오히려 비워지니 그릇 밖의 상황에도 관심을 가질 정도로 여유가 생겼다. 책을 한 장 더 읽거나 옆에 사람과 더 많은 대화를 나눌 수 있었다.

페이스북을 만든 마크 저커버그가 매일 똑같은 옷을 입는 이유도 크게 다르지 않아 보인다. 결정을 내려야 하는 상황을 줄여 생활을 단순화함으로써 일에 더 집중하고자 하는 놀라운 시간관리를 보여준다. 나 역시 24시간을 날 위해 살고 싶다. 최소한의 외부 영향을 받으며 온전히 내 삶을 영위하고 싶다. 그러기 위해서 직장을 나오기도 했거니와 누구 말마따나 무엇을 위해 지금의 반복적인 삶을 살고 있는지 이유도 모르고, 하고 싶은 것과는 대조적인 삶을 살고 싶지는 않다. 1분, 1초 날 위해 숨 쉬고 싶다.

한때 '느림의 미학'이 있었다. 한때라기보다 예부터 있어온 훌륭한 가치이다. 지금 시대엔 굳이 느려질 필요가 없다. 점점 빨라지는 이 시대는 가만히만 있어도 상대적으로 엄청 느리게 살아가는 느낌을 받는다. 핸드폰이 그러하다. 10년 전이나 5년 전이나 난 같은 핸드폰을 가지고 같은 속도로 살아왔다. 더 느려지려고 하지도 않았고 언제나 어제처럼 만큼만 지내왔다. 세상 사람들이 엄청 빨라진 것이다. 상대적이다. 이젠 가만히 있어도 뒤쳐지고 느려진 시대가 되었다.

적당한 불편함. 지금 나처럼 70~80년대에 태어난 사람들은 아날로그 감성과 디지털 감성을 20년씩 경험한 세대들이다. 우리 부모님들처럼 아날로그 삶만 살았던 것도 아니고 지금 아이들처럼 디지털 삶 속에서 살아온 것만도 아니다. 상대적인 이 두 시간대를 살아왔기에 각각이 가진 소중함을 누구보다 잘 알고 있다. 이러한 측면에서 난 아날로그의 불편함을 항상 가지고 있고 싶은 것이다. 메일보다는 손편지를, 문자보다는 전화통화를, 좋은 자가용보다 대중교통을 이용하며 살면서 놓치고 살아온 주변을 돌아보고 낭만을 간직하고 싶은 것이다. 3~4인치 화면을 통해 세상을 바라보는 것이 아니라 5, 6시쯤 해 질 녘 붉게 타오르는 그때! 빨강과 파랑이 만나 7분간 인사하는 그 짧은 '찰나'를 감상하며 행복하고 싶은 것이다.

> 그림 그리고 싶을 때 그림 그리고
> 자고 싶을 때 잠을 자고
> 놀러 가고 싶을 땐 어디론가 떠나고…

신선놀음 같은 이야기지만 이러한 삶이야말로 자신으로부터 나온 주체적인 삶이 아닐까. 지금처럼 경제적으로 어려운 시기에 부모님이 물려준 재산이 아니면 누가 이 경제난에서 자유로울까. 그럼에도 불구하고 자신을 위한 삶을 사는 것이 중요한 이유는 한 호주 여성이 노인들을 돌보며 들은 공통적으로 이야기한 죽기 전에 후회하는 다섯 가지를 생각해 봐도 알 수 있다.

여러분은 지금! 시간이 흘러 죽는 순간에 가까워졌다. 그리고 아래 내용들을 천천히 생각해 보자.

1. 난 내 자신에게 정직하지 못했고 따라서 내가 살고 싶은 삶을 사는 대신 내 주위 사람들이 원하는(그들에게 보이기 위한) 삶을 살았다.
2. 그렇게 열심히 일할 필요가 없었다.(젊을 때 그토록 열심히 일하신 우리 아버지조차 내게 하신 말이다) – 대신 가족과 시간을 더 많이 보냈어야 했다. 어느 날 돌아보니 애들을 이미 다 커버렸고 배우자와의 관계조차 서먹해졌다.
3. 내 감정을 주위에 솔직하게 표현하며 살지 못했다. – 내 속을 터놓을 용기가 없어서 순간순간의 감정을 꾹꾹 누르며 살

다 병이 되기까지 했다.

4. 친구들과 연락하며 살았어야 했다. – 다들 죽기 전 얘기하더라고 한다. "친구 XX를 한번 봤으면…"

5. 행복은 결국 내 선택이었다. – 훨씬 더 행복한 삶을 살 수 있었는데 겁이 나 변화를 선택하지 못했고, 튀면 안 된다고 생각해 남들과 똑같은 일상을 반복했다.

'돈을 더 벌었어야 했는데…', '궁궐 같은 집에서 한번 살았으면', '고급 차 한번 못 타봤네', '애들을 더 엄하게 키웠어야 했다.'라고 말한 사람은 아무도 없었다. 죽기 직전, 여러분들도 위와 같은 후회를 할 것이다. 적어도 난 그럴 것 같다. 우리는 신에게 다시 20대 혹은 30대로 시간을 돌려준다면 후회 없는 멋진 삶을 살고 싶다고 기도할 것이다. 간절한 마음으로 기도를 드리니 신께서 응답한다.

"좋다. 그러면 내가 너를 그 시간으로 다시 돌려 보내주겠다. 다만 이후부터 현재까지의 기억은 모두 지워버리겠다. 그것만 동의한다면 널 다시 과거로 보내주겠다."

신은 우리의 소원을 들어주었고 그렇게 우린 이 책을 읽고 있는 지금 이 순간으로 다시 돌아온 것이다.

월드컵 선수들 - 2014

PRINCIPLE CENTERED LEADERSHIP

깨는 사키루

3

Chapter

세 번째 틀, 자기 자신을 깨다
위험할수록 더 재미있다

시카고 전시를 위해 작업 중인 모습

(1) 흰 종이와 마주하기

　　경험해 보지 않았던 새로운 분야에 관심이 많다. 2010년 도전도 그 연장선상에 있었다. 지인의 요청으로 함께 온라인 의류 브랜드 쇼핑몰을 시작했고 2011년 1년 동안 모든 것을 쏟아부었다. 이 기간 동안에는 거의 그림을 그리지 않았고 팀장으로서 업무 시스템을 구축하고 팀원들의 역할과 비전 제시, 브랜드 구축, BI, 웹 디자인 등 쇼핑몰 전반적인 디자인 업무에 집중했다. 의류라는 시장에 대한 경험은 전무했지만 잘할 수 있을 것 같았다.

　　호기(豪氣)롭게 시작했지만 생각만큼 그리 녹록지 않았다. 의류업 시장에 대한 깊은 이해도 없이 쉽게 접근해서 성과를 낸다는 것은 정말 어려운 일이란 것을 깨달았다. 재고 물량과 10원의 차이를 온몸으로 느낄 수 없다면 치열한 시장에 제대로 진입하기란 정말 어려운 일이다. 결국 괄목할 만한 성과 하나 이뤄내지 못하고 패자의 모습으로 돌아왔다. 그때가 7월달로 장마 시즌이 시작할 즈음인 여름이었다. 그간의 지친 심신을 달랠 겸 집에서 한동안 쉬기로 했다. 한편으론 그림을 그리고 싶은 욕구가 넘쳤지만 1년 동안 그리지 않았기에 뭐부터 어떻게 그려야 할지 쉽게 손이 떨어지지 않았다.

비가 많이 내리던 그때, 한 가정의 가장으로서 경제활동의 최전선에 뛰어들어야 하는 때이기도 했다. 쉬지 않고 내리는 비 소리를 듣고 있으니 자연스레 나라는 존재와 대면하는 시간이 많아졌다. 나는 누구일까… 뭘 하는 사람일까… 앞으로 어떻게 살아야 하나… 에고의 잡념이 머릿속을 가득 채우니 혼잡스러웠다.

컴퓨터를 포맷하듯 머릿속을 싹 지우고 다시 초심으로 돌아갔다. '아무것도 할 줄 아는 게 없다'를 시작으로 회사 나올 때 어떤 마음가짐이었는지 돌아보았다. 그림 그리는 순간들이 행복했고 한국이 아닌 전 세계를 무대로 활동하고 싶었던 마음이 다시금 떠올랐다. '그래. 그림으로 세계시장 진출'이라는 결론을 도출했으나… 막무가내로 시작하기엔 전혀 가능성이 없어 보인다. 지금까지 주로 캐릭터 디자인과 도트작업을 했던 내가 어떻게 전 세계 사람들의 주목을 받을 수 있을까? 캐릭터들은 충분히 매력적인가? 아티스트적인 성향을 가지고 있는가? 나만의 스토리는? 스타일은? 또 다시 꼬리에 꼬리를 무는 생각들로 머리는 가득 찼다.

경제적으로 돈이 필요했지만 그 동안 모아놓은 돈이 있었기에 몇 달은 수입이 없어도 괜찮다고 아내와 이야기를 나누었다. 그렇다고 해서 언제까지 예술 한답시고 가족을 굶길 수는 없는 노릇이니, 재취업과 꿈이라는 두 갈래에서 고민하던 그때 아내가 조심스레 입을 열었다.

"난 오빠가 이쪽 분야에서 성공하는 모습을 보고 싶어, 경제적인 이유로 꿈을 포기하는 모습을 보고 싶진 않아."

살바도르 달리에게 갈라라는 뮤즈가 있다면 나에겐 아내가 뮤즈이다. 2002년에 만나 2009년 결혼한 이후로도 한결같이 내 꿈을 지지해주었고 도전할 수 있는 영감을 주는 아름다운 여인이다. 때론 조력자로서 때론 제3자로서 조언해주었고, 최소한 '이 한 사람조차 감동시킬 수 없다면 그 누구도 감동시킬 수 없다'고 생각해 왔다. 모든 것은 확실해졌다. 옆에서 든든하게 지원해주는 사람이 있으니 전쟁터에서 승리할 수 있는 무기와 갑옷을 갖춘 듯 든든함이 느껴졌다. 스스로 확신을 가지고 실행은 바로 옮겼다.

국외 유명 작가들의 다양한 작품을 둘러보면서 몇 가지 일관된 특징을 엿볼 수 있었다. 첫째, 스타일. 그들은 하나같이 비교 불가능한 스타일을 가지고 있었다. 둘째, 거창하게 말하면 세계관이고 쉽게 풀면 스토리텔링이 있었다. 셋째, 많은 양의 작품들이다. 이 세 가지 특징을 잣대로 나를 돌아보니 그나마 존재하는 스타일을 제외하곤 아무것도 가진 게 없었다.

캐릭터라는 것이 만화, 애니메이션, 게임 등의 플랫폼을 이용한 스토리 전개 없이 개성만을 가지고 대중에게 인지시키는 일은 쉽지 않다. 아니 거의 불가능하다. 새로운 분야에 도전해야 했고 그 답은 일러스트레이션에 있었다. 캐릭터가 한 오브제에 초점을 맞추었다면 일러스트레이션은 전체적인 콘셉트나 분위기가 작가의 성향이나 세계관을 보여줄 수 있는 유용한 작업물이 된다. 10년 넘게 해오던 그림과 다른 형태의 그림을 그리는 것은 마치 성악하던 사람이 발라드에 도전하는 것과 비슷하다. 어려웠다. 오래된 습관을 바꾸거나 취향을 바꾸는 것처럼 긴 시간을 필요로 하는 작업이다.

매일 아침 흰 종이를 펼쳐놓고 하얀 여백과 마주했다. 머릿속에선 오만 가지 느낌이 떠오르지만 펜을 대는 순간 시궁창으로 변해 버린다. 플라톤이 말했던 이데아와 현실의 차이를 느끼는 순간이다. 분명 완벽한 그림이 머릿속에는 떠오르는데^(이데아) 구현하기 위해 펜을 대면 의미 없는 낙서들로 가득 차게 된다.^(현실) 그 빈틈을 잡념이 치고 들어오니 항상 도로아미타불이다.

계속해서 내리는 장맛비처럼 불순물을 씻겨 내려야겠다는 생각으로 샤워를 했다. 다시 흰 종이와 마주했다. 머리를 비우고 몸을 상쾌하게 하니 다시 태어난 기분이었다. 어떤 에고도 없이 그냥 그려나갔다. 형태는 추상적으로 보이지만 무의식에 담고 있던 무언가가 표현되는 듯 했다. 이러한 경험을 바탕으로 매일 아침마다 목욕재계(沐浴齋戒)를 하고 빈 공간(흰 종이)과 마주했다. 하루 이틀 아무 생각 없이 그리고 싶은 대로 휘갈겼더니 손이 풀리니 더 이상 그림 그리는 행위가 어색하지 않았다. 달릴 준비가 된 엔진처럼 어서 출발하자고 말하는 듯 했다. 부릉! 부르릉!

국내외 일러스트레이션 스타일을 분석한 결과 인물이나 동물을 표현한 것이 대부분이었다. 아직 작가 세계관이 없던 내가 다른 그림들과 차별화되기 위해선 스타일 못지않게 남들과 다른 그림을 그리는 게 중요했다. 일러스트레이션을 검색했을 때 무수히 많은 인물 그림 사이에 다른 그림이 있다면 우선 달라 보일 수 있다고 생각했다. 이내 무엇을 그릴지 확실해졌다. 자연.

자연을 주제로 삼기엔 수천 년부터 많은 사람들이 그려온 풍경화(landscape)가 있다. 수많은 그림들 중에 한두 장 추가하는 건 의미가 없다. 옛 사람들은 그릴 수 없었지만 지금에서야 그릴 수 있는 건 무엇이 있을까? 그것은 현미경으로 봐야지만 보이는 마이크로(micro) 자연 세계라고 생각했다. 최소한 현미경이 발명되기 전에는 표현할 수 없었던 자연.

자연의 일부이자 소우주인 인간의 몸은 대우주(Cosmos)만큼이나 신비한 세상이다. 현대 과학도 아직 풀지 못한 미지의 영역들로 가득 차 있다. 하여 목욕재계를 하고 그린 첫 일러스트레이션은 심장이었다. 추상적으로 접근하되 핵심적인 기능들은 꽤 구체적으로 표현하려는 시도를 했다. 너무 추상적으로 가기엔 난해할 수 있는 우려가 있었고 그저 그런 형태로 가기엔 나만의 스타일이 없을 듯 하여 조금씩 캐릭터적인 요소를 곁들였다. 딱히 장르를 구분할 순 없지만 캐릭터적인 요소와 일러스트레이션적인 요소에 미술적인 추상기법을 가미한 독특한 그림이 나왔다. 첫 작품이라 마음에 들진 않았지만 분명 기존에 그려왔던 그림들과는 많이 달랐다. 전체적인 색감에 대한 고민을 많이 했고 전기적인 표현(스파크 같은 섬광 효과)을 고민했는데 이러한 부분들이 고유한 스타일로 잡혀가는 듯 보였다. 향후 5년간은 고민할 만한 다양한 미션들이 마구 떠올랐고 그것들을 하나하나 실현시키는 것이 일러스트레이션 시장에 진입하는 필수요소라 확신하게 되었다.

소셜 미디어를 통해 첫 일러스트레이션 작품을 공유해 본 결과 반응이 나쁘지 않았다. 캐릭터가 전부인 줄 알았던 친구들이 새로운 형태의 그림작업에 관심을 가져주었고, 기대에 찬 피드백은 새로이 시작하는 시점에 있던 나에게 커다란 에너지로 작용했다. 구체화 되어가는 방향성과 구현된 스케치는 자주 노출이 되면서 어느 정도 안정감 있는 그림체로 자리 잡아가고 있었다.

한 장의 그림이지만 많은 고민들이 반영되었고 메타포(metaphor)적으로 표현된 세계관은 중요한 시사점을 던지곤 했다. 끊임없이 마주했던 흰 종이는 현재에 안주할지 새로운 세상으로 진입할지에 대한 고민으로 무한한 가능성을 제시해줌과 동시에 나라는 사람을 테스트하듯 '한 번 덤빌 테면 덤벼봐' 라고 자극을 주었던 것이다. 세 달 정도 계속된 장맛비는 나가지 않고 집에서 그림만 그릴 수 있는 최적의 환경을 제공해주었고, 매일 새로운 그림이 나올 때마다 떨리는 가슴은 빨리 그림 그리고 싶어 잠 못 이루는 상황에까지 이르게 했다. 못내 아쉬워 잠이 들 때면 늘 이런 생각을 한다.

'평생 그림만 그리며 살고 싶다.'

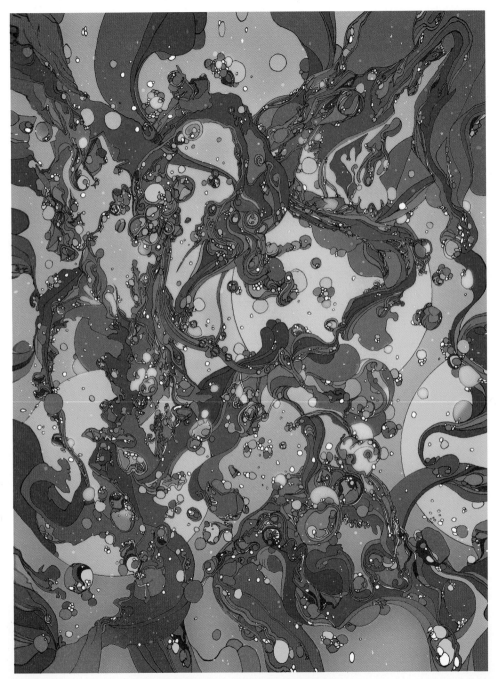

개인 프로젝트인 자연시리즈 중 물을 표현한 작품 - 2011

물 그림과 재즈그룹 쿠마파크와 콜라보레이션하여 만든 앨범 커버 Designed by 김광혁

(2) 뒤늦게 발견한 독서의 즐거움, 나를 바꾼 결정적인 열쇠

어린 청개구리는 엄마의 책 읽으란 소리가 너무나도 싫었다. 교과서 외에 읽어본 책이라곤 없었으니, 글을 읽는 행위는 지루한 행동을 반복적으로 해야 하는 매우 귀찮은 경험이었다. 중학교 때 교실을 휩쓸 정도로 인기 많았던 '퇴마록'도 한 장 읽고선 덮었고, 전 세대의 필수 도서인 '삼국지'는 읽고 싶다는 생각조차 한 적이 없다. 책상에 만화책 외에 다른 책이 놓인 적은 없었다.

그렇게 20년 넘게 살아오던 내가 언제부터인가 자리에 앉아 책을 읽고 있었다. 처음 시작은 대학생 시절 홀로 도태되었을 때 열등감을 극복하기 위한 방편으로 도서관에서 미술책을 읽었던 것을 시작으로 기획에 관심을 가졌을 때는 서점을 찾아다니며 경제, 경영 책을 마구잡이로 읽기 시작했다. 아는 것이 없을 때는 호기심도 없었지만, 책을 읽으니 알면 알수록 무지하다는 것을 깨닫게 되었다. 점차 지식이 쌓이니 호기심은 꼬리에 꼬리를 물어 B형 특유의 갈 데까지 가보자 하는 마음을 자극했다. 자연스레 인물사와 철학에 관심을 가지게 되었고 역사로 넘어갔다. 자극제로 시작된 독서는 일상이 되었고 쌓여가는 책들만큼이나 즐거움은 더해갔다.

그림을 그림에 있어 시각적인 부분이 기술적인 연출에 가깝다면 무엇을 왜 그릴까에 대한 부분은 다른 영역에서 접근해야만 한다. 무수히 많은 잘 그리는 사람들이 존재하지만 그 중에서 특출난 사람은 독특한 사고를 바탕으로 새로운 시도를 하는 사람들인 경우가 많다. 기술자에서 크리에이티브 단계로 넘어가는 바로 이 전환점에는 작가가 얼마나 다양한 분야에 관심을 가지고 깊이를 지니는지, 그러한 정보, 지식들을 스스로 어떻게 재해석해내는지에 따라 새로운 영역으로 넘어가는 작가와 아닌 작가로 나뉘어진다. 이러한 면에서 경험 못지않게 독서를 통한 지식습득은 사고를 바꾸고 새로운 취향을 만드는 데 중요한 기여를 한다.

"좋은 책을 읽는 것은 과거 몇 세기의 가장 훌륭한 사람들과 이야기를 나누는 것과 같다." - 데카르트

성인이 되어 훌륭한 스승을 만나는 것은 매우 중요하다. 많은 이들이 학교에서 만난 교수님이거나 삶의 현장에서 만난 훌륭한 인성을 가진 분들을 통해 새로운 지식이나 경험을 얻곤 한다. 이렇다 할 멘토가 없이 지적 방황을 하고 있던 당시 재미나게 읽고 있던 책이 미국 유명 대학교 교수의 저서라는 것을 알고서 불현듯 생각이 바뀌었다.

전제는 이렇다. 일반적으로 대학교의 교수들은 해당 분야에서 논문 이상의 실적을 낸 사람들이다. 그 전문지식으로 학교에서 강의를 하고 학생들은 시험도 치른다. 교수들이 자신의 전문분야와 반대되는 책을 쓰지 않는다면 그 내용은 학교 수업내용과 매우 근접한 지식, 정보들일 것이다. 여기까지 이르게 되면 꽤 선명해진 결과를 얻을 수 있다. 굳이 외국 유학을 가지 않아도 서점에서 하버드 대학교 경제학과 교수의 수업을 들을 수도 있고 옥스퍼드 대학교 경영학과 교수의 수업을 들을 수도 있는 것이다. 이러한 사고 전환은 더 많은 책을 통해 지식에 접근하고자 하는 방법론 중 하나가 되었다. 이 방법론을 좀 더 발전시키면 이미 죽어서 수업을 들을 수 없는 사람들의 지식과 지혜도 책을 통해 얻을 수 있다는 결론이 나온다. 최소 학부 과정에서 이루어질 수 있는 웬만한 지식은 책을 통해 충분히 얻을 수 있다는 말이다.

이러한 관점에서니 누군가 훌륭한 교수님 밑에서 사사(師事) 받았다고 해서 부러움의 대상이 되는 일은 없었다. 나에겐 소크라테스, 공자에서 스티븐 호킹 박사에 이르기까지 책을 통해 가르침을 주고 있는 많은 스승들이 있기 때문이다. 일찍이 공자는 삼인행필유아사(三人行必有我師)라는 말을 했는데 세 사람이 길을 가면 반드시 내 스승이 거기에 있다는 뜻이다. 배우는 일에는 상하귀천이 없다고 설파한 공자의 사상을 비롯해 보면 학문적으로 업적을 남기지 않았더라도 배울 수 있는 것이 많다라는 메시지를 남겨준다.

지적 호기심이 있고 그것을 찾으려는 의지만 있다면 세상은 다양한 형태의 정보를 제공하고 있

다. 게을러서 모르는 것이지 돈이 없어서 혹은 가방 끈이 짧아서 모르는 게 아니다. 대학교를 졸업하면 공부가 끝일까? 아니면 배움은 항상 곁에 있어야 하는 걸까? 어떤 결정을 내리든 스스로가 더 나아가길 바란다면 더 많은 사람들과 교류해야 하는 것만큼은 확실해 보인다.

"책은 가장 조용하고 변함없는 벗이다. 가장 쉽게 다가갈 수 있고, 가장 현명한 상담자이자 인내심 있는 교사이다." - 찰스 엘리엇

첫 직장이었던 오툰 근무시절 사회 생활의 가이드를 제시해준 책이 있었으니 스티븐 코비의 '원칙중심의 리더십'이다. 전체적으로 열 번 넘게 읽은 책으로 가장 많이, 가장 자주 본 책 중 하나다. 이 책에는 인상 깊었던 부분의 끝자락을 접어놓은 부분들이 많이 있는데 그만큼 많은 부분을 공감했으며 사회 생활하면서 고민하던 부분에 대한 명쾌한 가이드였다는 반증이기도 하다.

내용 중에 풍요의 심리와 빈곤의 심리를 다루는 부분이 있다. 시장의

싱가폴 전시를 위해 작업한 '원칙중심의 리더십' 커버를 재해석한 일러스트레이션 - 2013

범위를 한정된 파이로 보는지 아니면 충분한 천연, 인적 자원이 있다고 보는지에 따라 풍요의 심리와 빈곤의 심리로 나누어 설명한다. 당신은 같은 팀원의 승진에 축하와 박수를 보낼 수 있는가? 풍요의 심리를 가진 사람은 기득 영역을 지키려 하지도 않고 비교하지도 않으며 소유에 집착하지도 않기에 진심 어린 축하가 가능하다.

이러한 개념을 받아들인 후로, 직장 생활에서 빈곤의 마음이 들 때마다 '이건 내 접시의 크기를 오히려 작게 만드는 일이야'라고 생각하니 한결 마음이 편해졌다. 사회에서 생활하다 보면 주변에서 많은 빈곤의 심리를 가진 사람들을 발견할 수 있다. 곳곳에 타인을 깎아 내리려 하고, 내적 성장은 하지 않으면서 외부와의 비교를 통해서 자신의 존재를 찾으려고 하는 사람들이 그러하다.

이처럼 '원칙중심의 리더십'은 연애문제가 아닌 사회생활에서 있을 수 있는 많은 심리적인 부분에서 고민 상담을 해주었던 훌륭한 친구였다. 주로 출퇴근 전철에서 독서를 즐겼던 내게 새로운 세상의 문을 열어주기도 하고 새로운 도전과 자극을 주어 진일보하도록 이끌어주는 이 같은 책들이 없었다면 지난 시간의 많은 고민들이 오히려 삶에 독으로 작용했을지도 모른다. 순간순간 슬기롭게 대처했던 경험들은 결국 더 오래 멀리 달릴 수 있는 에너지가 되어 완주가 목적이 아닌 즐겁게 달릴 수 있는 행복의 길을 제시해주었다.

"오늘의 나를 있게 한 것은 우리 마을의 도서관이었다. 하버드 졸업장보다 소중한 것은 독서하는 습관이다." - 빌 게이츠

10대 때는 없었지만 20대에 얻은 소중한 자산 중 하나를 꼽으라면 단연 독서하는 즐거움을 얻게 된 것. 평범했던 10대에서 다이나믹한 20대로 바뀐 전환점에 독서가 있었다. 만약 지금까지도 독서의 즐거움을 모르고 살았다면 어떤 모습을 하고 있을지 혹은 앞으로 어떻게 살아갈지 참담하게 느껴질 정도이다. 왜냐하면, 책을 통해 과거를 알 수 있었고 그를 통해 현재를 조명해 볼 수 있었으

며 현재를 다각적인 관점으로 해석할 수 있었기에 다가올 미래에 대응할 수 있는 준비를 할 수 있는 것이다. 흔한 자기계발서에서 나오는 멘트라고 생각할지 모르나 진짜 그러하다.

　나침반이나 별자리 없이 바다 위에 떠 있다고 상상해 보자. 그만큼 공포스러운 일은 또 없지 않을까?(물론 폴리네시아인처럼 나침반 없이도 먼 항해가 가능한 사람들이 있지만 우린 그러한 항해민이 아니지 않은가.) 생각이 습관을 바꾸고 습관이 행동을 바꾸며 행동이 인생을 바꾸듯, 좋은 습관 하나는 보다 나은 인생에 긍정적인 영향을 끼치지 않을까 생각해 본다. 모두가 알듯 학교생활과 사회생활은 확연히 다르다. 10대 때의 독서습관이 학업에 영향을 끼친다면 20대 때의 독서습관은 전쟁터와 같은 사회에서 살아나가는 데 영향을 끼친다.

　며칠 전에 직장 동료분으로부터 자녀 교육과 관련한 책을 선물받았다. 책을 좋아하게 되니 웬만한 선물보다 한 권의 책이 훨씬 값지게 다가온다. 책 내용에 따라 그 사람이 해주고 싶은 말이거나 좋은 책은 함께 읽었으면 하는 바람이 전해지기 때문이다. 영상 콘텐츠가 넘쳐나는 요즘 책의 위기라고 하지만 여전히 건재함을 과시하고 있고 수천 년의 흔적처럼 먼 미래에도 종이 책은 사라지지 않을 것이다. 책 속에는 동서고금을 이해할 수 있는 진리가 숨어 있기 때문이 아닐까.
　그 사람의 서재를 보면 그 사람을 알 수 있다. 워싱턴포스트에서 30년째 책 리뷰를 써온 마이클 더다는 '서재는 나는 어떤 사람이고 무엇을 추구하는 사람인가를 보여주는 나 자신이자, 당신에게 나를 보여주는 사진이다'라고 말한 바 있다. 당신의 책꽂이에는 어떤 책들이 꽂혀 있는가. 물론 한 권의 책도 없을 수도 있다. 마이클 더다의 말을 빌리면 그게 곧 당신의 과거이자 다가올 미래가 될 수도 있다.

워너 브라더스의 빅뱅이론 드라마와 콜라보로 작업한 아트웍 - 2013

(3) 나는 스튜디오가 없다

　　　　아늑하게 인테리어 된 공간과 편안한 소파 그리고 감미로운 향이 감도는 커피 한잔과 함께하면 이곳이 천국이라고 해도 믿을 정도로 커피숍이라는 공간을 좋아한다. 복지기금에 의지해 홀로 자식을 키우던 조앤 K. 롤링은 스코틀랜드 에든버러의 디 엘리펀트 하우스 카페에서 '해리포터와 마법사의 돌' 원고를 집필했다. 이뿐만 아니라 역사적인 순간의 모임도 크고 작은 카페에서 이루어졌는데 그만큼 커피숍이라는 공간은 편안함을 주며 놀라운 집중력을 발휘하게 하는지도 모른다. 이러한 경험이 있는 작가나 디자이너라면 한 번쯤은 이런 상상을 해보지 않았을까? 나를 포함한 주변의 많은 작가들이 이런 미래를 꿈꾸곤 한다. 1층엔 커피숍 2층엔 작업실을 가지고 지인들과 세상 사는 이야기를 나누는 삶.

　2008년이 시작될 즈음 더 이상 어딘가에 소속된 직원이 아닌 24시간 날 위한 삶을 위해 모든 것을 바칠 준비가 되어 있었다. 회사를 그만둘 무렵부터 친한 작가들과 함께 작업실을 구해 함께 지내기로 마음먹었다. 위치는 여기저기 알아보았지만 역시 홍대만큼 열정 넘치는 거리가 없다고 판단. 맥주 한 잔 나누며 작지도 크지도 않았던 사무실에서 각자의 꿈을 펼쳐보기로 건배를 했다.

　많은 시간과 자유가 주어진 만큼 스스로를 관리할 수 있는 마인드가 필요했다. '최소 근무시간은 9시 출근 6시 퇴근' 저 시간만큼은 회사에서 근무할 때와 같이 긴장하며 열심히 일하기로 스스로 정했다. 부천에서 홍대까지는 대략 50여 분 정도 소요되는데 매일 출근하듯 아침 일찍 집을 나와 작업실로 향했다. 전철 2호선 문래에서 합정으로 이어지는 구간에서 탁 트인 한강이 보이는데 아침 햇살에 반짝이는 이 광경을 바라보며 희망찬 내일을 꿈꾸곤 했다. 어느 날 홍대의 아침 공기를 마시며 걷는데 7년 전 첫 직장으로 출근할 때 마셨던 아침 공기가 생각났다. 참 사람 일은 모른다는 것이 아무것도 모르는 새파란 어린애가 지금은 나름 자기 일을 한답시고 같은 길을 걷고 있다니 기분이 묘했다. 걷는 짧은 시간이었지만 많은 순간들이 스쳐 지나가면서 최선을 다해 후회 없이 하고 싶은 모든 것을 해야겠다는 다짐으로 무장한다.

크리에이티브를 지향하는 사람들에게 작업공간은 여러모로 중요하다. 정형화된 반복적인 업무가 아니기에 상상력을 끌어올릴 수 있는 환경을 조성하는 것은 의미가 있다. 주변 작가나 디자이너들의 작업실을 둘러본 결과 크게 두 가지 스타일로 나눌 수 있어 보인다. 한 가지는 인테리어가 잘 된 카페처럼 북유럽풍의 가구가 잘 어울리는 예쁜 공간의 사무실, 책상자리 또한 이와 어울리도록 매킨토시와 깔끔하게 정리된 문서와 책들이 언제나 편안하게 작업할 수 있는 공기를 만들어 낸다. 반면 다른 한 가지는 정반대의 경우로 대표적 인물로는 인기 만화 '원피스'의 작가 오다 에이치로가

아뜰리에 터닝 작업실에서 스케치 중인 모습

있는데 그야말로 무질서하고 혼돈의 상태인 작업실을 말한다. 나 역시 후자인 편에 속하는데 게으르거나 지저분해서라기보다 깔끔하게 정돈되어 있으면 독서하기는 좋을지 모르나 뭔가 창작하고 싶은 생각은 떠오르지 않는다. 적당한 무질서 속에서 질서를 찾게 되고 복잡함 속에서 고민하고 있던 형상이 보이기도 하는데 이를 전문용어로 파레이돌리아(pareidolia)라고 한다. 모호한 형태와 불명확한 자극에서 어떤 모양을 인식해내는 기질과도 관련이 있지 않나 싶다.

결혼하기 전까지 내 방은 작업할 수 있는 컴퓨터와 만화책들로 가득 찼다. 대부분의 시간은 직장에서 보내고 남은 시간을 이 공간에서 보내는데 편안하게 개인작업들을 할 수 있는 공간이다. 좋아하는 장난감과 만화책에 둘러 쌓여 있으면 왠지 모를 자신감이 생겨나곤 했다. 중3 때 처음 이사와 결혼하기 전까지 서너 평 남짓한 이 방에서 지냈으니 14년 정도의 시간을 보낸 작업방이다. 여기서 힙합 가수들의 앨범 커버, 뮤직비디오 작업부터 SKT, KTF 등에 서비스되는 다양한 도트 콘텐츠들에 이르기까지 많은 결과물을 만들어 냈으니 좋은 스튜디오가 있고 없음은 작업에 큰 영향은 없어 보인다. 이 모든 것을 함께했던 첫 태블릿인 와콤 Intuos1 6x8은 풋풋한 새내기 시절 함께한 아니 나를 진일보할 수 있게 만들어준 든든한 친구였다.

싸이월드에서 근무하던 2004~07년의 자리는 자그마한 로망을 실현했던 자리이다. 작업물을 책상 위에 붙여두기도 하고 적당한 메모와 아이디어들이 포스트잇 되어 있다. 요즘 관심 있는 책들이 불규칙하게 쌓여 있는 모습. 이 정도 분위기가 갖추어져 있다면 작업능률을 100%로 끌어올릴 수 있는 최고의 상황이 만들어진다. 다른 분들이 봤을 땐 그림처럼 정신없고 복잡하게 느껴질지 모르지만 집에 있는 내 방과 비슷한 분위기가 조성되니 한결 마음이 편해진다.

이 정도 느낌이라면 새로 만들어지는 작업실도 크게 다르지 않다는 것을 짐작할 수 있을 것이다.

홍대 작업실은 책상 하나뿐인 공간이었지만 나의 가치를 고민하고 찾아가는 데 많은 시간을 보냈던 자리이다. 힘들었던 일 년이 지날 즈음 좋은 기회로 서울시에서 운영하는 센터에 입주하게 되었다. 서울시 등촌동에 위치한 이 센터는 가격 대비 공간도 훨씬 넓었고 식사, 운동, 취침, 샤워 시설 등 다양한 혜택이 구비되어 있었다. 우리 세 명의 작가들은 보다 쾌적한 환경에서 꿈을 펼칠 수 있게 되었다.

각자의 방향이 달라 함께하는 일은 없었지만 서로가 너무나 친하고 존경하는 사이였기에 하고 싶은 대화는 끊이지 않았다. 커다란 소파는 수다가 끊이지 않는 즐거움 가득한 공간이 되었다. 이곳에서 KTF, 하이트, 국민은행, 도미노피자와 같은 클라이언트들과 일했는데 직원으로서가 아닌 스스로 가치를 증명할 수 있는 기회라고 생각하고 더욱 열심히 일했다. 이곳에서의 마지막 작업도 처음과 같은 마음으로 아침 일찍 출근해 마지막 밤까지 아쉬운 마음을 달래며 작업하며 보냈다.

2011년 다시 집으로 돌아왔을 때 더 이상 공간이라는 3차원 세계가 내 의식에 관여할 정도의 의미를 지니지 않게 되었다. 처음엔 집과 사무실은 반드시 분리되어야만 한다고 생각하는 사람 중 한 명이었다. 외부의 거리적인 제약이 스스로를 관리할 수 있는 장치라고 생각했다면 이제는 내부의 의지와 자기관리가 그것을 초월하여 집에 있건 분리된 작업실에 있건 그 차이는 전혀 없을 정도가 되었다. 사실 이 기간엔 어떤 결과물을 도출하기 위함이 아닌 어떤 자기 수양 같은 시간이었기에 오히려 편안하고 조용한 집이 적합했는지도 모른다. 돌이켜보면 창작을 위한 공간이었던 외부의 작업실이 머리를 쉬게 하고 여유를 가지게 한다기보다 무언가 결과물을 만들어야만 한다는 무의식적인 압박감을 주었는지도 모른다.

결심했다. 경제적인 부분에서 절약도 할 겸 집을 작업공간으로 만들어 편안하게 집중할 수 있도록 말이다. 새로 얻은 빌라 전세집에서 제일 큰 방을 작업실로 쓰기로 아내와 합의했다. 그 동안 모아놓았던 2,500여 권 가량의 만화책은 대여점처럼 이중 책장에 레일을 달아 보기 좋게 진열했다. 여행 다니면서 모은 크고 작은 피규어들도 책장에 진열해서 예전과 같은 혼돈스러운 상황은 크게 줄였다.

종종 클라이언트들이 묻는다. 스튜디오는 어디에 있냐고. 특별히 스튜디오는 없고 집에서 작업한다고 말한다. 만약 그들이 제대로 형태도 갖추지 않은 회사라고 일을 하지 않겠다고 한다면 나역시 그런 클라이언트와 일하고 싶지 않다. 겉으로 보여지는 것보다 내적 강함을 중요시 하기에 좋고 나쁜 공간이 나에게 영향을 끼치게 하고 싶지 않다. 이 곳에서 일하는 동안 국내외 클라이언트인 SK네트웍스, 삼성전자, 현대증권, 어도비, ESPN Tiger beer, Facebook, Warner Bros. 등과 작업하면서 공간적인 제약을 받은 적은 한 번도 없었다. 물론 회사로서 사키루픽쳐스의 규모를 보고 프로젝트를 의뢰한 것이 아닌 작가로서 표현할 수 있는 콘텐츠의 가치를 보고 의뢰했기 때문이라고 생각한다.

현재 집의 한 방을 작업실로 사용 중이다.

이 글을 쓰고 있는 작업방은 첫째 아이가 태어나는 시점에 아파트로 이사했기에 더 큰 작업방을 꾸밀 수 있게 되었다. 수작업이 많아진 관계로 그림 그리는 테이블도 놓고 더 넓어진 공간만큼 마음의 여유도 생겼다. 무엇보다 첫아이를 임신한 아내와 24시간 함께 지내며 앞으로의 미래를 고민하고 아이가 태어난 후에도 온전히 함께할 수 있어 너무 좋다. 눈만 깜빡거리던 때부터 몸을 뒤집고, 기기 시작하고 드디어 첫걸음을 떼던 그 모든 순간에 곁에 있었고 함께할 수 있어 행복하다. 매일마다 느끼는 이 행복이 어떻게 왔을까를 생각해 보면 7년 전 과감히 회사를 그만두고 홀로 시장에서 가치를 지니기 위해 부단히 노력했던 시간들이 쌓여 집에서도 집중해서 작업할 수 있는 나를 만들어 주었기 때문이 아닌가 싶다.

프리랜서를 선언하는 많은 이들에게 스튜디오 혹은 작업실은 필수적으로 고민되는 부분일 것이다. 크게는 경제적인 면에서 작게는 자신의 품위나 고품질의 작업을 위해서. 분명 정답은 없다. 자신이 추구하는 가치에 부합되는 형태의 공간이면 그곳이 낙원일 것이다. 다만 집에서 작업한다고 해서 일을 못 하는 경우는 없다고 말하고 싶다. 자기관리가 가능하고 시스템만 잘 갖춘다면 황금보다 귀한 시간을 좀 더 유익하게 내 것으로 만들 수 있으며 무엇보다 편히 쉴 수 있는 여유와 낭만이 생긴다는 점도 이야기하고 싶다.

솔직히 '집에서 작업하면서 힘든 점이 하나도 없나?'라고 묻는다면 많다. 너무나 많고 다양하다. 특히 나처럼 어린아이가 있는 집이라면 더더욱 그러할 것이다. 집안일도 해야 하고 육아도 도와야 하고 작업도 해야 하는 무서운 보스가 기다리는 것도 사실이다. 하지만 행복을 추구하는 가치에 있어 돈보다 가족들과의 시간이 우선인 나에게 이보다 좋은 공간은 없을 것이다.

급변하는 미래에서 현재를 돌아보자는 메시지를 담은 작품 - 2014

(4) 창작할 만한 가치가 있는가?

회사 다니는 친구들이 '프리랜서 어때? 할 만해? 나도 회사 때려치우고 너처럼 집에서 쉬면서 일이나 할까 봐' 라고 물을 때면 으레 들려주는 이야기가 있다. 세상에 어려운 일이 어디 있겠느냐마는 그렇다고 쉽게 볼 수도 없다.

"직장인은 돈이 안 되는 일을 해도 월급을 받지. 일반적으로 노동시간과 보수가 비례하는 편이라고 생각해. 하지만 프리랜서는 달라. 시간이 곧 돈이기 때문에 돈이 안 되는 일에 시간을 쓰면 그건 그냥 노동만 존재하는 거지. 그렇다고 돈이 되는 일을 했다고 해서 꼭 돈이 담보되지 않는 위험성이 존재하기도 하거든. 직장인이 정해진 반복적인 업무만으로도 안정감을 느낀다면 프리랜서가 장기적인 클라이언트를 만나기란 참으로 어려워. 매 순간 새로운 사람들과 새로운 프로젝트를 한다고 생각하면 돼. 직장인이 프리랜서와 비교해 부분적인 업무에 종사한다면 프리랜서는 계약부터 돈을 받고 이후 세금업무까지 모든 처리를 스스로 해야 해. 매년 국세청에 내야 하는 다양한 세금들을 포함해서 말이지. 감당할 수 있다면 프리랜서는 꽤 할 만할 거야."

예민하게 받아들였을 수도 있다는 말을 부정할 순 없다. 그렇다고 프리랜서가 뭐 대단하다는 말을 하고 싶은 것도 아니다. 빌 게이츠 말을 빌리자면 돈이 많든 적든 이 세상 누구에게나 동일하게 주어지는 자원을 얼마나 잘 활용할 수 있는지가 중요한 역량 중 하나라고 말하고 싶은 것이며, 그 역량을 충분히 가지고 있고 철저한 자기관리 아래 다양한 업무를 스스로 소화해낼 수 있다면 시간은 언제나 우리 편이라는 것이다.

프리랜서에게 있어 하루하루를 어떻게 보내는지는 그것이 곧 일주일이 되고 한 달이 되고 일 년이 되어 일반 직장인의 연봉과 비교했을 때 얼마를 벌었는가와도 비교점이 생긴다. 꿈을 위해 직장을 나왔지만 이전에 비해 경제적으로 어려움을 겪는다면 많은 고민이 될 것이다. 적어도 직장 다녔을 때와 비슷한 경제적 생활을 유지할 수만 있어도 충분히 잘하고 있는 것이다. 그만큼 경제적인 상황을 유지하거나 키워가는 것은 힘들기도 하지만 아주 중요한 일이기도 하다. 이러한 맥락에서 시간이 그 무엇과도 비교가 안 될 만큼 중요한 자산이기에 열정 페이를 강요받거나 친하다고 해서 무보수로 일을 부탁하는 것은 프리랜서에게 치명적일 수도 있음을 명심해야 한다. 프리랜서에게 시간은 곧 돈이다.

돈을 벌기 위해 하는 일은 목적이 명확하므로 차치하고라도 개인 작업에 대한 이야기를 해보려 한다. 일이 없어 힘들어하는 작가들에게 '일이 있을 땐 돈을 벌어 행복하고, 일이 없을 땐 그리고 싶은 개인 작업을 할 수 있어 행복하지 않느냐' 라는 말을 하는데 비 오는 날 양산 파는 아들 걱정하지 말고 햇빛이 쨍쨍한 날 우산 파는 아들 걱정하지 말라는 말을 떠올려 보라. 저렇게 말하는 나도 솔직히 일이 없을 땐 돈을 못 벌어서 힘들고 일을 하고 있을 땐 그리고 싶은 그림을 못 그려서 힘이 드는 것도 사실이다.

귀한 시간을 들여 진행하는 만큼 개인 작업이 어떤 의미가 있는지 고려해 볼 필요성이 있다. 회사로 치면 신규사업이 시장에서 가능성이 있는지 검토한 후에 진행하는 것과 같다. 내 경우 예를 들면, 자신을 관리하는 나만의 시스템이 있다. 많은 부분을 조직적인 회사 시스템과 비교해서 생각한다. 좋은 직원을 채용하는 것은 회사에게 중요한 자산이 되듯 좋은 그림을 만들어내는 것은 나에게 있어 중요한 자산이 된다. 직원들이 열심히 일을 해서 회사 매출이 일어나듯 열심히 그린 그림들이 또 다른 일을 만들어내고 개인의 매출로 이어진다.

좀 더 구체적으로 들어가보자. 회사에는 다양한 부서 혹은 팀들이 존재한다. SK컴즈 시절을 떠올리면 네이트온 메신저팀, 싸이월드 사업팀, 네이트 검색팀, 이글루스, 이투스 등등. 콘셉트가 서로 다른 플랫폼을 가지고 각각의 시장에서 점유율을 높여가는 구조다. 그럼 개인은 어떻게 볼 것인가? 나는 스포츠, 교육, 음악, 패션이라는 팀을 만들고 각 팀은 온라인과 오프라인으로 구성되어 있다. 팀이라 칭했지만 개인 프로젝트의 분류라고 이해하면 된다. 좋아하는 분야를 하나의 팀으로 설정하고 해당 카테고리의 작품을 만드는 것을 직원 채용하는 개념으로 진행한다.

강의나 특강 같은 경우 교육팀의 업무로서 돈과 명성이라는 두 가지 목표점을 달성한다. 스포츠팀은 스포츠라는 장르가 이미 세계적으로 명확한 시장을 가지고 있으므로 사키루만의 콘셉트화된 직원(작품)들로 여러 업무들을 진행해 나간다. 가수 앨범 커버 작업은 음악팀에서 할 것이고 의류 브랜드와 콜라보 같은 작업은 패션팀에서 진행할 것이다.

언급했듯이 사실 나 혼자만의 작업이지만 이처럼 팀을 분류하고 해당 시장에서의 각기 다른 목표점을 설정하면 보다 전략적이면서 어떤 부분이 시장에서 경쟁력을 가지는지 어떤 팀이 돈을 많이 벌고 어떤 팀이 더 많은 인지도 향상에 기여하는지 파악이 가능하다. 이렇게 개인의 업무별로 분류를 하면 더 이상 디자이너와 아티스트 사이에서 고민하지 않아도 된다. 내 안에 존재하는 팀의 성격에 따라 지향하는 목표점이 모두 다르기 때문에 돈이 우선시되는 작업은 매출 지향적인 팀에서, 예술적인 기준점이 흔들리면 안 되는 팀에선 돈보다 작품성을 최우선으로 하면 된다. 이런 의미에서 나는 상업적인 디자이너, 일러스트레이터이자 아티스트를 지향하고 있는 셈이다. 지금까지 회사 업무를 제외한 프리랜서로 작업한 95%이상의 프로젝트들이 기업들로부터 의뢰받은 일들이다.

쉽게 말하면 일을 얻어내기 위해 많은 시간을 소비하지 않고 전화나 메일로 연락이 오면 그 일들을 비교적 쉽게 진행해 나갔다. 운이 좋아서이다. 굳이 가능했던 이유를 돌아보면 고유한 스타일인 듯한데 그 외에 다른 수식은 덧붙일 게 없다. 영업 능력이 뛰어나서도 아니고 사람들을 만나는 데 많은 시간을 할애하는 것도 아니다. 회사에 있거나 집에서 게임 하는 게 전부다. 그럼 어떻게 그것이 가능했을까를 돌이켜보면 일정한 패턴이 보이는데 이러한 패턴들은 국내외에 일괄적으로 같은 양상을 보인다. 일을 의뢰하는 주체에게 물어본다. "어떻게 절 알고 연락하신 거죠?" 주로 홈페이지를 보고 연락이 오는 편인데 그 전에 우연히 하나의 그림이 그들의 마음을 움직이는 경우가 대부분이다. 그들이 원하는 콘셉트를 찾아 온라인 바다를 항해하던 중 딱 맞는 하나의 그림을 발견했고 출처를 찾아 내 홈페이지에 이르러 연락이 오게 되는 패턴이다. 이제 내가 왜 그림 하나하나를 직원이라고 칭하는지 눈치가 빠른 사람은 이해했을 것이다. 이들의 영업력은 대단해서 국내외를 안 가리고 기하급수적으로 퍼진다. 물론 잘 만들어진 작품일수록 멀리 깊게 퍼진다. 그렇게 만들어진 일은 일을 따내 온 작품에게 그 일을 맡기면 된다.

개인 프로젝트는 이런 흐름 속에 존재한다. 새로운 팀을 만들어 새로운 시장에 진입할 것인가. 그렇다면 그것은 돈을 벌기 위함인가 아니면 돈을 못 벌더라도 넓은 인지도를 갖기 위함인가. 엘로우 레몬 프로젝트의 경우 돈보다는 세계의 사람들이 쉽게 인지할 수 있도록 후자인 인지도가 목적인 프로젝트이다.

창작할 만한 가치가 있는가? 프리랜서에게 있어 어떤 방향성을 가지고 작업을 하는지 타인이 원하는 스타일로 돈을 벌기 위함인지 자신의 오리지널리티를 지향할 것인지는 선택의 문제가 아닐까 싶다. 창조(創造)가 신의 영역이라면 인간이 할 수 있는 것은 창작(創作)의 영역인데 최소 스스로를 설득할 만한 가치가 있고 지속적으로 유지할 끈기가 있다면 그 끝은 창대하리라 본다.

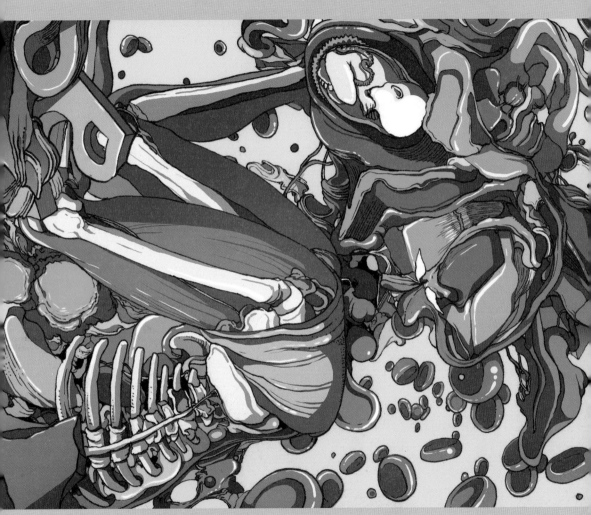

소우주인 인간의 신비를 그린 작품

프랑스 DJ 브릭봇의 Baby I'm yours를 재해석한 일러스트레이션 - 2012

(5) 자신이 곧 회사다

　　세계적으로 경제난이 이어지는 만큼 1인 기업으로 활동하는 사람이 증가하는 추세이다. 특별히 사업자를 내지 않았더라도 프리랜서로 활동하는 사람들까지 더하면 그 수는 훨씬 많을 것이다. 멀티 작업이 당연시되는 요즘, 홀로 모든 것을 해야만 하는 작가나 디자이너에겐 익숙하지 않은 일들도 처리해야 하는 상황이 꽤나 불편하게 느껴질 만도 하다. 엎친 데 덮친 격일까 규모가 작다는 이유만으로, 냉정하게는 개인이라는 이유만으로 갑을 계약에 있어 불합리한 조건에 처하는 경우도 많다. 홀로 사업체를 이끄는 사람이라면 한 번쯤은 겪어봤을 상황인데 문제는 그러한 상황들이 점점 줄어들고 있느냐 지속적으로 증가하고 있느냐에 대한 부분일 것이다. 그럼에도 불구하고 독립을 선언한 당신은 혹은 독립을 꿈꾸는 당신은 마침내 안정과 불안정의 경계에 서 있다고 할 수 있다.

　　솔직히 독립을 하기 전까지 두 권의 책을 집필하고 Mtv, Mnet을 비롯한 4대 신문 등 다양한 미디어에 비중 있게 노출이 되기도 했기에 프리랜서를 선언하면(TV에서 프리를 선언하는 유명 아나운서들처럼) 저절로 많은 일들이 이루어질 줄 알았다. 하지만 세상은 그리 호락호락하지 않았다. 생각한 대로 돌아간다면 그게 어디 세상이겠는가. 우리가 태어나기 수천 년 전부터 있어온 시장구조를 쉽게 규정짓는다는 것은 불가능한 일이다. 한편으론 그래서 더 재미나지만.

　　하고 싶은 일을 마음껏 하는 것도 중요하지만 회사의 형태를 갖추는 것 또한 매우 중요하다고 말하고 싶다. 이미 직장 경험이 있는 사람이라면 근무했던 회사가 어떤 정체성(쉽게는 이윤을 추구하기 위해 행해지는 업무)을 가지고 있고 그 정체성을 실현하기 위해 어떤 다양한 업무들이 행해지는지 온, 오프라인을 구분해서 정리해보는 것도 좋다.

사업자등록증, 프리랜서를 하는 작가들이 종종 묻는다. 굳이 사업자등록증을 내야 하냐고. 0이다 1이다라고 말할 순 없다. 자신의 상황과 지향하는 가치에 부합되는 쪽을 선택하면 된다. 나 같은 경우 큰 회사들과 계약을 체결할 때 사업자등록증이 없으면 계약 자체가 이루어지지 않거나 돈을 주고받는 상황에 세금 관련 이슈가 발생하기 때문에 반드시 만들어야만 했다. 이와 관련 복잡한 세금 문제 때문에 자신은 3.3% 세금을 제하고 그냥 일한다고도 하는데 소규모로 가끔씩 일하면 모를까 큰 프로젝트, 그리고 장기적인 관점에서 내야 되는 세금은 내고 환급받을 수 있는 세금은 돌려 받는 것이 사회의 구성원으로서 올바른 방향이라고 본다.

작은 부분이지만 세무적인 부분에 관심을 가지게 되면 조직(여기서는 개인 사업)의 손익을 계산하는 데도 큰 도움이 되었다. 무엇보다 개인이 기업인 상황에서 자신의 도덕성이나 가치관은 자신인 브랜드(시장에서 가치를 발현하는)와 밀접한 관련이 있기 때문에 한두 푼 아끼려다가 소탐대실(小貪大失)하지 말아야 한다. 좋은 기회는 수면 위에서 나오는 것이지 비밀리에 오고가는 것이 아니다. 좋은 프로젝트에 좋은 사람이 모인다는 말처럼 편법을 쓰거나 우회하지 않고 정정당당하게 대면했을 때 좋은 기회를 마주할 수 있다. 그 첫 시작인 공식적인 사업자등록증을 발급받는 것이 거래하는 업체에도 신뢰감을 주는 첫 신호가 아닐까 생각한다.

2007년 12월, 사키루픽쳐스라는 이름으로 사업자등록증을 냈다. 사키루라는 이름은 개인의 정체성이 다분하기에 중장기적으로 사키루를 포함할 수 있는 조직적인 이름으로 새로 만들었다. 지피지기백전불태(知彼知己百戰不殆)라고 나를 알고 그들을 알면 위태롭지 않은 것처럼 우선 나를 아는 것이 중요했다. 크게 세 가지 관점에서 사키루픽쳐스를 정립하려고 노력했다.

콘셉트. 누군가 사키루픽쳐스는 한 마디로 어떤 회사입니까? 라고 물었을 때 구구절절하게 설명하는 것보다 한 마디로 정의 내릴 수 있는 것이 중요했다. 이것은 기본 중의 기본으로 주변의 수많은 광고들은 여기서부터 시작한다고 볼 수 있다. 단순하고 쉬우면 빨리 인식되지만, 수식어가 많고 설명이 길어질수록 복잡하고 쉽게 기억하는 데 어려움을 준다. 이에 컬러는 빨강(자세하게는 살짝 진하면서 채도가 있는 빨강)이고 독특한 매력을 보여주는 것이 콘셉트이다. 그간의 캐릭터들을 보면 예쁘거나 잘생긴 남녀라기보다 주근깨도 많고 눈은 작고 코는 크고 치아엔 교정기를 하고 있는 형태의 비주류적인 모습을 한 모습이 많다. 그대로 비호감이 되면 문제지만 그럼에도 불구하고 그들만의 매력을 보여주는 주요한 포인트이다.

싸이월드 미니룸이 독일에 진출하기 위해 현지 실무진들과 미팅을 한 적이 있다. 우리의 브리핑을 들은 그들은 한 가지 질문을 해왔다. 한국은 예쁜 아이템들로 가득한데 더 다양한 아이템을 만들지는 않느냐는 것이었다. 우린 예쁘고 멋진 아이템만이 매출로 이어진다고 말했고 그들은 그 부분이 유럽시장과 크게 다르다고 말했다. 개인의 개성을 중요시하는 유럽에선 예쁘다고 해서 남들과 똑같은 아이템을 꾸미지 않는다는 것이다. 뚱뚱하면 뚱뚱한 대로 길쭉하면 길쭉한 대로 각자의 개성을 표현할 수 있는 다양성이 중요하다는 요지였다.

즉, 아름다운 미가 주는 절대적 가치가 하나에서 나오는 것이 아니라 각자에 맞는 다양한 기준에서 발현된다고 보는 것이다. 그리고 다양성이 존중받을 때 그 시장은 더욱 재미나게 건강해진다고 생각하게 되었다. 이러한 차이를 굳이 동양적인 정서와 서양적인 정서로 나눈다면 나는 후자에 가깝다. 유해진이라는 배우가 가진 매력이 있었기에 김혜수라는 배우와 연애가 가능했던 것처럼 다양하면서도 독특한 매력을 표현하는 것이 사키루픽쳐스의 콘셉트가 된다.

포지셔닝. 말 그대로 시장에서 자리 잡기 위한 전략적인 부분이다. 앞서 이야기한 콘셉트를 어떤 시장에 어떻게 자리 잡게 할 것인가. 우선 내가 주목한 시장은 국내보다 국외이다. 콘셉트의 방향성이 개성을 중요시하다 보니 아름다운 미를 추구하는 우리나라와는 차이가 컸다. 그럼 국외의 어떤 시장에 자리를 잡을 것인가를 결정해야 하는데, 시작하는 마당에 이미 포화상태인 시장에 억지로 비집고 들어가고 싶진 않았다. 내가 좋아하고 관심 있는 분야에서 먼저 가능성을 찾고 싶었다.

스포츠, 음악, 패션, 교육 그리고 미술(스트리트 문화를 포함한)시장이라는 카테고리를 잡았다. 축구 외에도 다양한 스포츠에 관심이 많기도 하고 해당 시장이 전 세계적으로 형성되어 있기 때문에 독보적인 영향력만 구축한다면 좋은 포지셔닝을 할 수 있다고 생각했다. 음악이나 패션 또한 평소에 관심이 있고 즐기기에 어떤 형태로든 진입할 수 있다면 즐겁게 작업할 수 있다고 생각했다. 이렇듯 가능성이 있는 시장을 찾았다는 것만으로도 포지셔닝하기 위한 명분은 확고했다.

타겟팅. 그럼 이러한 콘셉트로 자리를 잡아가는 데 어떠한 사람들 혹은 단체에게 어필할 것이냐를 명확히 할수록 좋다. 크게는 남성인지 여성인지부터, B2B(Business-to-Business) 형태인지 B2C(Business to Consumer)로 접근할 것인지에 대한 고민들이 필요하다. 이러한 타겟팅은 모호하고 광범위한 것보다 세밀하게 분류할수록 시간 대비 효과를 끌어올리기에 좋다. 자신이 원하는 타겟층을 설정할 수도 있고 자연스레 타겟이 만들어질 수도 있다. 이 미묘한 줄다리기 속에서 타겟이 만들어지면 비로소 그들을 위한 가치창출에 집중할 수 있다.

1인 기업에게 이러한 전략들은 자신의 성향이나 취향을 떠나서는 억지스러운 과정이 될 수밖에 없다. 평소에 좋아하고 관심 있는 것에서 퍼포먼스가 발휘되는 것은 어쩌면 당연한 일인지도 모른다. 스스로를 하나의 회사로 규정하고 정리해 나간다면 개인이지만 체계적으로 정리된 비즈니스를 발휘할 수 있게 된다. 이러한 과정을 거쳐 정리된 사업소개서의 유무는 클라이언트에게 신뢰를 보여주는 데 우선적인 요소가 되어가고 있다. 자신이 곧 회사라고 생각하고 사업 영역을 확장시켜 나간다면 보다 체계적으로 즐거운 일을 할 수 있다고 말하고 싶다.

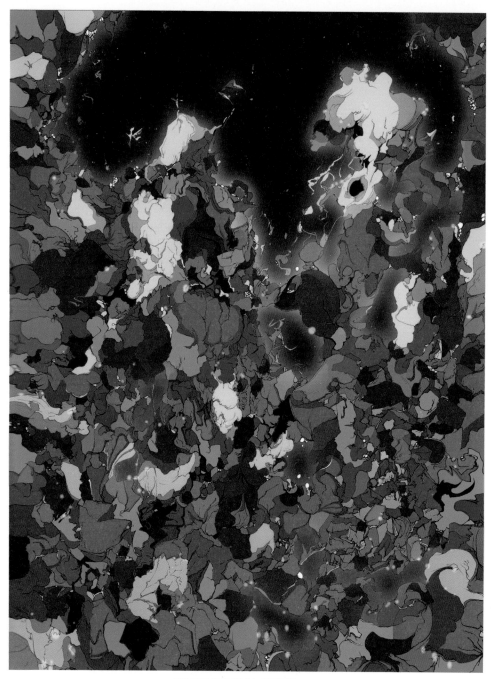

자연 시리즈 중 하나로 불을 표현한 작품 - 2011

(6) 시작은 쉽다. 계속하기는 어렵다

디자인네트 잡지에 소개된 인터뷰 기사

2010년 10월 디자인네트 잡지는 신선한 인터뷰를 기획했다. 수년 전에 인터뷰했던 디자이너들을 다시 찾아가는 기획이다. 당시 해당 영역에서 두각을 나타내고 야심 찬 미래를 제시하던 그들이 그 꿈을 이루고 있는지 혹은 잘 진행 중인지 이전과 비교해 달라진 점에 대한 인터뷰이다. 2006

년 2월에 Young Creator로 소개된 이후로 4년이 지난 지금 여전한지 인터뷰 요청이 왔다. 만나서 기자와 이런저런 이야기를 나누다 재미난 사실을 알게 되었는데 당시 인터뷰 했던 디자이너들에게 다시 연락했더니 50% 이상이 현재 다른 일을 하고 있다는 것이다. 전도유망했던 그들에게 무슨 일이 있었는지는 모르나 어떤 일을 꾸준히 계속한다는 것은 의미를 둘 만한 여지가 있을 듯 싶다.

반복된 패턴이 익숙한 대부분의 사람들에게 새로운 상황은 이질적으로 다가오기 마련이다. 다만 사람마다 금방 적응하느냐 오랜 시간이 지나도 불편하고 두려운 상황인지의 차이가 있을 뿐이다. 좀 멀더라도 늘 다니던 길이 익숙하고 편한 것처럼 생각하지 못했던 돌발상황이 벌어지는 것을 좋아하는 사람은 많지 않을 듯 싶다. 대중 교통을 자주 이용하는 나에게 익숙한 전철과 버스는 쉽지만 새로운 목적지를 위해 낯선 경로를 선택해야 할 때의 긴장감은 몇 번이고 이어폰을 뺐다 꼈다 하게 만든다. 경험해 보지 않았던 것들에 대한 두려움이 컸던 나에게 새로운 뭔가를 시작한다는 것은 두려움에 정면으로 대응하는 것이었다.

2010년, 지인이 의류사업을 한다고 사무실에 놀러 오라고 했을 때 새로운 분야에 대한 호기심이 있었다. 자리에 앉아 이런저런 이야기를 들으니 지금까지 하던 일과는 전혀 다른 일이었지만 디자인 기반의 시스템과 대중의 마음을 사로잡는 일이 새삼 매력적으로 다가왔다. 함께하자고 제의가 들어왔을 때 지금까지 만들어 오던 그림 그리는 작업을 정리하고 모든 에너지를 의류 분야에 쏟아야 하기에 쉽게 결정을 내릴 수 없었다. 최종적으로는 2, 3개월 정도 서비스가 정식으로 오픈되는 시점까지 함께하기로 협의했다. 그렇게 의류 온라인 쇼핑몰이라는 새로운 분야를 접하게 되었다.

시작은 순조로웠다. 문정동 가든파이브에 위치한 사무실은 자그마했지만 4~5명 정도의 직원이 일하기에 아담하고 좋았다. 2명의 디자이너가 외국 작품들을 모사해서 의류를 만들고 있었기에, 브랜드 이름부터 콘셉트 등 많은 것을 새롭게 만들어야만 했다. 새로운 브랜드가 만들어지고 BI 디자인까지 마무리되면서 쇼핑몰 디자인과 생산 체계를 만들어 갔다. 아무래도 프로세스와 문서 작업이 필요했기에 시스템을 만들어 안정화 단계에 접어들도록 진행했다.

때로 문제는 예상하지 못한 데서 나타나곤 한다. 나를 초대했던 지인이 대표님으로부터 퇴사를 당하셨다. 지인의 잘못이 있긴 했지만 그로 인하여 일하고 있던 나에겐 여간 당황스러운 일이 아닐 수 없었다. 불편한 자리를 그만둘까 생각했지만 대표님이 오픈까지 부탁한다라는 요청에 잘 마무리를 하기로 결정했다. 시간이 흘러 정한 날짜에 오픈 단계까지 만들어 냈다. 바로 그만두자니 낳은 자식이 아쉬워 갈등하던 터에 대표님이 계속해서 같이해보자고 하셨다. 크고 작은 갈등이 있었지만 새로운 영역의 시작은 좋았다. 좋은 사람들과 새로운 가치를 만들어가는 과정이 즐거웠다.

하지만 좋은 건 거기까지였다. 본격적으로 사업이 시작되면서 부터는 시간이 흐를수록 내 한계를 벗어난 느낌이었다. 이 일을 계속하기 위해선 우선 경제적으로 안정권에 접어들어야만 한다. 대표님의 든든한 지원이 있었지만 중국 진출이나 고액 마케팅에 매출로 보답하기엔 내 능력 밖의 영역이었다. 브랜드의 방향성과 퀄리티를 뒷받침하는 프로세스 정립까지는 가능하나 돈을 벌고 사업을 확장시키는 부분은 마치 데미안 허스트에게 실리콘 밸리에서 회사를 상장시켜 보라는 것처럼 어려운 일이었다. 한계점이 명확해지면서 일을 계속하기란 매우 힘들었다. 1년 동안 공부하면서 모든 걸 쏟아부었지만 노력과 결과는 비례하지 않았다.

주변의 작가들을 보면 새로운 영역의 프로젝트를 시작하는 사람들이 적지 않다. 한결같이 시작하는 것에 큰 의미를 부여하지만 꾸준히 진행하고 있거나 결과에 책임을 지는 작가들은 많지 않다. 대부분 시작에 의미를 두지 상업적으로 성공여부는 그들의 관심 밖이다. '시작은 반이다'라는 말은 오래전부터 중요한 가치로 여겨져 왔지만 시작에 큰 의미를 부여하는 순간 목표까지 나아갈 지속적인 동기부여와 힘을 잃기 쉽다.

나이키의 유명한 슬로건인 Just do it처럼 어떤 형태로든 우린 원하는 것을 시작할 수 있다. 1초만에 시작할 수도 있고 100원으로 시작할 수도 있다. 지금과 같은 정보화시대에는 공간에 제약을 받지 않고도 원하는 뭔가를 향해 시작할 수 있는 다양한 플랫폼이 준비되어 있다. 그다음은? 당신이 시작했던 여러 가지 일들 중에 지금까지 지속되고 있는 것들이 무엇인지 생각해 보자. 꾸준히 진행 중이라면 정말 좋아하거나 아니면 금전적인 보상이 따르는 일이 아닐까. 전자라면 앞으로 10년 넘게도 계속하는데 무리가 없겠지만 후자라면 목표나 방향성 없이 반복적인 일상이 아닌지는 생각해볼 만한 주제다.

　무수히 많은 것들이 시작되고 사라지면서 내가 누구인지 정체성을 찾아가는 개인작업을 진행함에 있어 시작에 의미를 두는 것은 초등학교 때 공부를 시작했다고 더 이상 다루지 않는 것처럼 무의미하다. 다양한 개인 작업 시리즈를 진행하다 보면 쉽게 흥미를 잃어 멈추는 경우가 허다하다. 나뿐만 아니라 많은 작가들에게서 보이는 패턴 중 하나일 것이다.(단, 돈과 연결이 되면 그 작가는 그것만 평생 그리기도 한다.)

　그래서 스스로에게 자주 다짐하는 것이 '한 번 시작한 시리즈는 평생 그리자' 라는 소소한 마음가짐이다. 예를 들어 존경하는 옛 작가의 좋아하는 그림을 오마쥬한다거나 매년 크리스마스 때가 되면 이를 주제로 그림을 그리는 것, 자연을 주제로 그리자고 마음먹었던 시리즈, 옐로우 레몬 스쿨부터 월드컵 축구 선수들에 이르기까지 벌려놓은 시리즈는 많다. 레몬 스쿨의 경우 200명 가까이 작업했고 월드컵 선수들은 본선에 올라온 나라들마다 5명씩 그렸으니 160명 가량의 선수들을 그렸다.(그외에 추가로 그린 선수까지 합하면 200명 가까이 될 듯싶다.) 하지만 목표는 '한 번 시작해서 마무리 지었으니 됐어'가 아니라 죽을 때까지 평생 그려서 엄청난 양을 채우고 싶다. 이렇게 지속하는 데 더 큰 의미를 두고 완성해 나가고 싶은 마음이다.

　계속하기는 분명 어렵다. 어떤 구체적인 목표점이 있을수록 실망하고 포기하기가 쉽다. 결과보다 과정에 의미를 두고 묵묵히 해나가다 보면 성룡의 영화처럼 하나의 장르로 인정받을 수 있는 날이 오지 않을까 상상해 본다.

온라인 속에서 자신의 정체성을 잃어가는 모습을 담은 작품 - 2014

여러 인격체를 가진 우리들의 모습을 표현한 작품 - 2013

(7) 1+1은 2보다 훨씬 크다

크리에이티브와 관련해서 나만의 정의가 있다. '없는 것을 새로이 만들어 내는 행위' 그리고 '가장 적고 가장 많아야 한다.' 무슨 말이냐 하면 가장 적은 사람만이 생각할수록, 가장 많은 사람에게 가치를 전달할수록 좋은 크리에이티브라는 것이다. 소수의 아이디어라고 해서 창의적이라고 할 수 없는 것이 많은 사람이 그로 인해 얻는 가치가 없다면 별다른 소용이 없는 것일 테고, 많은 사람에게 이롭지만 누구나 생각할 수 있는 것이라면 그 또한 그다지 창의적인 것이라 할 수 없다.

2013년 10월, 'Illustrators Death Match' 컨퍼런스에 참가하기 위해 멕시코 케레타로에 있었다.

멕시코 케레타로에서 발표 중인 모습

여러 일정 중 멕시코 대학교 디자인학부 학생들을 대상으로 질문에 답하는 시간이 있었다. 한 학생이 창의적인 아이디어가 막혔을 때(creative block) 어떤 식으로 이겨내는지에 대해 질문했다.

내 대답은 이랬다.

"창의적인 생각이 멈추는 경우는 없다고 봅니다. 창의적인 것은 자연스러운 것이지 억지로 쥐어 짜내어 만드는 것이 아니기 때문입니다. 의식적이든 무의식적이든 알고 있는 지식과 경험들을 토대로 자연스럽게 돌출되는 것이라고 생각합니다. 억지로 만들다 보면 남의 창의적인 생각을 흉내내는 경우가 많아지죠. 일상이 평범하면 생각도 평범할 것이고 일상이 특별하다면 발상 또한 특별하지 않을까 생각합니다."

12지신이 축구하는 모습을 그린 일러스트레이션 - 2015

Input이 있어야 Output이 있는 법이다. 매일같이 남들과 다를 바 없는 반복된 평범한 일상을 살면서 회사에서는 크리에이티브한 뭔가를 끄집어 내려 하니 어려움을 느낄 수밖에 없다. 그 동안 쌓인 지식과 경험들이 순간적으로 다양한 형태의 교점을 이루며 새로운 생각을 도출해 내는데, 한정된 지식과 경험으로부터 새로운 것을 상상해내기란 정말 어려운 일이다.

지식, 경험 그리고 교점. 어떤 요리를 만드는 데 중요한 재료가 빠지면 본연의 맛을 내기 어렵 듯이, 지식은 다양한 발상을 만들어낼 수 있는 폭과 가능성이라는 깊이 있는 맛을 우려낸다. 간단히 예를 들면 새로운 어떤 캐릭터를 만들까 구상할 때 축구와 동물이 떠올랐다. 이때 단순히 축구를 하고 있는 동물을 그릴 수도 있지만, 12지신에 대한 지식이 있다면 12 동물들이 축구하는 모습을 표현할 수 있다. 하지만 12지신을 모르면 누군가 지시하지 않는 이상 그와 관련한 어떤 콘텐츠도 스스로 표현해 내기가 힘들다.

경험, 책이나 미디어를 통한 간접 경험에서부터 직접 경험에 이르기까지 뇌가 아니라 몸이 기억하는 일련의 경험들은 의식 속 깊이 자리 잡는다. 다양한 경험은 관점의 폭을 넓혀 지식을 만나기 때문에 시너지를 낼 수 있는 상황이 몇십 배 이상으로 많아진다. 단순히 구글링을 통해 발로 공을 차고 있는 축구를 그릴 수 있을지는 모르나 실제 축구를 하면서 느끼는 비 오듯이 흐르는 땀이라든가 시합이 끝났을 때 느끼는 동료애. 골을 넣었을 때의 진정한 희열, 충돌로 인한 부상 등에 대한 경험은 발로 공을 차는 것 이상을 표현할 수 있게 만든다.

땀 흘리며 경기한 후의 축구선수 캐리커쳐 - 2008

어려서부터 축구를 좋아했던 난 뛰는 순간도 재미있지만 뛰고 나서 땀 흘리며 동료들과 그 날 이야기를 나누는 것을 더 좋아한다. 특히 비가 오거나 눈이 펑펑 내리는 날의 축구는 더욱 특별한 기억으로 남게 되는데, 이러한 경험을 바탕으로 그린 나만의 축구 캐리커쳐는 그래서 조금 특별하다. 일반적으로 멋있게 선수를 그린다면 난 운동선수의 땀에 초점을 맞추었다. 시합을 하고 난 뒤 헉헉대며 지친 모습의 선수. 조금은 우스꽝스럽지만 어딘지 모르게 매력이 있는 선수를 그리고 싶었다.

여기까지를 단순한 결합이라고 한다면 교점의 측면에서 어떤 형태의 조합을 이룰지에 따라서 구현될 수 있는 폭이 또 달라지게 된다. 예를 들어 미디어에 의한 발상을 적용시켜 보면 현재 이슈가 되고 있는 상황들을 대입해 시사적인 부분으로 풀 수도 있고 감성적인 음악과 만나면 음악 콘텐츠로서 독특한 아이디어가 나올 수도 있다.

또한 '특정 위인이 되어보기'도 있는데, 어떤 문제를 해결함에 있어, 혹은 새로운 스타일로 표현함에 있어 한계를 느낀다면 실제 완성도 있게 수행할 수 있는 특정인을 상상해 본다. '난 해결할 수 없지만 그 사람이라면 해결할 수 있지 않을까'라는 식으로 말이다. 예를 들어 색을 칠하려고 하는데 마땅히 어울리는 색들이 떠오르지 않는다. 만약 피카소라면 어떤 색을 칠했을까? 피카소의 주요 작품들을 보며 그가 추구했던 가치관이나 컬러관을 찾아본다. 그러한 개념으로 피카소가 현재로 돌아와 색을 칠한다면 그와 비슷하게 작업하려 하지 않을까? 비단 그림뿐만 아니라 다양한 분야에서 해당 위인들이라면 어떻게 해결했을까를 고민해보고 찾아본다면 분명 큰 도움이 될 것이다.

이 두 가지는 종종 사용하는 방법이지만 스스로 자신만의 발상법을 여러 개 만들어 놓고 훈련이 될수록 재미나고 구체화된 생각이 떠오르는 데 큰 도움을 준다. 이렇듯 한 가지에서 한계점을 만났을 때 서로 다른 영역의 것을 대입시켜보면 두 가지가 아니라 완전히 새로운 여러 가지가 나오게 된다.

2013년 뉴욕에 위치한 Bottleneck Gallery에서 'I love You man'를 주제로 그림을 그린 적이 있는데 그들이 내게 원한 것은 제시된 영화 중에 환상의 콤비라고 생각되는 영화를 골라 표현하는 것이었다. 그 중에 영화 장고가 있었는데 너무 인상 깊게 봤던지라 꼭 그리고 싶었다.

그럼 장고와 닥터 슐츠 박사를 어떻게 표현할 것인가가 나에게 주어진 미션이 된다. 난 이들의 호흡이 마치 찰떡궁합처럼 호흡을 갖춘 하나의 음악 연주라고 상상했다. 각자가 연주하지만 결국 아름다운 하나의 결과물을 만들어내는 것처럼 말이다. 지식과 경험이 더해지니 새로이 표현할 수 있는 아이디어가 도출되었다. 이것을 콘서트 장에서 연주하고 있는 둘로 그릴 수도 있지만 전체적인 영화스토리를 담아 각자에게 잘 어울리는 조류(장고는 올빼미, 슐츠 박사는 독수리)를 통해 캐릭터 디자인을 했다.

적어도 누구나 생각해 낼 수 있는 것이 아니라 나만의 발상법을 통한 결과물이라면 그 자체로 본인에게 귀중한 결과물이 된다. 요즘같이 스스로 생각하는 것이 줄어든 시점에서는 더할 나위 없이 가치 있는 상상일 것이다. 실제로 행동으로 옮겨지고 구현되었을 때, 많은 사람에게 다양한 영감을 주고 효익을 제공할 수 있다면 이 얼마나 멋진 크리에이티브인가.

스티브 잡스를 추종하는 사람이 스티브 잡스가 될 수 없고, 스스로 천재라고 하는 사람이 천재가 될 수 없는 것처럼, 크리에이티브라는 개념 자체를 인지하지 않고 자유로운 자기 발상을 하는 사람은 정말 독보적인 자신만의 크리에이티브를 발현시킬 수 있을 것이다. 반드시 기억해두자. 하나와 다른 하나가 만났을 때 단순히 양적인 둘의 의미가 아니라, 그 이상의 가능성과 크리에이티브를 잠재하고 있는 무한한 의미를 지닌다는 사실을 말이다.

뉴욕 갤러리에서의 전시를 위해 그린 장고 일러스트레이션 - 2013

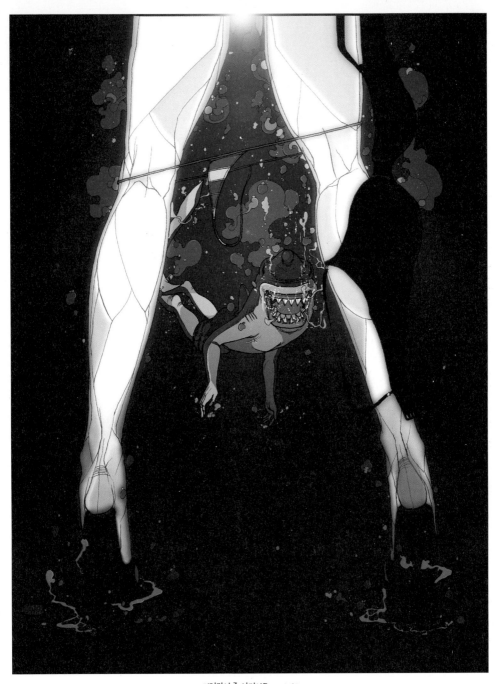

거짓말인 줄 알면서도… - 2012

(8) 완성도의 기준

    데이비드 베일즈가 집필한 'Art and Fear_예술가여, 무엇이 두려운가!'라는 책을 보면 한 가지 재미난 실험이야기가 나온다. 수업 첫날 도예 선생님은 학급을 서로 다른 기준의 완성도를 제시하여 두 그룹으로 나누었다. A그룹은 작품의 양만을 가지고 평가하고 B그룹은 작품의 질만을 가지고 평가하기로 했다. 수업 마지막 날 평가의 시간이 왔다. 허나 이상한 일이 생겼다. 가장 훌륭한 작품으로 평가받은 작품은 모두 양을 우선시 한 A그룹에서 나왔다. A그룹 사람들은 많은 작품을 만들어 가면서 실수로부터 많은 것을 배워나갔지만 B그룹은 가만히 앉아 어떻게 하면 완벽한 작품을 만들까 궁리만 하다가 완성에 이르는 데 한계에 부딪혔다는 실험이다.

    작업을 하다 보면 '다했다.'라고 두 팔을 쭈욱 뻗으며 스스로에게 '고생했어.'라고 한마디 할 수 있는 최종완성을 보기란 어렵다. 보면 볼수록 더 그리고 싶고 실제로 더 많은 시간을 들일수록 완성도가 높아지는 것도 어느 정도 사실이다. 하지만 작가 스스로 만족할 만한 수준이 대체 어느 정도인가에 대해서는 충분히 고민해봐야 한다.

    한창 작업을 많이 했던 20대 중후반 시절, 해도 해도 끝이 안 나는 작업 때문에 속으로 '적당한 시점에서 마무리하는 것도 실력이다'라고 생각한 적이 있다. 이때 마무리를 지을 수 있다는 것은 스스로에게 '이 정도면 최소 90% 이상 만족할 정도야'라는 기준이 있을 때 비로소 가능하다. 하지만 이러한 기준은 쉽게 만들어지는 것이 아니라 많은 경험을 통해 그리고 작업 성격에 따른 시장의 관점과 작가의 지향점이 만났을 때 이루어진다. 이러한 타협점은 시간, 퀄리티, 돈이라는 삼각형을 통해 보다 선명히 드러나게 되는데 시간을 단축하기 위해선 퀄리티와 돈을 낮춰야 한다거나, 퀄리티를 높이기 위해선 시간과 돈을 높여야 하는 등의 상관관계를 통해 구체화할 수 있다. 이러한 타협점과 관련한 균형은 삼각형의 면적을 통해 이루어지는 만큼 앞뒤를 내다볼 수 있는 통찰력 즉 경험이 중요하게 반영되는 것이다.

작가들에겐 다양한 자기 기준이 존재하는데 내 경우엔 서로 상반된 개념이 얼마나 조화를 이루느냐가 완성의 기준이다. 복잡하지만 간결함이 있어야 하고 진지하지만 그 안에 유머가 있어야 하며, 슬프지만 기쁨이 있고 숨막히는 긴장감 속에서도 여유와 낭만이 있다면 꽤 완성도 있는 작품이라고 평가한다. 디자이너들은 '왜지 어디서 들어본 듯한 말인데'라고 생각할지도 모른다. 흔히 클라이언트가 무리한 요구를 한다고 할 때 자주 언급하는 것들로서 '클라이언트는 늘 저런 말도 안 되는 소리나 하고 있어'라고 푸념을 내어 놓으면서 말이다. 그러나 난 거기서부터 시작한다. 모두가 말도 안 되는 부분이라고 우스갯소리로 지나치는 거기에 모든 것이 담겨 있다고 본다.

얀 마텔(Yann Martel)의 파이 이야기(Life of Pi)는 세계적으로 유명한 소설이자 영화로도 제작된 훌륭한 작품이다. 여기에는 파이라는 주인공과 뱅골 호랑이가 등장하는데 끝없이 펼쳐진 망망대해에 단 둘이 한 배에 공존하게 된다. 지성을 가진 인간과 가장 난폭한 짐승이라는 상반된 개념이 충돌하는 지점이다. 상반된 개념이 만나면서 이 소설의 완성도는 올라간다. 허구와 사실이 뒤섞인 이야기 끝에 어떤 이야기가 더 끌리는지 묻는다. 서로 상반된 개념 중 어느 것이 더 흥미로운지를 던지는 작가의 기술이 그야말로 놀랍다. 나의 기준에 이 소설은 완성도를 추구함에 있어 서로 대립적인 개념을 팽팽한 긴장감과 함께 다룬 환상적인 소설이다.

본질에 끊임없이 집중하는 사람들은 자기 한계를 수시로 만난다. 그만큼 능력의 끝에서 지속적으로 나아가려고 노력한다는 반증이기도 하다. 나 같은 경우 이러한 한계를 만났을 때 뇌는 다음과 같은 신호를 보낸다. '아이 귀찮아. 그리고 어려운 거잖아. 이걸 언제 다하고 있어. 쉽게 쉽게 가자. 아니면 꼼수를 부려봐.' 머릿속에는 복잡하거나 디테일한 모든 것이 표현된 완벽한 형상이 존재하지만 그것을 현실에 모두 구현하자니 만만한 일이 아니다.

두바이 IMPACT BBDO와 함께 작업한 Alsabeh Cement 광고 일러스트레이션 작업을 할 때도 그랬다. 100명이 넘는 시위하는 사람을 표현해야 하는데 머릿속에는 이렇게 하면 되겠다라는 느낌이 있지만 실제로 '어떻게 그걸 다 그리지?'라는 현실에 부딪힌다. 옛 인터뷰에서 수능 고득점자가 말하길 "저희도 남들처럼 공부하는 게 지겹고 싫어요. 다만 남들은 중간에 포기할 때 전 끝까지 꾸준히 했을 뿐이에요." 라고 했던 기억이 난다. 이 말을 듣고 위안이 되었다. '아 그들도 힘든 건 마찬가지구나.' 내가 힘든 만큼 다른 작가가 이것을 표현할 때도 같은 장벽에 부딪힌다는 생각에 이른다. 이 시점에 프로는 그 지루하면서도 힘든 시간을 향해 정면 승부할 것이고 아마추어는 피하거나 편법으로 그럴싸하게 보이려 할 것이다.

좋았어. 인내의 시간이 반복된다는 것은 점점 프로페셔널이 되어간다고 스스로 정의 내렸지 않은

Feel safe behind your walls.
Campaign for Al Sabeh Cement.

Impact BBDO, Dubai
Fadi Yaish
Gonzalo Palavecino

Tomas Almuna
Sakiroo Choi, Oscar Ramos M.,
Andrey Gordeev

Archive Magazine에 소개된 Lynx 그랑프리 수상작 일러스트레이션 - 2014

가. 전체 100%를 생각하니 엄두가 나지 않았지만 부분으로 무수히 쪼갠 뒤 하나부터 차근차근 그려보기로 했다. 그렇게 많은 사람들이 시위하고 야유하는 광고 일러스트레이션을 만들었다. 많은 캐릭터가 등장하는 장면을 그려본 적이 없지만 클라이언트와의 약속 그리고 무엇보다 스스로에 대한 도전은 무거운 내용이지만 유머러스하게 표

현한 재미와 의미가 더 해진 콘셉트로 완성이 되었다.

이러한 노력은 헛되지 않아서 2014년 Dubai Lynx라는 MENA지역(중동과 북 아프리카) 국제 광고 페스티벌에서 프린팅 부분 그랑프리를 수상하는 영예를 얻게 된다. 시리즈와 콘셉트가 가지는 특수성이 클라이언트와 잘 맞았던 것이지만 흰 종이에서 위 작품을 만들기까지 많은 고민과 시도를 한 내 입장에선 뿌듯한 결과가 아닐 수 없었다.

작업을 하다 보면 가장 완벽한 무언가를 찾아 여행을 떠나게 된다. 일찍이 플라톤이 말한 이데아처럼 머릿속에는 분명 완벽한 것이 존재하는데 한 획이 그어지는 순간부터 이데아와 일치할 가능성은 점점 멀어진다. 그럼 현실 세계에는 완벽한 것은 없는 것일까? 수학 관련 책을 읽다가 0의 발견이라는 재미난 글을 읽게 되었다. 일반적으로 아라비아 숫자 1~9까지는 존재하지만 0이 발견되기 전까지 10, 100 혹은 101 등의 표현에 난항을 겪었다. 이집트의 경우 단위마다 문자를 만들긴 했지만 숫자가 커지면 여간 길어지는 게 아니었다. 인도 천문학자이자 수학자였던 아리아바타는 비어 있는 자릿수를 점으로 표현했다. 하지만 이때까지도 우리가 아는 0은 없었다. 9세기 접어들어 페르시아 최초의 수학책을 만든 페르시아 수학자인 무하마드 이븐 무사 알콰리즈미에 의해 0이 알려지기 시작했다. 당연하게 여기던 것이 과거 수천 년, 수백 년 전에는 받아들여지지 않거나 개념 자체가 존재하지 않았다니 신기했다.

적어도 내 기준에 0은 가장 완벽한 숫자이다. 서로 상반된 개념이 공존할 때 비로소 완성에 이른다는 내 기준에 0은 가장 작은 수이면서 무한대로 가장 큰 수이기도 하다. 마치 하나의 우주같이 모든 것의 시작점이자 양(+)과 음(-)의 중심에 선 숫자이기도 하다. 현실에 존재하는 가장 이상적인 작품을 발견한 것이다. 대립되는 개념이 공존했을 때 얼마나 무궁무진한 힘을 가지게 되는지 보여준 좋은 사례라고 본다. 나 역시 꾸준히 그려진 부분과 그려지지 않은 부분 사이에서 완성도를 높이기 위해 꾸준히 고민한다면 꿈꾸는 작품을 표현할 수 있는 날이 오리라고 본다.

시카고 전시를 위한 작업과정

시카고 전시를 위한 작업과정

(9) 그 놈의 스타일이 뭐길래

　　　　TV에서 방영하는 많은 음악 오디션 프로그램을 보면서 대화 내용에서 음악이라는 장르를 미술이나 작품으로 바꿔 해석해 보아도 그 메시지가 크게 다르지 않다는 느낌을 많이 받았다. 예를 들어 '노래 부를 때는 살짝 미친 듯이 부르는 것도 좋다.' '노래를 정확히 부르는 것보다 감정을 싣는 것이 중요하다.' '반드시 고음을 잘할 필요는 없다', '기성 가수를 흉내 내는 것은 의미가 없다.' '싱어송라이터로서 작사, 작곡은 훌륭하지만 상업적으로 성공할지는 의문이다' 등이 그러하다. 이러한 심사위원의 피드백을 음악이 아닌 자신이 프로페셔널하게 집중하고 있는 분야라고 생각해 보면 어떨까? 여전히 음악을 하는 사람들에게만 국한된 이야기일까.

　살짝 미친 듯이 부르는 것처럼 그림도 절제된 느낌에서 살짝 벗어나 미친 듯이 표현한 듯한 느낌이 더 강렬한 무언가를 준다. 음정, 박자를 정확히 지키는 것보다 감정을 전달하는 게 중요하다는 말은 그림을 그릴 때 정확한 투시에 아나토미적으로 완벽한 인체를 표현하는 것 못지않게 감성적으로 전달하고자 하는 메시지가 있고 없음이 중요하다는 말이다. 기성가수를 흉내 내지 않는 것은 그림을 그릴 때도 모작하거나 영감받은 작품에 치우치지 않고 자신의 스타일에 집중하는 것이 중요하며 작품성과 상업성과 관련한 이야기도 크게 다르지 않다. 특히 SBS에서 방영하는 K팝스타 오디션 프로그램은 개개인이 가지고 있는 테크닉보다 고유한 개성 혹은 스타일을 가지고 있는지 없는지 유무를 높이 평가하는데, 이는 더 이상 기술적인 우위가 큰 의미가 없어진 현 시점에서 기술을 넘어선 매력 있는 스타일을 통해 비롯한다는 의미를 내포한다.

　TV에서 노래 부르는 사람이 많지 않았던 80~90년대만 하더라도 누구의 테크닉이 더 좋은지에 따라 잘하고 못하고가 나뉘어졌다. 하지만 지금처럼 인터넷이 발달하고 누구나 자신의 노래를 뽐낼 수 있는 시대에 고음을 더 잘하고 못하고는 일정한 수준에 이르면 한계점에 이른다. (물론 휘트니 휴

스턴처럼 기술적으로 완벽하다면 한계점을 초월할 수도 있지만 말이다.) 모두가 선명한 컬러를 내긴 하지만 대중 입장에선 고평준화 되었을 뿐 비슷비슷한 컬러로 가득할 뿐이다. 이처럼 모두가 노란색일 때 빨간색이 나온다면 단연 돋보일 수밖에 없다. 이 같은 맥락에서 스타일이 있고 없음은 특히 테크닉이 일정한 수준 이상의 궤도에 올랐을 때 그 무엇보다 중요하게 어필하는 필수요소가 되었다. 멀리서 봐도 한눈에 내 그림인지 알아볼 수 있는 스타일. 과연 스타일이란 무엇일까?

눈을 감고 자신이 좋아하는 음악이나 미술 혹은 캐릭터들을 상상해보자. 그다음엔 그것이 가지는 이름이나 명성들을 빼고 순수한 그것만을 느껴보자. 온전히 그것 자체만을… 뭐가 남는가? 이때 느껴지는 그 무언가가 당신을 사로잡은 어떠한 매력일 것이다. 사람들이 좋아한다고 해서 좋아하는 것도 아니고 유명하다고 해서 좋아하는 게 아닌 순수한 그것을 좋아한다. 당신을 사로잡은 그것은 평소에 좋아하는 색과 관련이 있거나 어떤 경험들이 복합적으로 반영된 것일 수도 있다. 결국, 그것은 받아들일 때 좋고 나쁜 것에 대한 취향의 영역이 아닐까 싶다. K팝스타 오디션에서 박진영이 말한 취향 저격이라는 말은 결국 이러한 기호들을 건드려줄 수 있는 사소하지만, 차별화될 수 있는 스타일이 아닐까 싶다.

어떤 이들은 굳이 큰 고민 없이 자신만의 고유한 스타일을 구축하는가 하면 어떤 이들은 아무리 찾으려 해도 쉽게 찾지 못한다. 여러분은 어떠한가. 자신만의 차별 가능한 고유한 스타일을 가지고 있는가? 잘 모르겠다면 스스로에게 물어보자.

타인에게 내 스타일을 설명한다면 한 마디로 뭐라고 할 수 있을까? 여기서 포인트는 길게 설명할수록 스타일이 뚜렷하지 않다는 것이다. 명확한 스타일은 짧은 몇 마디로 설명이 될 정도로 심플하고 확실하다. 부연 설명은 본인도 어떤 색인지 모를 때 어떻게든 알려주려고 많은 설명을 해야 할 때 더해지곤 한다.

스타일의 필요성에 대해선 개인마다 논란의 여지가 있겠지만, 내가 생각하는 스타일이란 스스로가 규정하는 순간 그 안에 갇힌다고 생각한다. 종종 향기와 비유하곤 하는데 좋은 향기는 인위적으로 뿌린 향수가 아니라 그 사람에게서 자연스럽게 풍기는 향기이다. 자연스러운 향기는 다른 사람이 흉내 낼 수 없는 그 사람만의 차별화된 향기이다. 억지로 누군가와 비슷한 향기를 내기 위해 자연스럽게 내면에서 우러나는 향기를 만들 수는 없다.

쉽고 빠르게 인기 있는 향수를 뿌려 향기는 낼 수 있지만 그것은 나만의 것이 아니다. 자연스럽게 내부에서 우러난다는 것은 스스로 향기를 규정하고 만드는 게 아니라 지금까지 해오던 대로 스스로가 중요시 여기는 철학이나 사고가 취향과 맞물렸을 때 드러나는 것이다. 본인에게서 어떤 향기가 날지는 본인도 모른다. 인지하고 있으면 의도되기 쉬우므로 그저 하고 싶은 대로 좋아하는 본연의 것을 추구할 때 자신도 모르게 스타일이란 녀석이 고개를 든다. 그래서 본인보다 타인이 먼저 그 향기를 맡게 된다.

사람들은 내게 고유한 스타일이 있다고 말하지만 난 한 번도 스타일을 만들려고 노력하지도 찾지도 않았다. 다만 남들과 차별화되려고만 노력했고 그저 그리고 싶은 것을 그렸을 뿐이다. 그렇다고 스스로 지향하는 스타일이 없는 것은 아니다. 규정한 스타일이 설사 한계점을 드리울지라도 방향성을 잡는 것은 좋다고 본다. '동서고금을 관통하는 한 가지'가 내 스타일의 방향성인데 이를 위해서는 60세까지 그림을 그려도 스타일은 계속해서 다듬어지고 있을 것이다.

이렇듯 장기적인 관점을 가지고 스타일을 바라봐야지 빠른 시간 안에 만들려고 하면 결국 타인을 흉내 내는 수준에 그치고 만다. 더 안타까운 것은 여러 국외 유명 스타일을 짜깁기해서 만든 스타일이 자신의 스타일인 양 믿고 스스로 확신해버리는 작가들이 많다. 하나같이 공통된 특징은 더 이상 발전하지 않는다는 것. 기술적으로 짜깁기를 발전시킬 수 있을지 모르나 뿌리가 없으니 한계점을 한계점으로 인식 못 할 수도 있겠다 싶다.

산타의 메리크리스마스 일러스트레이션 - 2011

피곤한 루돌프 일러스트레이션 - 2011

(10) 세상에 어떤 질문을 던질 것인가

"질문을 던진 페르마와 푸엥카레. 그리고 증명을 한 와일드와 페렐만. 우린 어떤 질문을 세상에 던지고 있으며 그것을 어떻게 증명하고 있는가. 이것이 30대를 이끌어갈 핵심이다." 2012.02.17.

당시 작성한 이 글은 작가로서 굉장히 중요한 시사점을 가지고 있다. 20대가 그릇을 키우는 기간이었다면 30대는 무엇을 해야 하는 기간일까. 그 중심의 축 끝에는 뭐가 있을까. 이런저런 고민이 한창이던 당시 난 아래와 같은 글을 썼었다.

크리에이티브와 아티스트 / 2012.02.22에 개인 홈페이지에 작성한 글

크리에이티브란 무엇이고 어디서 나오는 것일까? 이 길고도 먼 여행은 분명 끝이 어딘지 모르고 떠나는 모험과 같을 것이다. 그 끝을 찾아가는 과정 속에서 새로운 정보를 얻기도 하고 직접 경험하기도 하며 실패를 하기도 할 것이다. 누군가는 세상이 만든 나침반을 들여다보며 그 끝을 향할 것이고, 또 다른 누군가는 자신이 만든 나침반을 가지고 여행을 시작할 것이다. 단순히 무(無)에서 유(有)가 만들어짐을 넘어 얼마나 많은 사람들에게 심신(心身)으로 이득을 줄 수 있는지의 차이는 세상이 바라보는 잣대일지도 모른다.

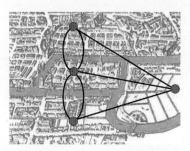

오일러의 쾨니히스베르크 다리 문제 접근법

18세기 스위스 수학자이자 물리학자였던 오일러(Leonhard Euler)의 사고가 지금의 전철 노선 디자인과 무관하다고는 누구도 장담하지 못할 것이다. 왜냐하면 그가 고민했던 러시아 쾨니히스베르크의 다리 문제를 해결함에 있어 공간과 거리를 점과 선으로 개념을 바꾸어 문제를 해결했기 때문이다. 분명 전철 노선의 디자인은 가장 많은 사람에게 심신으로 이득을 주는 최고의 디자인 중 하나이다. 하지만 오일러는

디자이너가 아니다. 그렇다. 무에서 유를 만드는 데 있어 창작을 하는 것은 비단 예능에 관심이 있는 미술, 음악 종사자나 예술가들만의 영역은 아닌 듯 하다.

자칫 현대 사회에서 디자이너, 아티스트들이 창작을 자신들만의 소유로 생각한다면 그것은 큰 오산일 것이다. 눈에 보이고 들리는 것만이 세상의 전부가 아니듯이 말이다. 회사에서 외치는 창의적인 사고 즉 크리에이티브는 분명 예술계에 국한되지 않는 보다 광범위한 개념일 것 같다. 특정 카테고리에서 바라보기엔 너무 크기 때문에 좀 더 뒤로 가서 멀리 넓게 바라볼 필요성이 있어 보인다. 이러한 관점은 최근 다양한 분야에서 인문학을 강조하는 이유와 그 흐름이 같다고 본다. 창의적인 사고를 하는 주체인 인간. 우리 인간은 예로부터 어떤 사고(철학)를 해왔으며 어떤 결과물들을 만들어 왔는가(역사)? 그들은 왜(문화)? 무엇을 위해(종교)? 살아왔는가를 이해하는 것에서 크리에이티브가 나올 수 있다고 생각해 본다.

그럼 크리에이티브를 지향하는 두 개념에 대해서 생각해 보자. 디자이너와 아티스트. 분명 목적과 수단이 다르고 네트워크가 다르지만 세상을 향한 도전과 감동을 위해 크리에이티브를 발휘한다는 과정은 같을 것이기 때문이다. 같은 크리에이티브를 지향하면서도 디자이너보다 아티스트가 더욱 매력적이고 카리스마가 있는 이유는 단지 '클라이언트가 있고 없고'라는 상황에서만 발휘되는 크리에이티브의 차이는 아닐 것이다. 아티스트의 눈에서 뿜어져 나오는 에너지, 하지만 고독함과 쓸쓸함이 묻어나는 것은 외부로 보여지는 것보다 내부의 자신을 들여다봐야 하는 고된 싸움이 동반되기 때문일 것이다. 아티스트는 단지 시각적인 편이(便易)나 상업적인 목적성을 띠는 것이 아니기 때문에 외적이라기보다 내적인 사람들이라 할 수 있다. 크리에이티브에 대한 내적인 고민과 성찰을 중요시하는 그들에겐 수도승에 견줄 정도의 자기 성찰이 동반되곤 한다. 그래서 세상이 정한 기준과 가치보다 앞서는 자신만의 기준과 가치가 존재하는 것이다.

아티스트에겐 자신만의 철학과 세계관이 존재한다. 그 눈(觀)으로 세상을 바라보고 타인의 창작물을 바라보기도 한다. 그렇기에 아티스트는 스스로의 세계관이 명확해지도록 끊임없이 노력하고 도전하는 것이다.

"회화라 함은 이래야지. 컬러는 이런 배색을 사용해야 하지."
"메시지는 보다 고차원적으로 보여져야 하지."
"감성에 너무 치우쳐 이성이 부족한 창작물은 머리 없는 심장과도 같지."

일반적으로 아티스트의 눈은 자신을 들여다보기도 하지만 타인이나 타인의 창작물을 들여다 볼 때도 쓰이게 된다. 스스로 작품의 우위(優位)를 가리기도 하고 자기만족으로 이어지기도 하지만 분명한 것은 크리에이티브는 'I' 보단 '?'가 보다 중요하다고 여긴다. 무엇이 옳고 그름에 대한 정의보다 끊임없이 던져지는 질문이야말로 그 본질에 가깝게 다가 가는 것이 아닐까? 그렇다면 그 누구의 가치/세계관이 더 높고 낮음이란 없을 것이다. 여기까지의 내용은 크리에이티 브란 단지 미적인 창작을 위해 존재하는 것이 아니라 보다 크고 넓은 개념에서 다양하게 적용되어왔음을 이야기했고, 디자이너와 아티스트가 크리에이티브를 인지함에 있어 어떤 차이가 있는지를 아티스트 중심으로 이야기해 보았다.

자. 크리에이티브는 머릿속에서 생각되는 것에 그치는 게 아니라 발휘되어야 한다. 세상 곳곳에서 다양한 창작물들이 만들어지고 눈이 호강하는 이유는 그들이 생각만 한 게 아니라 구현해냈기 때문이다. 그들의 사고와 철학(전제_前提)을 증명해내는 것이다.

푸앵카레(Jules-Henri Poincaré)의 추측을 증명한 러시아 수학자 그레고리 페렐만(Grigori Yakovlevich Perelman)의 증 명과 마티즈(Henri Matisse)에게 직감의 입체학을 증명한 피카소(Pablo Picasso)는 크게 다르지 않다고 생각한다. 전 제를 증명한 것이다. 자신이 옳다고 생각하는 것을 세 상에 증명해 보이는 것이다. 물론 타인의 생각을 증명 한 페렐만과 자신의 생각을 증명한 피카소는 다른 해석 이 있지만 페렐만 역시 푸앵카레의 추측을 인정하고 전 제 했기 때문에 증명할 수 있었던 것이라고 생각한다.

증명 중인 그레고리 페렐만

아티스트에게 전제(자신에게 던지는 질문 혹은 사고와 철학) 못지않게 중요한 것은 증명(證明)이다. 이는 어느 시점에서 끝나 는 게 아니라 끊임없이 되돌아오고 보여주어야 하는 과정의 연속일 것이다. 세상에 던져진 물음. 혹은 세상에 대한 아 티스트만의 도전. 전제와 증명이 반복되면서 외적인 비교나 기준에 의해 강해지는 게 아니라 내적으로 누구보다 차갑 고 냉정하게 자신을 바라보는 것이 자기 성찰이고 작품으로 증명되는 과정에서 강해질 것이다. 그래야 훗날에라도 인 정받을 수 있는 전제와 증명이 되겠다. 자신만의 독단적인 사고와 결과물이 아닌 새로운 시각을 세상에 던져줄 수 있 는 사람. 그들이 아티스트라고 생각한다.

작가들끼리 모이면 자주 나누는 대화 중에 하나가 이 시대에 필요한 관념(觀念)에 대한 이야기이다. 주로 잘나가는 작가에 대한 시기에서 소위 '뒷담화'가 이루어지기도 하는데 '어떤 작가의 작품은 형편없는데 왜 이렇게 주목받는 걸까?'에서 세상은 잘 만들어진 작품보다 잘생기거나 예쁜 작가가 성공하기 쉽다라는 등의 이야기를 나누며 나름 자신이 생각하는 이상에 대한 대화를 나눈다. 나역시 이러한 대화를 나누는 주체에서 제외될 수 없을 정도로 대화에 참여하기도 했다. 하지만 시간이 흐르면서 이런 패턴화된 대화에서 식상함을 느꼈다. 3년 전에도, 2년 전에도 그랬고 지금도 사실 똑같은 이야기를 나누고 있었던 것이다. 이건 약자들의 자기 합리화에서 나오는 토로일 뿐이라고 느껴졌다. 그리고 입을 열었다.

"우리는 증명을 해야만 한다."고 말이다. 관념이나 생각은 누구나 가지고 있다. 스타벅스가 우리나라에 들어오기 전부터 그것을 생각했다는 사람부터, 지금의 알리바바를 이미 5년 전부터 중국에서 하면 성공하겠다고 생각했다는 사람에 이르기까지 생각은 많다. 다만 그것을 실천에 옮기고 증명해 보이는 사람은 적다라고 깨달았다. 적어도 내가 그런 사람 중 하나였다.

세상엔 다양한 형태의 대답들로 가득하다. 이 책을 쓰고 있는 나 역시도 어떤 대답을 하고 있다는 사실을 부정할 수는 없다. 지하철 광고를 보면 힘든 시기를 극복할 수 있는 유일한 방법은 자신들만이 가능하다고 광고하고, 스스로가 세상의 빛인 듯 마냥 떠들어대고, 숱한 자기계발서나 미디어에선 각계각층의 사람들이 다양한 저만의 해답을 전달하고 있다. 이처럼 질문은 없고 답으로 가득 찬 세상에서 스스로 질문을 던지고 생각한 것을 증명하는 것은 적어도 작가에겐 작품활동에 있어 매우 중요한 부분이라고 확신한다.

밤새 못 마시는 술 한 잔 하며 나눈 담론에서 주장했던 것은 결국 본질과 관련한 이야기다. 음악가에게 본질은 음악이고 조각가에게 본질은 조각이다. 나같이 그림 그리는 사람들에게 본질은 그림이다. 너무 당연한가? 너무나 쉽고 당연한 이야기 같지만 그렇지 않은 경우가 많을뿐더러 많은 사람들이 그렇지 않은 방법들을 모색하고 있기도 하다. 나는 결국 본질에 집중하는 것만이 가장 가치 있는 활동이라고 여기게 되었다.

여러분 주변의 누군가가 그림을 업(業)으로 삼고 있는데 생각보다 적은 보수를 받거나 시간이 흐를수록 나아지지 않는다면 그 원인을 본질에 접근해서 찾아야 한다고 말하고 싶은 것이다. 화려한 언변이나 잘 가꾼 외모 혹은 잠정적인 클라이언트에게 잘 보이기 위한 노력이 중요한 게 아니라 끊임없이 작품에 대한 고민이 수반되어야 하는 것이다. 이렇게 본질에 집중하는 사람들의 특징은 자신의 한계점을 자주 마주하게 된다는 것이다. 왜냐하면 실력의 끝점에서 더 나아가려고 항상 두드리고 도전하기 때문이다. 반면 시장에서 돈이 되는 작품에 안주하고 나아가지 않는 사람은 한계점을 마주칠일도 없거니와 더 이상 본질에 집중하는 것을 무의미하게 여기기도 한다.

아트바젤 기간 마이애미에서 전시하며 함께한 아티스트 장 폴과도 이런 대화를 많이 나누었다. 유명한 사람이 된 이후에 작품을 그려 비싼 값에 파는 것이 아니고 작품이 유명해져야 한다는 것. 매 순간 경제적으로 어려운 순간들이 닥치더라도, 설사 잠시 돈을 벌기 위해 다른 일을 하더라도 자신이 추구하는 이상을 위해 본질에 항상 가까이 하자라는 이야기들이다.

나는 그에게 "만약 특정한 내 시리즈가 인기가 많아 사람들이 줄을 서서 산다고 하면 그 그림을 더 이상 안 그릴 거야. 돈이나 명성을 추구하는 그림을 계속 그리면서 그 안에 갇히고 싶진 않아."

치기 어린 때에 주절거린 호기스러운 말일 수도 있으나, 이것이 옳다는 것을 작업을 통해 증명해 보이고 싶을 뿐이다. 세상에 이런 질문을 던져보고 싶다. 그리고 증명해 보이고 싶다.

"세상이 말하는 소위 성공이란 것이 본질에만 집중했을 때도 충분히 가능한가?"

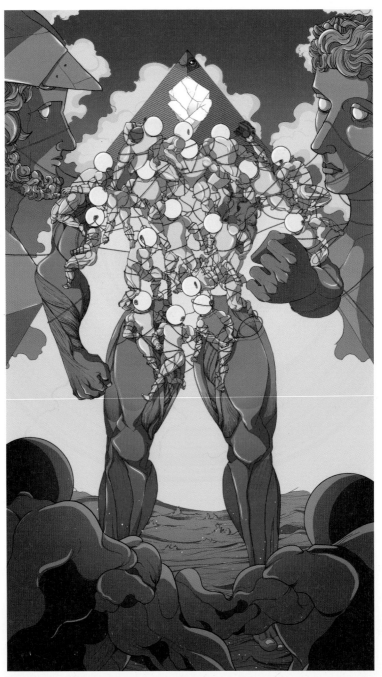

프랑스 파리 Gallery-89에서 Human Movement를 주제로 전시를 위해 그린 일러스트레이션 - 2013

시카고 ICHABOD 전시를 위한 일러스트레이션 - 2013

(11) 아마추어와 프로 사이

　　　　스포츠를 좋아하는 나에게 '프로'라는 단어는 그야말로 신의 영역이다. 본질의 정점에 이르렀을 때 프로를 넘어선 최고의 선수가 등장한다고 생각한다. 축구로는 메시와 호날도 같은 선수가 있을 테고 농구로는 마이클 조던이나 코비 브라이언트 같은 선수가 있다. 조금이라도 축구나 농구에 관심이 있는 사람들에게 이들은 범접할 수 없는 위대한 존재이다. 이처럼 프로라는 단어는 스포츠 선수에만 국한되는 것이 아니라 프로 바둑기사, 프로게이머 등 보다 다양한 영역에서 '프로'라는 단어가 쓰이고 있다.

　개인적으로 단순히 오랜 시간 특정 분야에 있음으로 숙련된 상태에 이르렀다고 해서 '프로'라는 타이틀을 붙이는 것을 탐탁지 않게 여긴다. 여기에는 반드시 크리에이티브가 수반되어야 비로소 '프로'라고 불릴 자격이 있지 않을까. '세상에 없는 것을 만들어 내는 능력'으로 그야말로 생각지도 못했던 플레이를 통해 극적인 반전이나 상상 이상을 보여줄 때 "이건 예술이야!"라는 탄성이 절로 나온다.

　그림을 그리는 사람들에게도 '프로'의 영역이 존재할까? 상업적이고 비상업적이고를 떠나서 프로 아티스트, 프로 일러스트레이터, 프로 디자이너라는 말은 아직 들어 본 적이 없다. 굳이 구분 지을 필요는 없지만 그림을 그린다는 행위에 프로가 붙는다면 어떤 의미로 다가올까 생각해 보게 된다.

　프로 만화가라는 말이 실질적으로 존재하는지는 모르겠지만 타케이코 이노우에(Takehiko Inoue)의 배가본드나 폴 커크너(Paul Kirchner)의 버스 같은 만화를 보면 스토리와 연출을 넘어 한 컷 한 컷이 벽에 걸어놓아도 될 정도의 예술성을 보여주고 있다. 미야모토 무사시라는 실존 인물의 소설을 만화로 연재하고 있는 배가본드의 경우 전반부의 화려한 결투 신들과는 달리 후반부에서 무사시가 농사 짓는 장면을 단행본 3권에 걸쳐서 보여주는데, 궁극의 자연으로 돌아가는 모습을 연출이 아닌 그림의 힘으로 이끌어가고 있다. 뒤로 갈수록 인물에 대한 묘사는 라인이 심플하고 거칠어지는 반면 자연을 묘사(볏 잎 하나하나에서 물, 돌, 흙, 나뭇잎 등)할 때는 굉장히 디테일하고 사실적으로 묘사하고 있다. 나는 이노우에가 의도적으로 차이를 두고 그리고 있다고 보는데 결국 인간도 자연의 일부라는 메시지를 전달하고 있다고 생각한다. 숙련된 테크닉을 넘어 새로운 세계로 독자를 이끌어가는 거야말로 크리에이티브한 천재적인 센스이다.

폴 커크너의 버스는 또 어떠한가. 현대의 만화 연출이 사각 박스를 벗어나려고 한다면 그는 편집 증세를 보일 정도로 똑같은 사이즈의 사각 박스 6~8개를 이용해 만화를 그린다. 물론 1980년대라는 당시 시대를 반영한다손 치더라도 거의 한 마디 대사 없이 보여지는 구성이 오히려 독자로 하여금 많은 생각을 하게 만드는 센스는 현대의 어느 작가도 흉내 내기 어려운 깊은 내공을 보여준다. 버스라는 하나의 주제로 시작하지만 그 안에서 보여지는 다양한 동서고금 그리고 우주와 미래를 다루는 힘. 모든 컷이 똑같은 화면의 컷으로 이루어지지만 약간의 변화만으로도 커다란 메시지를 던지는 힘. 이것이야말로 가장 작은 것과 큰 것이 공존하는 크리에이티브의 정수를 보여준 예라고 할 수 있다.

숙련된 기술 혹은 테크닉이 어느 정도 선에 오른 시점은 시간과 비례해서 누구나 달성 가능한 목표점이다. Beyond, 하지만 그 너머 미지의 영역을 보기 위해선 기술이 아닌 또 다른 무언가가 요구되는데 그 시점에 프로가 탄생한다. 같은 점심시간을 글(숙련된 기술)로 옮김에 있어 어떤 이는 '나는 오늘 돈까스 집에서 맛없는 카레를 먹었다.'라고 표현할지 모르지만 어떤 이는 '바싹 튀긴 고기, 그 이름을 하염없이 불렀건만 나와 다른 인연이기에 오늘도 노랑 바다에서 헤엄치고 왔다.' 라는 식의 자기 감정을 이입시킨 표현을 할 수도 있다. 후자의 경우가 분명 글자라는 개념을 넘어선 미지의 영역을 보기 위한 시도로 보인다.

자신이 이미 경험했던 혹은 학습했던 것을 기계적으로 혹은 반복적으로 행하는 사람은 프로가 아니다. 그저 안정을 추구할 뿐이고 거기에는 진짜 프로에게서 보여지는 상상 이상의 그 무엇이 존재하지는 않는다. 대학교의 교수님들은 어떨까? 분명 해당 분야에서 많은 공부와 일정 수준의 업적(논문)을 달성했을 것이다. 논문 이전까지는 기술적인 부분이었다면 논문을 쓰면서 자신의 주관을 가지고 그 이상을 표현했을 것이다. 그랬기에 교수라는 직함을 가지고 학생들 앞에 설 수 있는 것이다. 문제는 그 다음이다.

프로가 한 번 달성하면 주어지는 훈장이 아니듯 지속적으로 미지의 영역을 탐구하는 과정이 필요하다. 결국 자신이 이룬 안전한 영역 안에서 담을 쌓고 안주한다면 더 이상 프로는 아닐 것이다.

프로라는 영역은 끊임없이 고민하고 시도해야만 하기에 예측이 불가능한 영역이다. 그러한 영역에서 왕성히 활동할 수 있는 힘은 즐길 수 있는 재미와 분명히 나아가고자 하는 의미가 더해져야만 한다. 자신이 해당 분야의 프로인지 아닌지는 스스로 지난 시간을 되돌아 보면 알 수 있다.

반대로 아마추어는 어떨까? 사전에 의하면 '예술이나 스포츠, 기술 따위를 취미로 삼아 즐겨 하는 사람. '비전문가'로 순화'라는 뜻을 가진다. 뜻에 의하면 상업적인 행위에 이르지 못하는 대부분의 취미로 활동하는 사람들을 아마추어라고도 할 수 있겠다. 그런데 정말 그럴까? 취미로 활동하지만 프로 못지않은 실력을 가진 이들도 있을 테고 프로지만 아마추어보다 못한 사람이 있진 않을까?

예전에 만난 웹디자이너가 이런 말을 했다. 자신은 이전 회사들이 모두 대기업이었고 지금도 대기업에서 근무한다고. 자연스레 포트폴리오 이야기가 나왔고 3, 4년 동안 대기업에서 좋은 연봉을 받고 근무했지만, 그녀가 만든 거라곤 이벤트 페이지 몇 개와 배너 디자인이 전부였다. 규모가 큰 회사일수록 한정된 업무만 오래 하기 쉬운데 끓는 물 개구리처럼 편할진 모르지, 일정한 경력이 지나면 어디에서도 인정받을 수 없다는 것을 깨닫게 될 것이다. 자신은 프로라고 생각할지 모르겠지만 내가 볼 땐 아마추어에 불과하다. 5년 차건 10년 차건 그 경력에 무슨 의미가 있으랴. 시키는 일을 겨우 할 수 있는 사람에게 프로라는 단어를 붙일 수 있을까? 어쩌면 프로라는 호칭은 스스로 붙이는 것이 아닌 외부로부터 냉철한 평가를 통해 주어지는 것이 아닐까 생각해 본다.

그림을 그리다 보면 꽤나 지루한 작업에 봉착하는 경우가 많다. 숲 속을 표현해야 한다거나 많은 관중을 그려야 할 때면 어떻게 하면 쉽고 간단하게 그릴까 꼼수가 떠오를 때가 있다. 바로 이 시점이 아마추어와 프로의 경계에 선 때라고 본다. 남들은 어렵다고 회피할 때 묵묵히 그려나간다면 조금은 프로로 기울었다고 봐도 좋다. 하지만 어떻게든 쉬운 방법을 찾고 있다면 아직 아마추어다. 물론 그림이 복잡하다고 잘 그렸다는 것도 아니고 프로라고 할 수 있는 것은 더더욱 아니다. 작업을 하다 벽을 만났을 때 정면 돌파하느냐 아니면 멈추거나 돌아가느냐의 차이에서 프로와 아마추어가 갈린다.

프로의식을 가지라는 말이 있다. 그만큼 더 열심히 하라는 말이다. 하지만 사회에선 열심히 하는 사람이 필요한 게 아니라 잘하는 사람이 필요하다. 매일 야근하면서 일 못하는 사람보다 정시 퇴근 하더라도 일 잘하는 사람이 중요하다는 말이다. 하지만 아쉽게도 잘하는 사람들은 프로고 아니고를 크게 의식조차 하지 않아 보인다. 그저 숙련된 기술 이상의 것을 보여주는 것이 자연스러운 행위이고, 일상적으로 반복되는 패턴에 갇히지 않기 위해 새로운 것에 호기심을 가지고 그 너머의 세계로 넘어가려는 의지들이 억지로 만들어지는 게 아닌 것처럼 말이다.

결국, 자신이 전문성을 띄고 있는 일에 있어 프로인지 아닌지는 한 번쯤 되새겨 볼 만하지만 이미 프로의 세계로 접어든 사람이라면 더는 고민할 필요는 없어 보인다.

세상이라는 놀이터에서 마음껏 뛰어놀면 된다.

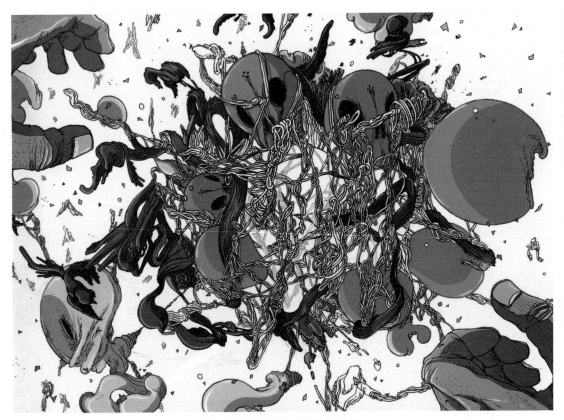

아무리 풀려고 해도 풀리지 않는 우리들 문제를 표현한 작품 - 2014

VR을 주제로 그린 시리즈 일러스트레이션 - 2015

(12) 동병상련과 자주 만나자

더웠던 여름 시원한 에어컨과 따사로운 햇살을 만끽하며 좋아하는 형님 동생들과 카페에 앉아 이런저런 사는 이야기를 나눈다. 우리는 일주일에 한 번씩 홍대 뒷골목에 위치한 한 카페에 모여 그림 그리는 시간을 가졌다. 그날은 나의 열정에 불을 지핀 모코샘을 만나는 날이기도 하다. 그는 우리나라에서 손꼽히는 모션영상 전문가로 많은 저서와 강의를 해오고 있다. 애프터 이펙트를 이용한 영상을 하지 못하는 나에겐 다른 영역이지만 모코샘의 예술과 관련한 이야기를 들을 때면 피가 뜨거워짐을 느낀다.

프리랜서나 1인 사업자와 같은 사람은 외롭다. 조직생활을 경험해 본 사람이라면 그 외로움은 몇 배가 된다. 하나부터 열까지 혼자 다 하지 않으면 아무것도 이루어지지 않기 때문이다. 이러한 외로움과 마주할 준비가 된 사람만이 홀로 존재하고 비로소 가치가 만들어진다. 사실 난 아티스트가 아니다. 지향하고는 있지만 예술을 하고 있다고 말할 수는 없다. 내 취향에 맞는 뭔가를 만들었거나 돈을 벌기 위해 상업적으로 만들어지는 그 어떤 결과물도 순수한 형태의 예술을 위해 만들었다고 하기 어렵다. 누군가 그렇게 불러주면 감사하긴 하지만 스스로에겐 무척이나 부끄럽다.

이러한 나를 아티스트라고 불러준 사람이 모코샘이다. 언제나 옆에서 이야기를 들어주고 엄청난 아이디어라고 힘을 실어주곤 했다. 우리는 내가 의류 브랜드를 하기 전, 2008~10년까지 같은 사무실에서 작업하며 많은 영감들을 주고받았다. 그에게서 받은 영감이 없었다면 1%의 예술도 내겐 존재하지 않았을 것이다. 그만큼 그와 주고받는 단어 하나하나가 소중했고 결정적인 영향을 끼쳐왔다. 사실 외국 문화에 전무했던 나에게 미국 이야기를 많이 들려준 것도 그이다. 많은 이야기를 들으면서 꼭 미국으로 뻗어가리라! 농담 삼아 떠들곤 했다.

회사를 나올 때까지만 해도 독특한 스타일은 가지고 있지만 크게 상업적이지도 그렇다고 예술을 지향하는 것도 아니었다. 우린 주로 예술서적이 많은 북카페에서 자주 만났는데 다양한 예술 서적은 햇병아리인 나에게 새로운 세상이었다. 기묘하면서도 자극적이고 뒤통수를 한 대 맞은 것 같은 느낌. 그 시작점엔 살바도르 달리의 초현실주의가 있었다. 중학교 때 미술교과서에서 본 이후로 관심을 가지고 들여다보긴 처음이다. 모코샘의 이야기를 바탕으로 그림들을 다시 보니 당시 흐름에서 벗어났던 달리의 통찰력과 그의 뮤즈였던 갈라의 이야기는 한 번쯤 경험해보고 싶은 예술가로서의 삶이었다.

한창 초현실주의에 빠져 동서양 작가들의 다양한 작품을 섭렵하면서 캐릭터가 아닌 구성이 있는 일러스트레이션을 시도해 보곤 했다. 시작점에 달리가 있었으니 그의 세계관을 함께 표현해 보았다. 늘 정형화된 사람이나 동물만 그리다가 새로운 뭔가 특이한 것을 그리는데 짜릿했다. '어라? 나도 할 수 있네?' 생각이 바뀌니까 그림이 바뀌었다.

막연히 흉내를 내는 것으로 시작했지만 이내 다음 라운드로 자연스레 넘어가고 있었다. 우리는 습관화된 것들을 받아들이고 자연스러워한다. 나를 둘러싼 문화가 그러하고 나를 지배하고 있는 이데올로기가 그러할 것이다. 나의 취향은

달리의 영향을 받아 그린 스케치 - 2011

익숙한 것들이 만들어낸 편안함을 주는 혹은 안정감을 주는 그 무엇일 것이다. 이 모든 것을 에고
라 한다면 나를 둘러싼 에고의 틀을 깰 때 새로운 세상에 진입할 수 있다.

'예술은 불편한 거야'라는 말로 시작한 그의 눈은 예술만이 세상의 전부라고 말하는 듯 했다. 익
숙하지 않은 것으로부터 '습'을 파괴하고 새로운 것에 접근한다. 처음 깨고 싶었던 것은 성(性)이다.
유교권에서 자란 나를 비롯한 우리에게 그것을 벗어나 새로운 시각을 갖기란 쉽지 않다고 느꼈다.
그러고 보니 동서양 많은 작가들이 다양한 누드화를 그렸고 그것을 넘어 새로운 세상으로 넘어가
는 과정을 볼 수 있었다. 20살이 지나 성인이라 칭하지만 여전히 어렵고 솔직하고 과감하게 펼칠

초현실주의 작품들에 빠져 있던 시절 그린 일러스트레이션들 - 2011

수 있는 영역은 아니었다.

'야하지만 야하지 않게 표현하는 것'을 시작점으로 스케치는 그려졌다. 다행인지 불행인지 내가 그리는 여자는 우선 섹시하거나 야하진 않았다. 어딘가 모르게 남성스럽거나 여성이 가지는 곡선의 미가 부족했다. 이러한 때에 초현실주의에 빠져 있던 나는 자연스레 독특한 방향으로 흘러가게 되었다.

이런 내 그림들을 보며 모코샘은 멋지다고 힘을 실어주었다. 이전에 익숙했던 것들과 멀어지니 다소 불편할 수는 있지만 새로운 감성의 씨앗이 마음속에 자라나는 듯 했다. 한창 이런 류의 그림을 그릴 때에서야 생각이 깨어나는 듯한 기분이 들었고 순간순간의 기억과 경험을 공유하노라면

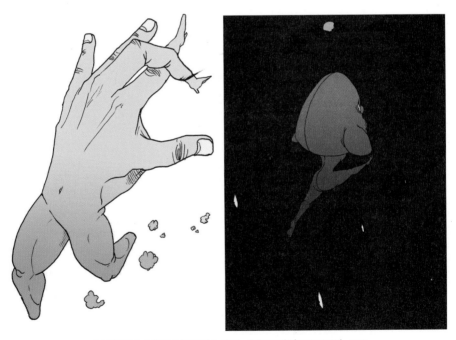

사고와 관점에 따라 해석이 달라질 수 있다는 생각에 그린 일러스트레이션 - 2011

'그림이란 게 참 재미있구나'라는 생각에 이르게 되었다. 매일매일 새로운 그림을 그리고 싶어 잠을 설칠 정도였다.

모코샘과 만날 때면 음악하는 스티키 그리고 군대 가기 전부터 관계를 이어오다 제대 후에도 끊임없이 작업에 열정을 쏟는 주키와 밤이 어둑어둑 해질 때까지 현실과 먼 세상 이야기를 나누곤 한다. 누군가 들으면 '뭔 이야기를 저렇게 재미있게 하는 거야'하고 귀 기울여 듣다가도 '뭔 말인지 하나도 모르겠네'라고 고개를 저을 정도로 인문학과 예술이 뒤섞인 대화는 지속되었다.

신기했다. 돈과는 전혀 상관없는 이야기에 이렇게 몰두하고 있는 내 모습을 보니 말이다. 어제까지만 해도 직장에서 매출이 어떻고 돈을 어떻게 더 벌어야 하고를 궁리하던 내가, 밖의 세상에선 온전히 나로 존재하며 다른 생각을 하고 있으니 말이다. 뜨거운 여름 갈증 속에서 콜라 한 방울 혀에 적시듯 일주일에 한 번씩 모이는 이 모임은 온몸을 짜릿하게 만들어준다. 서로 비슷한 처지에 있는 사람들끼리 정보공유를 하며 힘을 얻어가는 이러한 관계가 혼자 작업하는 사람들에겐 꼭 필요하다고 말하고 싶다. 같은 지점을 지향하는 이 친구들이 없었다면 외로워서라도 또 다른 소속을 찾아 방황했을지도 모른다.

아뜰리에 터닝에서 했던 엘로우 레몬 개인전에 함께한 1000day와의 만남도 그랬다. 부산에서 홀로 올라와 페이퍼 토이라는 미개척된 시장에서 고군분투하는 그는 분명 아티스트였다. 레몬 캐릭터를 페이퍼 토이로 만드는 과정에서 서로 많은 이야기를 나누며 멋진 작업을 해보자는 결의를 다지기도 했다. 우연일까? 그 역시 부천에서 살고 있었기에 전시 이후에도 자주 만나 많은 작품 이야기를 나눌 수 있었다. 이렇게 시작한 만남이 점점 커져 부천 지역에 사는 작가들과 단골 카페에서 종종 모이는 모임으로 커지기도 했다. 각자가 힘든 한 주를 보내고 만나 근심 걱정을 토로하며 좋은 정보를 공유하며 "그래도 역시 그림뿐이야."라고 외칠 때면 비슷한 처지의 사람끼리 의지하는 것이 큰 도움이 되곤 한다.

내가 추구하는 가치관이 옳은지 수백 번 되묻고 세상에 질문을 던지며 그 답을 찾기 위해 하나씩 검증해가는 삶은 꽤나 매력적이다. 누군가는 머릿

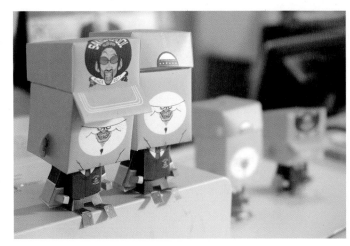

1000day 작가와 콜라보한 레몬 페이퍼 토이

속의 기억이나 생각을 글이나 음악으로 표현한다면 우리는 한 편의 시와 같이 비유와 은유를 담아 때론 낭만적으로 때론 과감할 정도로 직설적으로 그려나간다. 혹자는 이렇게 물을 수도 있다.

"이런 그림을 왜 그리세요?"

난 이 질문이 '왜 사세요?'라는 질문처럼 느껴진다. 이젠 그림이 삶이 되었고 혼자가 아닌 가깝게는 친구들과 멀게는 더 많은 불특정 다수의 사람들과 호흡하며 살아온 이야기를 나누며 살고 싶다. 그림을 통해.

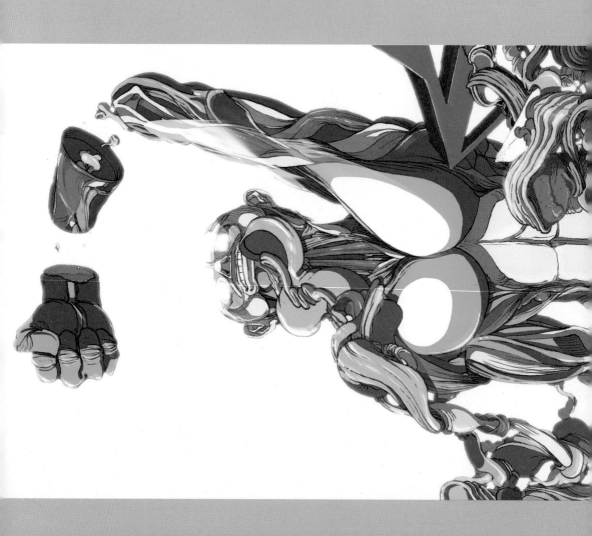

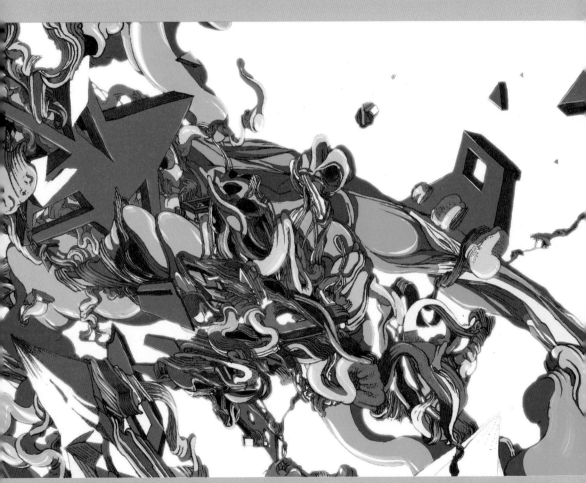

1000day 작가와 콜라보한 레몬 페이퍼 토이

(13) 안정과 불안정 그 경계에서

학창시절 TV를 보는데 고등학생들의 교복이 한복인 학교가 나왔다. 청학동 서당도 아닌데 개량된 한복을 입고 있는 것이 마냥 신기했다. 후에 우리나라에서 가장 머리 좋은 아이들이 진학하는 학교이며 자율과 규율이 공존하는 시스템에서 국내, 국제 진학 반으로 나뉘어 꿈을 펼쳐 간다고 들었다. 나는 아침부터 부랴부랴 차를 타고 강원도 횡성으로 향하고 있었다. 그 신기한 민족사관고등학교(KMLA)에서 열리는 TEDxYouth에 초청되었기 때문이다.

TEDxYouth@KMLA 민족사관학교에서 발표 중인 모습

선구자(Pioneer)라는 주제로 스피커 라인업이 구성되었고 외부인사로 초청받았다. 캐릭터와 일러스트레이션 관련해 선구적인 역할을 한 부분에 대한 의뢰였다. 사실 모두가 알듯이 난 선구자가 아니다. 그냥 특이한 걸 그린 사람이라면 모를까 특별히 시대를 앞서갔던 것은 아니다. 이러한 측면에서 들려줄 수 있는 메시지는 제한적일 수밖에 없다. 그럼 '학교라는 시스템 안에 있지만 사회라는 보다 개방된 시스템으로 나아감에 있어 생각해볼 만한 내용은 어떨까?'라고 생각했고 그림을 그리며 살아온 삶을 바탕으로 이야기를 준비해 나갔다.

학교에 도착하니 명성만큼이나 크고 넓었다. 이 안에서 우리나라의 미래가 열심히 성장하고 있다고 생각하니 더 잘해야겠다는 마음가짐이 선다. 준비했던 발표 내용들을 머릿속으로 훑어 내려간 후 입을 열었다.

안정과 불안정 (Between Stability and Instability) – TED 발표 내용

좋은 유치원 → 좋은 초등학교 → 좋은 중학교 → 좋은 고등학교 → 좋은 대학교 그리고 좋은 대학원 혹은 좋은 직장. 일반적으로 지금 부모님(혹은 사회)들이 우리에게 원하는 과정일 것입니다. 자, 그럼 하나 물어보죠. 좋은 직장 혹은 좋은 대학원 그 다음(NEXT)은 무엇일까요? 고민해 보죠. 오늘 전 이 과정을 소속에서 오는 안정과 불안정의 측면으로 들여다 보겠습니다.

서양과 달리 동양(특히 유교권 중국, 한국, 일본)은 관계지향형 네트워크이기 때문에 나와 타인의 관계가 매우 중요합니다. 내 업무가 끝나도 동료들과 함께 야근을 해야 하는 이유이기도 하며, 사원, 대리, 주임, 과장 등 세세한 직급들로 구분을 지어 상하관계를 유지하는 이유이기도 합니다. 즉, 좋은 관계는 모두가 부러워할 정도의 성취감을 안겨주기도 합니다. 소속은 사회에서 좋은 관계를 유지할 수 있음을 보여줍니다. 전 이것을 '소속의 안정'이라고 합니다. 반대로 어딘가에 소속되지 않으면 불안정한 상태가 되는 것이죠. 그렇기에 마치 욕심처럼 끝없이 소속의 안정을 취하고 싶어하게 됩니다. 하지만 그 끝엔 무엇이 있을까요?

불안정입니다. 여러분이 시장에 홀로 섰을 때(그 어떤 소속도 있지 않을 때) 여러분의 가치는 어느 정도일까요? 어딘가에 소속되어야만 드러나는 가치가 있듯, 어딘 가에도 소속되지 않았을 때 드러나는 가치도 있습니다. 이러한 불안정은 그 날카로운 경계선 위에 우리를 올려 놓습니다. 마치 현대에 인문학이 대두되고 있지만 대학교에서는 점점 학과를 줄여나가는 것처럼 말이죠. 인문학의 필요성은 날카로운 시장의 경계선에 있는 사업가들이 현대에 접목시킴으로써 온몸으로 느끼는 것이지, 문학 소설을 외우거나 일대기를 암기하는 것과는 완전히 다른 이야기니까요. 여러분은 날카로운 경계 위에 서 있습니까? 아니면 또 다른 안정된 소속을 통해 기업의 가치가 마치 자신의 가치인 양 과대평가하진 않고 있습니까?

오늘 이야기는 '나(我)'를 들여다 보는 데서 시작합니다. 실존주의 철학자 샤르트르, 하이데거는 이를 '기투'라고 명명했습니다. 자신을 들여다 보는 것, 자신을 미래에 던져보는 것.

2007년은 싸이월드가 한창 상승곡선일 때입니다. 전 과장 진급을 앞두고 있었고 새로 입사한 공채들의 멘토이기도 했습니다. 그러던 어느 날 아무런 대책 없이 그 해에 회사를 그만두고 집으로 들어왔습니다. 소속의 안정을 벗어난 시점이기도 합니다. 그것은 기본적으로 나를 자유상태로 놓음으로써 역량을 극대화하고 아직 개척되지 않은 부분에 관심을 가지게 만드는 역할을 했습니다. 불안정은 사람을 예민하게 만듭니다. 신체적인 오감뿐만 아니라 다양한 정보와 트렌드를 놓치지 않기 위함입니다. 미래를 읽어야 하니까요. 개척을 해야 하니까요. 어디서부터? 나(我)로부터. 내 온몸으로부터. 공자가 유교를 만들고 맹자가 체계화를 시켰듯. 아무것도 없는 공간(0)에서 시작(1)을 하고 정리하여 무한히 확대(∞)-개척 시키는 것. 전 이것을 '0이 되는 것'이라고도 합니다. 가장 작지만(세상 속에서 나) 가장 큰 수(개척).

회사를 나오니 24시간이 온전히 제 스스로를 위한 시간이 되더군요. 우선 '내가 누구인지' 나를 돌아본 후 누군가 만들어놓은 규정이나 법칙이 아닌 저만의 법칙과 원칙들을 만들어 가자고 다짐했습니다. 물론 지금도 진행 중입니다. (끝이 없겠죠) 불안정은 확고하지 않습니다. 유연하며 개방적입니다. 타인의 기준 위에 서는 것이 아니라 내 기준으로 세상과 대면하기 때문에 그 유연함은 그 무엇보다 확고합니다.

4년 전 글로벌 무대로 나가자는 목표를 세웠습니다. 고3 이후로 영어를 해 본 적이 없다가 23년 만에 다시 관심을 가지기 시작했습니다. 토익, 토플이 몇 점 만점인지도 모르지만 그 불안감을 타인의 노하우나 가이드가 아닌 저만의 가이드를 세워 시작하니 한결 마음이 편했습니다. 13년 동안 캐릭터만 그려왔던 제가 일러스트레이션에 관심을 가지게 되고 3개월 동안 집중했습니다. 잠 잘 때면 꿈속에서 하루 종일 그림 생각만 합니다. 너무 설레서 빨리 아침이 왔으면 하죠. 이 부분은 '본질에 집중'과 관련이 있는데 이 시간들을 통해 그려보지도 않았던 일러스트레이션을 그리게 됩니다. 마치 20살 때 한 번도 캐릭터를 안 그려보다가 그리기 시작한 것처럼 말이죠.

이러한 불안감으로 시작했던 일러스트레이션 작업으로 크고 작은 국외 클라이언트들과 다양한 작업도 하고 광고제에서 그랑프리를 수상하기도 합니다. 미국 주립대에 초청을 받아 발표 및 참관수업을 하고 멕시코 국제 컨퍼런스에서 제 작업 이야기를 나누기도 했습니다. 제가 뭘 그렸냐고요? 남들이 안 그리는 것을 그리려고 노력했습니다. 미개척지. 혹은 '거인의 어깨 위에 서기'위해 동서고금의 다양한 것들을 더하거나 재해석을 해 왔습니다. 그 해석이 현대적이든 미래적이든 혹은 레트로하든 말이죠. 그리고 스스로에게 질문을 끊임없이 던졌습니다. '압도할 만한가' '창작할 가치가 있는가' '동서고금을 관통하는가' '작업의 주권을 스스로 가져갈 것인가 타인(관객)의 취향에 의지할 것인가' 등등…

지금 전 새로운 기로에 서 있습니다. 두 아이의 아빠로서 가정의 안정과 작가로서의 불안정. 가정을 불안정하게 둘 수는 없겠죠. 재미난 사실은 이러한 가정의 안정이 굉장히 다양한 관점과 소재들을 제공한다는 사실입니다. 작가로서, 불안정한 경계에서 세상을 이겨낼 수 있도록 말이죠. 안정과 불안정은 분명 선택은 아닐 것입니다. 다만 자신을 들여다보고 이 미묘한 밀당을 진취적이고 독보적으로 활용한다면 분명 개척의 길은 열릴 것입니다.

서두에 언급한 '좋은' 학교, 직장들에서 '좋은'은 무엇인지 스스로 고민해 보는 것만으로도 오늘 시간은 의미 있는 시간이 될 것 같습니다. 감사합니다.

불안정한 경계에 있는 사람은 반복적인 패턴을 보이는 소속의 안정을 취하는 사람에 비하여 예측이 불가능한 모습을 보이곤 한다. 검은 피카소라고도 불리는 바스키야(Jean-Michel Basquiat)는 자신의 여자친구가 아끼는 옷에 그림을 그리거나 갤러리에서 만난 앤디 워홀의 옷에도 그림을 그리고 싶어했다. 무언가를 표현함에 있어 캔버스라는 국한된 플랫폼에 갇혀 있지 않은 것이다. 그런 그의 작업실에 한 돈 많은 구매자가 찾아왔다. 어느 한 그림이 마음에 들지만 초록색이 별로라고 하자 그럼 실내 장식가나 부르라고 하며 나가버린다.

일반적으로 안정을 추구하는 사람이라면 구매자가 원하는 컬러로 교체를 해서라도 그림을 팔려고 했을 것이다. 하지만 그의 작업은 돈보다 위에 있기에 안정을 취하기 위해 자신의 정체성을 버리는 일은 없었다. 불안정한 경계에서도 흔들리지 않는 것은 자신에 대한 믿음과 확신이 있기 때문이다. 그래서 타인이 보았을 땐 엉뚱한 상황일지 모르나 그들의 기준에서는 옳다. 옳을 뿐만 아니라 경계에선 가장 핫한 트렌드이기에 가까운 시일의 새로운 기준이 될 수 있다.

예측 가능한 사람처럼 재미없는 사람도 없다. 하물며 창의적인 작업을 하는 디자이너가 충분히 예측 가능한 결과물만을 내어 놓는다면? 그처럼 비참한 일도 없을 것이다. 예측이 가능하다는 것은 한계점을 드러낸다는 것이고, 이러한 한계점은 디자이너와 결과물의 매력을 떨어뜨린다. 디자이너의 일관된 아이덴티티를 말하는 것이 아니라 그 아이덴티티가 단기적인 시각이 아닌 장기적인 시각으로서 나아가야 할 방향에 대한 이야기를 하는 것이다.

내가 생각하는 예측 가능한 디자이너의 공통점은 아래와 같다.

- 누구나 보고 듣고 즐기는 것들에 익숙하다 : 일반 사람들과 똑같은 뉴스를 보고 똑같은 책을 본다. 그래서 똑같은 생각을 하게 되는데 결국 똑같은 평범한 표현으로 이어진다. 전혀 기발하지도 색다르지도 참신하지도 않다. 아직도 출퇴근 전철시간에 스마트폰으로 게임을 하거나 포탈 뉴스를 보며 대중과 똑같아지고 있는가? 그보다 자신이 보고 싶은 책을 한 장 넘기는 것이 크리에이티브를 지향함에 있어 훨씬 값지지 않을까.

- 유머가 부족하다 : 순간적인 재치는 나뿐만 아니라 주변사람들을 포함한 전체 분위기를 쇄신시킨다. 이는 디자인이 가지는 부분적인 방향성과 일치한다. 이러한 재치는 어디서 나오는가? 평소 다양한 관점에서 사물, 상황을 바라보는 사고에서 비롯된다. 다양한 관점은 지식과 경험에서 우러나오지만 평소에 스스로 내던지는 유머 속에서 아침 기지개를 펴곤 한다. 유머 있고 재치 있는

사람은 창의적인 사람이다.

 – 소속에 의한 안정을 추구한다 : 디자인은 태생이 상업적이기에 정해진 답이 없다. 20세기 들어 똑똑해진 대중에게 50년도 안 된 경제, 경영학의 법칙이 적용되지 않은 지 오래이다. 하물며 핸드폰도 똑똑해지고 있는 세상에 어찌 책에 나온 대로 적용시키기에 바쁜 바보 같은 생각을 하는가. 디자인은 시장에 대한 도전이 수반되어야 한다. 소속된 매너리즘이 아닌 시장에 홀로 섰을 때 가치를 가질 수 있는 도전이 필요하다. 현실에 안주하고 더 이상 발을 내딛지 않는 사람에게 예측 불가능한 시장은 비밀을 알려주지 않는다.

 아직도 디자이너라는 타이틀에 만족하며 예측 가능한 사고와 그에 따른 결과물을 만들어 내는가. 다음에 어떤 일을 벌일지 모르는 예측 불가능한 디자이너인가. 둘 중 어느 것이 더 매력적인가.

깨는 사키루

4

Chapter

네 번째 틀, 세계의 벽을 깨다

나는 예측 불가능한 사람

Adobe Creative Now에서 발표 중인 모습

(1) 32년 동안, 난 영어에 관심이 없었다

초등학교를 졸업할 무렵, 중학교에 올라가 새로운 친구들을 만날 것이란 설렘보다 더 두려운 게 하나 있었다. 영어. 초등학교 때까지 알파벳 외엔 아는 게 없던 터라 새로운 언어를 배운다는 것은 공포 그 자체였다. 1990년 초반인 당시만 해도 크게 영어 열풍이 불지도 않았고(동네에 영어 학원이 없었다. 주로 웅변, 주산 학원…) 초등학교 선생님들도 언급이 없던 영역이기도 했다. 당시만 해도 경험하지 않았던 것에 대한 두려움이 크던 시기라 영어 또한 그랬다. 하지만 중학교 1학년 첫 중간고사에서 영어 과목을 100점을 맞은 것이다. 오! 이거 할 만하잖아. 뭔가 재미난 것 같기도 하고 단어를 외우는 게 즐거웠다. 다들 아시다시피 중1 때 배우는 영어는 Hello, How're you? Find thank you and you? 수준이었다. 많은 이들이 만점을 받았겠지만 두려움이 컸던 만큼 부담 없이 자신감을 가질 수 있는 기회가 되었다. 이때를 시작으로 고3 때까지 더 이상 불편한 과목이 아닌 충분히 좋아하고 즐길 수 있는 과목이었다. 최소한 꼬부랑 글자에 대한 거부감은 있지 않았다.

1999년 고등학교를 졸업하면서 '더 이상 공부는 안 할 테야!'라는 마음으로 교과서를 집어 던지고 마치 에덴동산의 아담이라도 된 양 전부 내 세상이 된 것 같은 자유를 느끼며 살고 있었다. 이후 사회 생활을 시작하고 더 넓은 세계를 꿈꾸며 나왔지만 이리저리 떠돌며 영어와는 완전히 bye bye 한 삶을 살았다. 분명 나뿐만 아니라 많은 한국 젊은이들이 학교를 졸업함과 동시에 영어 공부를 하는 일은 거의 없을 것이다. 하물며 토익이나 토플같이 목적성을 띄는 게 아니라 외국인과 대화를 주고받는 회화에 관심을 가지는 사람은 더더욱 많지 않아 보인다. 이렇게 한국어로 살기도 벅

☆ **PORTRAITS and CARICATURES**

⊟ 보낸사람 : Cartoonists Rights Network Roman , ▓▓▓▓▓▓▓▓   주소록추가 수신차단
받는사람 : <sakiroo@nate.com>
보낸날짜 : 2008년 6월 22일, 22시 17분 8초

Dear artist Sakiroo,

Cartoonists association CRN from Eastern Europe
invite you to participate at cultural project GREAT PERSONALITIES
from www.caricatura.ro

Details at http://www.caricatura.ro/rule.htm

Nicolae Ionita / President CRN.EE (http://www.cartoon-crn.com/activity.htm)

CRN 프로젝트 제안 메일

찬 때에 영어에 다시금 눈을 뜨게 하는 계기가 만들어진다.

2008년 6월, 영어로 된 메일을 한 통 받게 된다. 당연히 스팸 메일인 줄 알고 지우려 하다가 제목이 평소에 관심이 많았던 분야라 한 번 보기로 한다.(평소 같았으면 바로 지웠을 텐데 그때는 어떤 메일일까 궁금했다.) 제목은 PORTRAITS and CARICATURES로 동유럽 국가로부터 온 메일이었다.

우선 스팸 메일은 아니었다. 상단에 Sakiroo라고 이름이 적혀 있었기 때문에 날 위한 메일이라고 확신할 수 있었다. 간단한 문장이었기에 그동안 영어에 무관심했다 하더라도 이해하는 데 큰 문제가 되지 않았다. '중요한 건 계속 메일을 주고받으면서 일련의 프로젝트를 진행할 수 있을까?'의 여부였다. 간단한 회화로 인사를 주고받거나 물건을 사는 정도는 가능하겠지만, 비즈니스를 할 수 있을 정도는 확신이 없었다. 무엇보다 어휘가 중요한데 혹시나 일을 그르치지 않을까 두려웠다. 솔직히 두려웠지만, 심장이 쿵쿵거리면서 대단한 일이라도 벌어진 양 마냥 신났었던 것도 사실이다. 이 프로젝트는 루마니아 위인들을 캐리커처 하는 프로젝트로 세계 각국의 다양한 작가들이 협업하는 데 의의를 두고 있다. 루마니아라는 한정된 국가 프로젝트지만 전시를 통해 현지 신문이나 방송 같은 미디어에도 노출이 되기 때문에 이건 분명 기회라고 생각했다.

문제는 영어였다. 학교에서 배운 영어는 시험 성적을 잘 받기 위한 영어이지 외국인들과 커뮤니케이션하기 위한 실전과는 거리가 멀었다. 몇 번이고 번역기를 돌려가며 프로젝트에 흥미가 있다는 메일을 보냈고 그렇게 개인적인 첫 국외 프로젝트가 시작되었다. 비록 금전적인 이득이 없는 작업이었지만 '과연 내 그림이 다른 문화권 사람들에게도 영향을 끼칠 수 있을까?' 라는 의문에 대한 답을 찾기 위함이었고 그러기 위해선 영어는 필수라고 확신하게 되었다. 사실 이때까지만 해도 영어에 대한 정의는 확실한 편이었다.

"영어? 난 관심 없는데, 만약 비즈니스에 영어가 필요하면 영어 잘하는 사람하고 같이하면 되는 거 아냐? 어떻게 내가 다 할 수 있겠어. 잘할 수 있는 것에만 집중을 하는 게 맞아.”

    좋아하는 리카도의 ‘비교우위론’의 맥락으로 이해하면 좋을 듯 싶다. 하지만 현실이 되니 느낌이 완전 달랐다. 마치 책을 통해 연애와 관련해서 다 안다고 생각했지만 실제 이성을 만났을 때 느껴지는 감정의 교류나 분위기 같은 실전은 책에 나오지 않은 것처럼 말이다. 하지만 이것도 영어의 필요성을 크게 느낀 계기는 아니었다. 이 프로젝트 외엔 크게 영어 쓸 일이 없었기 때문이다. 그렇게 2년이 흘렀고 2010년 5월, 오랜만에 영어 메일이 도착했다. 역시 스팸으로 가기 직전 구출한 녀석으로 제목에 ‘Invite’라는 단어가 있는데 루마니아 사람들과 주고받았던 메일에서 나름 매력적으로 다가온 단어였기 때문이다.

☆ **PORTRAITS and CARICATURES**

□ 보낸사람 : Cartoonists Rights Network Roman , ▮▮▮▮▮▮▮▮▮▮   주소록추가   수신차단
   받는사람 : <sakiroo@nate.com>
   보낸날짜 : 2008년 6월 22일, 22시 17분 8초

Dear artist Sakiroo,

Cartoonists association CRN from Eastern Europe
invite you to participate at cultural project GREAT PERSONALITIES
from www.caricatura.ro

Details at http://www.caricatura.ro/rule.htm

Nicolae Ionita / President CRN.EE (http://www.cartoon-crn.com/activity.htm)

IdeaFixa에서 온 잡지 제안 메일

IdeaFixa는 2006년부터 시작한 브라질 온라인 예술 매거진으로 다음 호 이슈가 축구인데 내가 작업했던 축구 이미지들을 잡지에 싣고 싶다는 내용이다. 앞선 프로젝트가 내가 주목받는 형태라기보다 한 목표점을 여러 작가가 달려온 구조라고 하면, 이러한 미디어에 대한 노출은 나를 드러내는 것이었다. 글로벌을 지향했던 초심은 다시 내게 외쳤다. 시작이라고. 출발하라고. 이미 국내에서 미디어에 노출되는 것이 여러 형태로 작가에게 이득이 된다는 것을 체험한 나에게 굳이 거부할 이유란 없었다. 이 두 번의 경험은 '할 수 있다!' 라는 자신감이라는 씨앗을 마음속에 심어주었다. 아무것도 없던 상태에서 시작해서 메일을 주고받으며 최종 결과물이 나오는 과정을 경험하고나니 비록 단순한 작업이었지만 충분히 해볼 만하다라는 확신이 들었다. 요는 내가 얼마나 영어에 적극적이냐의 차이만 있을 뿐 그것을 제외하곤 사람과 사람 사이의 업무에 담벼락은 없었다.

'그래! 결심했어.' '경험하지 못했던 것에 대한 두려움이 '패스트푸드', '공항'에서 '영어'로 바뀐 것 뿐이야. 평생 두려움을 안고 지내느니 마주하고 보겠어'라는 결심은 곧바로 행동으로 이어졌다. 어려서부터 새로이 시작함에 있어 무작정 내 마음대로 해보는 경향이 많았다.(아마 그래서 공부는 실패한 것일까? 장난감이 부족했던 어린 시절 직접 좋아하는 캐릭터를 그려 종이 인형으로 가지고 놀거나 개구리 형태로 접은 뒤 얼굴을 붙이고 올림픽 게임을 하거나 등등… 현실적으론 그림이든 포토샵이든 배우고 싶다고 해서 학원부터 찾는 게 아니라 나에게 최적화된, 즐겁게 할 수 있는) 방법들을 모색해온 듯하다. 32년 가까이 관심 밖이었던 영어가 내 삶에 들어오게 된 것이다. 자극과 동기부여가 있으니 미치도록 달릴 준비는 되어 있었다.

학창시절 땐 어려서 그랬을까? 지금은 세상 돌아가는 걸 조금이라도 알기 때문에? 글쎄, 그 부분은 확실히 장담은 못 하겠지만 그때의 영어와 지금의 영어는 확연히 다르게 다가왔다. 보여주기(성적)위한 텍스트 영어에서 실전으로 주고받는(대화) 일상 영어로 넘어가니 새롭게 느껴진 것은 사실이다. 오툰 근무 시절 거짓 이력서가 들통이 날까 밤새 플래시를 공부했던 때, SK 근무 시절 기획 일을 하고 싶어 매일 출퇴근 때마다 읽었던 책들, 그리고 지금 영어에 이르기까지 학업의 테두리를 벗어나 낭떠러지 끝에 서 있는 기분으로 실전에 적용하니 머릿속에 쏙쏙 들어오고 이해가 되기 시작했다. 위기 속에서 기적적인 힘이 발휘되듯 평상시에는 없었던 에너지가 만들어진 듯 하였다.

지금도 영어를 유창하게 하는 사람이 아니기에 이렇다 저렇다 언급하는 것 자체가 무리가 있을 수 있으나 나처럼 영어의 필요성을 느끼고 혼자 공부하는 사람들에겐 '이런 방법도 있구나'라는 도

영어공부를 위해 그린 회화캐릭터들 - 2008

움을 줄 수는 있을 것이라 생각한다. 프리랜서가 시간은 여유롭게 사용하는 반면 정신적인 빈곤감은 직장인보다 크다고 생각한다. 직장인이 시간에 비례해서 월급이 나오는 한편 프리랜서는 들인 시간과 경제적인 혜택이 비례하지 않기 때문이다. 이러한 여러 상황 때문에 남들 쉴 때도 이런저런 고민할 것이 많다 하겠다.

시간이 곧 돈인 프리랜서가 따로 시간을 내서 영어를 공부한다는 것은 쉽지 않다. 흔히 미드를 수백 번 본다거나 꾸준히 영어 라디오를 청취한다거나와 같은 다양한 방법들이 존재하는데 이 모든 것은 '꾸준함'이 전제된다. '영어는 들인 시간과 비례한다'는 말에 백 번 공감하며 매일마다 꾸준히 영어를 하기 위해 일상의 자투리 시간에 녹여내야만 했다. 이러한 방법이 적어도 나한테는 적합하다고 생각했다.

자투리 시간의 활용은 자기계발서 책에서 자주 등장하는 용어인데 좀 다른 형태로 이야기해 보고 싶다. 어차피 아무것도 안 하고 있는 시간. 예를 들어 버스나 전철을 기다리고 있다던가 대중교통을 이용하는 중 혹은 카페에서 먼저 도착해 친구를 기다리고 있는 시간 등. 이때 책을 꺼내 공부하는 것이 아니라 혼잣말을 영어로 해 보는 것이다. 혹은 어제 있었던 일을 친구에게 이야기한다고 생각하고 문법도 엉망이지만 입 밖으로든 머릿속으로든 문장을 만들어 말하는 연습을 한다. 이 자투리 시간에 혼잣말 영어가 점점 매끄러워지기 위해선 입버릇처럼 자주 사용하는 단어나 문구를 미리 영어로 외워두면 문장과 문장 사이를 좀 더 부드럽게 연결시킬 수도 있다. 내 경우엔 '다시 생각해 보면', '너가 내 입장이라면', '잘 들어봐' 등을 영어로 외워두면 저 문구가 입에서 나올 때 자동적으로 영어도 기억나게 된다. 이런 식으로 단어나 문장을 한국어와 영어를 점점 섞어가며 연습했다.

걸어가다가 '저건 영어로 뭐지?' 하면 찾아보고, 영어로 씌어 있는 간판이나 물건은 한 번씩 발음에 신경 써서 읽어 본다. 발음의 경우 주로 L, R 그리고 B, V 그리고 F, P 정도를 구분해서 연습한다. Perfect 같은 단어는 발음연습하기 좋은 단어라고 생각한다. 집에서는 자주 하진 못하지만 시간 나는 대로 아리랑 프로그램이나 오전에 하는 EBS 영어 라디오를 들으며 어휘에 대한 이해도를 높이고 익숙한데 몰랐던 단어는 노트에 적어 책상 옆에 둔다. 화장실 갈 때나 컴퓨터가 로딩하는 데 시간이 걸릴 경우 한 번씩 훑어 본다. 고등학교 때 자주 보았던 우선순위 단어, 숙어집도 화장실에 두고 읽으며 감을 잃지 않으려고 한다.

대략 이런 느낌으로 하루 중에 오래 있는 공간에 영어 노트를 함께 둔다. 우선 익숙하고 친해져야 하므로 영어로 서로 주고받는 느낌에 익숙하고 싶었다. 하지만 이 모든 과정은 결국 글자로 메일을 주고받는 정도이지 실제로 3초 안에 말을 알아듣고 대답해야 하는 실전에서 얼마나 잘할 수 있을까?라고 묻는다면 굉장히 회의적이라고 말하고 싶다.

미국에서 잠시 한국에 방문한 데이빗(David)에게 연락이 왔을 때 그랬다. 메일을 통한 비즈니스야 평소 그들이 메일 보낼 때 자주 쓰는 말들을 역으로 공부했기 때문에 커뮤니케이션에 무리가 없었다. 하지만 이번엔 그 대표가 한국에 방문하니 시간될 때 만나자는 것이다. 심장이 쿵! 쿵! 물론 이전에 혼자 호주를 여행하거나 유럽여행을 다닐 때도 영어를 사용하지만 목적이 뚜렷한 상황에 짧은 몇 마디만 주고받는 상황들이 대부분이기에 크게 어려움은 없었지만 이번 경우는 분명 다르다.

이 또한 기회라고 생각하고 덥석 손을 내밀어 잡았다. 그리고 종로에서 오후 6시에 커피 한 잔 하기로 약속을 잡았다. 약속 장소로 도착하는 내내 그간 공부했던 영어를 수십 번씩 반복하며 약속장소에 도착했으나 데이빗이 아직 오지 않았다. 그에게 전화를 걸었고 나의 첫 마디는 이랬다. "I'm already arrived in here, where are you? Let me know if you're too late." 이 문장을 기억하는 이유는 일 년 후 시카고에서 전시를 함께하는데 그가 농담 삼아 "너의 첫 마디가 이거였는데 너무 웃겼다."라고 이야기해서 기억이 난다. 뭐가 웃겼을까? 하하.

커피숍에서 만나 앞으로 진행할 크고 작은 프로젝트에 대해서 이야기를 나누었고 생각보다 자연스럽게 대화가 이어져가는 것을 느꼈다. 나중에 알고 보니 데이빗은 미국에서 영어를 가르치는 일을 해 본 경험이 있어 발음이 좋을뿐더러 나 같은 사람의 의사 전달에 익숙해져 있었다고 했다. 여하튼 이후 몇 번을 더 만나면서 실제 외국인과 영어를 주고받는 게 이런 느낌이구나라는 작은 자신감이 생겼다. 여기까지의 경험은 지금껏 살아온 인생의 정점을 찍은 듯한 짜릿함을 주었다. 회사 직원으로서가 아닌 스스로 노력해서 얻은 성과.

데이빗과의 대화에 도움을 준 친구가 있다. 콜롬비아 아티스트인 장 폴이다. 이미 페이스북에서 친구가 되어 많은 이야기를 채팅을 통해 주고받았는데 이때의 느낌이 큰 도움이 되었다. 폴은 함께 소개되었던 외국 잡지에서 내 작품이 마음에 들어 친구 신청하고 말을 걸었다고 했다. 채팅으로 대화를 나누는데 슬랭과 엄청나게 빠른 타자속도로 밀어붙이는데 하나도 알아들을 수가 없었다. 그래서 아직 초보이니 비유나 은유적인 표현은 빼고 천천히 적어달라고 했다. 그는 보다 이해하기 쉽게 타이핑을 해주었고 우린 서로 다른 문화권에 있지만 마치 가까운 친구가 된 양 마냥 즐거웠다.

그러던 2012년 어느 날. 마이애미에서 열리는 아트바젤 기간에 맞추어 갤러리에서 함께 전시를 하자는 것이다. 헉! 드디어 내가 꿈꾸던 글로벌적인 삶에 한 발 가까이 다가가는 듯한 기분이었다. 회사 일로서가 아닌 나를 위해 외국을 방문하고 현지인과 함께 프로젝트를 완수하며 외국 손님들에게 내 작품을 홍보하며 어울릴 수 있는 기회!! 단순한 관광이 아닌 그들과 함께 먹고 자며 전시를 하는 일련의 기회는 꿈인가 현실인가 싶었다.

According to Them, 이라는 전시 타이틀로 한국 작가와 콜롬비아 작가 사이의 콜라보레이션으로 서로 각국의 유명 아이콘 인물을 표현하는 전시였다. 인천 공항에서 출발한 비행기는 마이애미를 향해 푸른 하늘을 날았다. 생애 첫 미국은 이렇게 발을 디디게 되었다. 한 통의 메일로부터 시작된 텍스트 영어에서 한국에 온 데이빗과의 영어 회화 그리고 이젠 미국땅으로 가는 일련의 과정이 순차적으로 일어나는 게 신기했고 이런 좋은 기회를 놓치지 말고 영어를 더 많이 공부하고 더 나아가기 위한 발판으로 삼아야겠다고 다짐했다.

좋아하는 인물인 이소룡을 표현한 작품 - 2015

1980~90년대 한국에 들어온 두카티를 표현한 일러스트레이션 - 2015

(2) 세상이 나를 주목하기 시작

북서울 꿈의 숲 아트센터에서 전시 중인 모습

      어쩌면 상업적인 것과 반대되는 예술적인 것을 지향하면서부터 홍대 북카페에 참으로 자주 갔었다. 인터넷으로도 시간을 들이면 충분히 찾아볼 수 있지만 컴퓨터 앞에서 보는 것과 넓은 테이블에서 따뜻한 커피와 여유를 가지고 작품을 접하는 것은 완전히 다르기 때문이기도 하다. 아트북이 많은 북카페에 가면 IDN같은 잡지부터 여러 아티스트들의 작품을 컴필레이션한 책들에 이르기까지 정보가 가득하다. 여유롭게 인터뷰나 내용을 읽어보면 종종 그들의 가치관에 존경심이 느껴지곤 한다. 우리의 모임 장소가 북카페였던 이유도 여기에 있다. 세계적인 작가의 작품들을 감상하고 서로 이야기를 나누면서 어떻게 생각하는지 의견을 듣는다. 이러한 과정에서 여러 관점에 따라 해석이 달라지고 책 속의 유명 작가들도 나와 같은 고민을 해왔고 지금도 하고 있구나라고 느끼게 된다. 열심히 노력하면 언젠가 이 곳에서 보여지는 외국 디자인 책들에 내 작품이 소개되는 날이 있겠지? 라는 희망고문을 매일 하며 밖이 어두워져 어스름해질 때 헤어져 집으로 돌아왔다. 이후 각자의 생활이 바빠지면서 매주 모이던 카페 모임의 횟수가 점점 줄어들었다.

항상 새로운 레이아웃과 디자인으로 파격적인 모습을 지향하는 IDN이라는 디자인 잡지를 보면서 많은 자극을 받아왔고 언젠가 나도 여기서 소개되었으면 좋겠다라는 막연한 상상을 하곤 했다. 2008년 회사를 박차고 나오자마자 여러 목표점을 잡은 것 중 하나가 IDN이었다. 그 시기에 간단한 내 작품세계를 정리한 pdf를 IDN 담당자에게 메일 보낸 적이 있다. 그들은 친절히 답변해주었고 자신들도 한국의 아티스트가 많이 소개되지 않아 계속 주시하고 있다라고 했다. 특별히 나에 대한 언급은 없었지만 그건 그만큼 아직 멀었다는 메시지로 받아들였다.

새로 정립한 세계관과 이를 반영한 아트웍들을 포트폴리오 사이트에 올렸다. 초기에 올렸던 시리즈는 축구였다. 기본적으로 축구를 워낙 사랑하기에 좋아하는 선수부터 캐리커쳐를 그려왔다. 다만 흔한 캐리커쳐 스타일을 원하지 않았기에 과장되고 못생긴 형태의 모습으로 선수들을 그렸다. 이렇게 만들어 올린 프로젝트가 사이트 메인에 소개되었다. 참고로 스태프에 의해 메인에 소개된다는 것은 전 세계 작가들을 포함한 큐레이터나 관련 종사자들에게 이런 작품이 있다는 것을 알리는 엄청난 기회이다. 총 3번에 걸쳐 메인에 소개되면서 태어나 한 번도 경험하지 못했던 새로운 경험을 하게 된다. 좀 더 과장해서 말하면 '하룻밤 새에 자고 일어나니 스타'가 된 듯한 느낌이었다.

컴퓨터를 켜면 습관처럼 먼저 하는 것이 구글링이다. 자주 가는 외국 아트 사이트를 돌면서 어떤 또 대단한 작품들이 올라왔는지 감상하는 일로 시작한다. 자극을 통한 에너지로 하루를 시작하는 것이다. 그 날도 Abduzeedo를 구경하던 때였다. 참고로 이 사이트는 브라질 디자이너인 Fabio

Sasso가 포토샵을 포함한 프로그램을 이용해 다양한 고급 튜토리얼들을 공유하면서 유명해진 사이트이다. 이후로는 튜토리얼 외에 전반적인 디자인 분야의 모든 것을 다루는 사이트가 되었다. 그 사이트에서 며칠 전 메인에 소개되었던 내 축구 캐릭터들이 소개되고 있었다. 처음엔 잘 못 본 줄 알았다. 분명 내 작품이었다. 대…박!! 소름이 끼쳤다. 혹시나 해서 구글에 Sakiroo라고 쳐보니… 엄청나게 많은 사이트들이 검색되었다. 이때 깨달았다. 포트폴리오 사이트의 메인에 소개된 것의 파워가 얼마나 큰지… Abduzeedo뿐만 아니라 크고 작은 아트 사이트들에서 소개가 이어졌고 자연스레 소셜 미디어에서도 많은 사람들이 공유하기 시작했다. 실제로 체감은 못 하지만 그것만 보면 마치 대단한 작가라도 된 듯한 착각이 들 정도였다.

이 자신감으로 개인 프로젝트가 얼마나 중요한지 새삼 되새길 수 있었다. 나의 세계관이 부분적인 시리즈로 프로젝트화 되어 정리가 되고 포트폴리오 사이트 메인에 소개될 때 그 파급력은 점점 커져만 갔다. 앞서 친구들과 술자리에서 세상에 던진 질문을 증명하는 순간이었다. '본질만 집중해도 인정받을 수 있는 것' 반대로 잠정적인 고객들과의 술자리나 작품활동보다 셀카에 집중하는 비본질적인 것이 아닌 그림에 집중하면 인정받을 수 있다라는 것을 보여줄 수 있을 것 같았다. 결국 내가 얼마나 잘하느냐에 달린 것이지 그 결과물이 글로벌 눈높이에 부합한다면 충분히 외국 작가들과 겨뤄볼 만하다고 확신했다.

4년간 싸이월드에서 상품기획을 하며 얻은 경험들이 발동되는 순간이다. 보다 객관적인 눈높이로 어떻게 세계적인 작가들과 견줄 수 있을까 분석이 들어갔다. 그 결과 몇 가지 확실한 부분들이 정립되었다. 첫째, 세계관이다. 나는 어떤 생각을 가지고 작품활동을 하는지 무엇을 표현하고 싶은지 왜 그래야만 하는지 등에 대한 가치관이 확립되어지고 그 위에 스토리가 올려져야 한다. 둘째, 스타일이다. 처음 오툰 디자인 회사에서 근무할 때 대표님이 이런 이야기를 들려주셨다.

"키루 씨 우리 이런 생각을 한 번 해볼까요. 다양한 캐릭터들이 그려진 노트가 진열되어 있어요. 그 중에 하나가 키루 씨가 그린 캐릭터가 있다고 합시다. 사람들은 어떤 캐릭터가 그려진 노트를 구매할까요? 유명한 캐릭터들이 그려진 노트를 구매하겠죠. 그 상황에서 키루 씨가 그린 캐릭터는 어때야 할까요? 어떻게 해야 키루 씨가 그린 노트가 구매자들에게 매력을 발산할 수 있을까요? 거기서부터 시작해 보세요."

전 세계 다양한 문화권에 사는 사람들이 만들어내는 스타일은 그야말로 상상을 초월한다. 그 넓이나 깊이가 무한대로 다양하다고 보면 된다. 그 사이에서 세계적인 유명 작가의 스타일을 비슷하게 흉내 내는 것은 쉽게 들통나기 마련이다. 낯선 나라의 유명하지 않은 작가의 그림들을 짜깁기해 국내에서 활동하는 데 무리는 없겠지만 글로벌에서는 다르다는 것이다. 하나의 스타일로서, 크게는 장르로서 신선한 새로움을 보여줄 수 있다면 그 스타일은 회색들 사이에 있는 밝은 노랑처럼 튈 것이다. 굳이 스타일을 한정시켜 고집할 필요는 없다. 계속해서 찾아가되 차별화되는 포인트가 있다는 것은 분명 무기가 된다. 셋째, 이 둘을 뒷받침 해줄 수 있는 기술이다. 아무리 좋은 세계관에 독특한 스타일을 가지고 있다고 해서 최종 결과물의 완성도가 떨어진다면 대학교 과제나 스케치와 별 다를 바가 없다. 다루는 프로그램을 활용한 기술적인 부분은 최소한 중간 이상 수준으로 끌어올려야만 한다. 소위 '때깔'이라는 게 나오려면 충분히 상업적으로 발휘될 수 있을 정도의 완성도에서부터 시작하기 때문이다. 마지막으로 수백 번 강조해도 부족함이 없는 영어다.

이 4가지에 집중하면서 개인 프로젝트는 계속 진행되었다. 엘로우 레몬 시리즈는 사악한 레몬이 세계를 정복하는 스토리로 200개 가까이 되는 캐릭터들의 이야기다. 이 콘셉트는 예쁘고 귀여운 캐릭터가 지배하는 세상에 못생겼지만 매력 있는 아이들이 학교의 교장선생님과 함께 정복에 나서는 것이다. 비헨스 메인에 8번 정도 소개되면서 폭발적인 인지도를 얻게 된 프로젝트로 실제로 세

전시에서 작품을 구경하고 있는 조카

IDN Magazine에 소개된 모습

계시장에 사키루라는 작가를 포지셔닝하는 데 큰 도움이 되었다. 2012년 아뜰리에 터닝에서 '엘로우 레몬의 시작'이라는 첫 개인전을 시작으로 2015년에는 서울시 예술의전당 측의 초청으로 꿈의숲아트센터에서 엘로우 레몬의 2차 초대전이 열리기도 했다.

이외의 서로 다른 콘셉트의 프로젝트들을 만드는 데 열중했고 그 노력은 헛되지 않았다. 온라인을 통해 많이 알려진 만큼 외국 클라이언트와 잡지사들에게서 많은 연락들이 왔다. 그 중에는 Juxtapoz 같은 유명 잡지사부터 오프라인 IDN잡지까지 정말 많은 나라로부터 연락이 왔다. 앗!! IDN!! 2012년 11월에 잡지에 소개되었으니 메일을 보낸 지 근 4년 만의 쾌거였다. 본질에 집중하며 보내온 그간의 시간이 결국 꿈꿔왔던 잡지사와의 연결에까지 이르게 되었다고 생각하니 이건 분명 기적 같은 일이었다. 그들은 내가 얼마나 좋은 대학교를 나왔는지 토익, 토플은 몇 점인지 전혀 관심이 없다. 세상에 없던 것을 얼마나 잘 만들어냈는지가 그들의 관심사였다.

이 경험은 매일 방 안에서 그림만 그리던 작은 아이의 심장을 활활 태우는 엄청난 경험이었다. 2002년 한일 월드컵 때 우리의 대표 슬로건이었던 '꿈은 이루어진다'라는 말이 한국 국가대표를 4강에 들게 했던 것처럼 나의 꿈도 이루어질 것 같았다.

이후로 중국을 기반으로 하고 있는 예술 책을 만드는 출판사들인 DesignerBooks, Dopress Books, SendPoints, Hightone로부터 컴필레이션 형태로 만들어진 아트북에 참여해달라는 초청 메일을 받았다. 2013년부터 2015년까지 4권의 책에 작품들이 실렸고 집으로 배송되어 올 때마다 진짠지 가짠지 와이프에게 볼을 꼬집어 보라고 할 정도였다. 'Fantastic Illustration'이란 이름으로 나온 책의 경우 하드커버의 고급 벨벳으로 만들어진 책으로 굉장히 고가의 책이었다. 이 책을 다시 본 건 홍대 북카페에서였다. 약속시간보다 2시간 정도 일찍 도착한 나는 오랜만에 자주 모였던 홍대 북카페를 찾아갔다. 간만에 옛날 생각도 하며 스케치를 할 생각이었다. 일러스트레이션 코너에 자리를 잡고 책을 구경하던 중 눈에 익은 책을 발견했고 내가 소개된 책들이었다. 혹시나 하고 다른 책들도 있나 둘러보았는데 4권 모두 그곳에 꽂혀 있었다. 4년 동안 나에게 뭔 일이 일어나긴 일어났었구나 라는 생각에 내 그림들을 찾아보며 어깨에 뽕이 수십 개는 들어간 양 마냥 우쭐해져 있었다.

Playing Arts 프로젝트에서 참여하여 만든 트럼프 카드와 작가 리스트

이후로 극장에서 영화 시작

전에만 보던 Warner Bros. 라이선스 팀장으로부터 메일을 받거나 Facebook, Adobe 본사로부터 작업의뢰와 라이선스 문의가 오는 등의 일이 일어날지는 상상도 못했다. 함께 여러 프로젝트를 했던 두바이에 위치한 Impact BBDO의 크리에이티브 디렉터가 한 말이 기억이 남는다.

"현재 광고 씬에서 보여지는 아트들과 차별화된 사키루만의 스타일이 있다. 개인적으론 미야자키 하야오에서 느껴지는 따뜻하면서도 강렬함을 느꼈다. 충분한 가능성을 가지고 있다. 같이 잘해보자."

그가 그냥 던진 말일 수도 있다. 허나 작업을 하면서 매번 더 높은 산을 만날 때 느끼는 박탈감이나 좌절감을 이겨낼 수 있는 힘을 주었고 더 큰 욕심이 생기는 계기가 된 건 분명하다.

무언가를 향해 달리는 우리내 모습을 표현한 작품 - 2014

무언가를 향하는 자신을 들여다본 작품 - 2014

(3) 마이애미, 글로벌 친구들과의 만남

전시할 마이애미 갤러리 앞에서 좌측부터 Armando Mesias, Jean Paul, Camilo Paredes

    CSI 마이애미는 2002년 이후로 시즌10까지 방영될 정도로 인기 있는 미국 드라마 중 하나이다. 이 드라마를 한 번이라도 본 사람이라면 따뜻하고 아름다운 마이애미를 한 번쯤은 상상해 봤을 것이다. 미국 내에서도 현지인보다 관광으로 온 사람이 많을 정도로 아름다운 도시이다. 2012년 12월, 전시할 그림들을 가지고 꽤 긴 시간 비행기를 타고 드디어 공항에 도착했다. 이젠 영어뿐이구나 라고 생각하니 더 긴장되었다. 이 시간이면 폴이 마중 나와 있어야 하는데 어디에도 보이지가 않는다. 출발 전부터 그리고 중간중간 비행기 갈아탈 때마다 도착시간을 알려주었기 때문에 모르지는 않을 텐데 이상하다. 시간은 어느덧 7시 8시를 넘어가기에 밖은 어두운 편이었다.

    폴을 공항에서 만나지 못하면 이건 낭패다. 아!!! 물론 여행은 불확실할수록 재미난다고 하지만 이건 무섭다. 폴에게 전화를 걸었다. 처음으로 서로의 목소리를 들었는데 너무 반갑기도 하고 서운하기도 했다. 시끌벅적한 분위기에 음악이 쩌렁쩌렁 들리는 그런 공간에 폴은 있었다. 왜 공항에 없냐고 물었더니 너무 멀어서 가지 못했다고 한다. 헉! 사실 이때 많은 생각이 교차했다. 이걸 문화적인 인식의 차이로 받아들여야 할지 아니면 화를 내야 할지. 복잡했다. 이내 정신을 차리고 현재 중요한 것은 폴과 만나는 것이기에 택시 타고 이동하기로 결정을 내렸다.

폴과 택시 아저씨가 통화하더니 이내 출발한다. 저녁으로 샌드위치를 먹었는지 택시 앞쪽엔 패스트푸드들이 보였다. 몇 마디 주고받으니 그 역시 꿈이 있는데 현재 운전하면서 생활비를 벌고 있다고 한다. 왜 왔냐고 묻기에 전시 때문에 왔다고 하니 "Are you Artist?"라며 호감 어린 눈빛을 보낸다. 이 질문이 기억에 남는 이유는 우선 아티스트(한국에서 티에 악센트를 줌)라고 알던 발음이 아뤼스트(아에 악센트를 줌)처럼 R이 강조된 발음이었는데 무척 와 닿았다. 아마도 지향하는 정체성에 대한 단어이기에 그랬는지도 모른다. 이후에도 시카고, 미시시피를 전시와 발표로 오가며 느낀 점은 그들이 인지하는 아티스트는 굉장히 특별한 사람들인 듯했다. 일반 사람들과 달리 괴짜적이거나 상상력이 뛰어나고 표현에 있어 굉장히 열정적인 사람들을 아티스트로 부르는 듯했다. Artist라는 말로 불릴 때마다 창의적인 뭔가를 할 수 있을 듯한 에너지를 받았는데 개인적으로 작가(作家)와는 다른 느낌으로 와 닿았다.

마이애미 북부지역에서 폴을 처음 만났다. 그와 친구들은 온몸에 문신을 했고 수염을 길렀으며 마초적인 느낌이 다분했다. 위험한 거 아닌가라고 느낄 즈음 대화를 나눌수록 한없이 순수한 아이와 같았고 아티스트라는 이름 아래 우린 둘도 없는 친구가 되었다. 마침 그곳에서 하우스파티가 열리고 있었는데 영화나 드라마에서만 보던 그런 파티였다. 집 안팎으로 술을 마시며 대화를 나누고 거실에선 드럼과 전자기타의 연주가 울려 퍼지고 다른 한 방에선 피파 같은 스포츠 게임에 열중인 친구들도 있고 새로운 경험에 놀라면서도 최상현이나 사키루가 아닌 하나의 존재로서 그들과 어울릴 수 있었다. 서투른 영어였지만 한국에서 하는 영어와 미국에서 하는 영어는 다르다는 것을 경험해 보고 느꼈다. 폴의 친구들을 만나 예술의 거리인 원우드(Wynwood art district)에 있는 갤러리에 도착해 전시를 준비했고 오픈 날이 다가왔다. 외국에서 직접 진행하는 첫 전시이기에 모든 게 새로웠고 여기가 내가 나아가야 할 방향이라고 계속해서 외치곤 했다.

전시를 준비하며 윈우드 주변을 둘러보니 구역 전체가 예술을 위한 공간이었다. 세계적인 아티스트들이 작업한 그래피티들이 벽 여기저기에 그려져 있었다. 20~30호 캔버스 안에만 있던 나를 무한한 크기의 세계로 인도했다. 저녁에는 아티스트들이 모인다는 펍(pub)에 갔다. 다들 그 공간에서 만나 친해지고 서로 그림을 주고받는 분위기가 마치 예술가들을 위한 살롱(salon) 같았다. 거기서

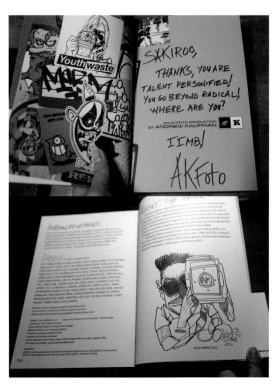

그의 저서에 편지와 함께 싸인이 적혀 있는 모습

사진작가 AK를 만났는데 내가 거리에서 그려 준 그의 모습을 이후에 출판된 책 뒷 부분에 싣기도 했다. 물론 마이애미 전시 때도 찾아와주었을 뿐만 아니라 거리에서 라이브 페인팅을 할 때도 놀러 와 같이 예술 이야기를 논했던 특별히 날 배려해 또박또박 발음을 해 준 보고 싶은 친구이다.

낯선 미국땅에서 전시를 하면서 굉장히 자극이 되는 경험을 맞이하게 된다. 오프닝 당일, 사무실에 앉아서 쉬고 있는데 콜롬비아 친구가 누가 날 찾아왔다고 나와 보라고 한다. 누구지? 한 고등학생이 아버지와 함께 찾아왔고 그는 내가 보고 싶어 왔다고 한다. 이 감동은 뭐랄까.. 이게 전시다 하는 생각을 많이 했다. 품앗이 하듯 주고받는 지인들의 전시가 아

니라 정말 처음 보는 사람이 보고서 좋아해주는 것; 하물며 외국 땅에서 외국인이 팬이라고 찾아왔을 때는 더할 나위 없는 감동을 받게 된다.

쿠바에서 온 Fernando와 대화를 나누다 놀란 사실은 세계관에 대한 부분이다. 이미 학교에서 수업 중에 한 부분이 자신의 세계관을 구축하는 수업이 있는데 나보고 어떠냐며 들려주었다. 거기에 등장하는 캐릭터부터 이 세계관에선 어떤 가치관이 중요한지 등등.. 사실 놀라웠다. 시각적인 이미지만 중요시 여기는 한국에선 작가의 세계관을 보여주는 작가가 많지 않다. 있다 하더라도 작가의 삶이 투영된 일부분인데 이 친구는 한 편의 시리즈 영화와도 같았다. 이 경험은 폴에게서도 같

마이애미 윈우드의 큰 벽에 벽화를 그려낸 7인의 모습

은 경험을 받게 되는데, 폴의 세계관은 숙소에서 2시간을 들었는데도 1/4 정도밖에 되지 않았다. 스타워즈에 준하는 그의 세계관은 탄생과 멸망이 반복하면서 새로운 세계들이 열리는 구조였다. 그리고 폴이 지금까지 그린 그림들은 모두 세계관의 일부로서 그 세계에서 유명한 여자 가수부터 음악 장르까지 깊이가 남다르다.

나의 세계관? 그들과 주고받을 나의 유니버스(universe)는 없었다. 개인적인 철학이나 가치관이라면 모를까 영화를 만들 수 있을 정도의 구체적인 스토리는 존재하지 않았다. 민낯이 드러나니 부끄럽기도 하고 정말 중요한 게 결국 작가의 상상력이구나 라는 생각을 다시금 하게 되었다.

다음 날도 팬이라며 한 분이 찾아오셨다. 그녀의 이름은 Bonnie. 이후로도 자주 만나며 서로에게 많은 영감을 주는 관계를 가지게 되는 존경스러운 분이다. 평소에 내 그림을 좋아했다는 그분은 이튿날 와인과 초콜릿까지 가져와 전시장에서 먹으라며 친절을 베풀기도 했다. K-pop에 관심이 많은 그녀는 한국 문화 콘텐츠에 대해서 나보다도 더 많은 것을 알고 있었다. 한국에 왔을 때도 함께 구경하고 집으로 초대해 저녁식사를 대접하기도 했다. 그녀는 Sakiroo 위키피디아를 개설하고 방대한 양의 내 이야기를 그곳에 정리해 주었다. 얼

밤낮으로 벽화를 그리던 모습

마나 분류가 잘 되었는지 보는 내가 다 감탄할 정도다.

전시 오픈과 동시에 윈우드에 있는 커다란 벽에 벽화 작업을 진행하는 프로젝트를 함께했다. 한국과 콜롬비아의 만남이란 주제로 나, 세진, 존박이 한국 작가. 폴, 말로, 아제르베 형제가 콜롬비아 작가로 참여했다. East meet West라는 글자를 새김으로써 밤낮에 걸친 3일 동안의 작업이 마무리 되었다. According to them이라는 이번 전시 콘셉트에 맞추어 서로의 국가에서 유명한 아이콘들을 상대방 나라 사람들이 그려주는 기획의 전시였다. 한국 작가 8명은 콜롬비아의 유명인 아이콘을 작업하고 콜롬비아 작가 8명은 우리나라의 유명인 아이콘을 작업하는 의미를 지닌다. 전시는 아트바젤 기간에 성황리에 오픈 되었고 오고가는 많은 사람과 작품에 대한 이야기로 시간 가는 줄 몰랐다.

전시 일정이 끝나고 나선 관광으로 유명한 마이애미 해변 근처로 숙소를 옮겼다. 이곳에서 Ben과 함께 남은 시간을 레게 라이브 펍, 아울렛 등 관광지역을 그의 지프차를 타고 구경할 수 있었다. 벤 역시 전시 때 와준 고마운 친구로 아르바이트로 모델을 할 정도로 잘생긴 친구이다. 아트에 관심 있는 그를 위해 종종 커피숍에 연필과 연습장을 들고 나가 그림 그리는 시간을 가지곤 했다.

이외에도 많은 친구를 사귀었고 다양하고 재미난 경험들을 했다. 그리고 확신이 들었다. 영어라는 언어가 비즈니스적으로 일을 하거나 돈을 버는 데도 필요하지만 더 큰 의미는 다양한 문화권에 사는 사람들과 가까운 친구가 될 수 있다는 것이다. 이건 정말 대단한 건데, 파리에서 마이애미로 여행을 온 Romain이 있다. 그는 숙소에서 만나 친해진 친구로 밤마다 하루 있었던 여러 이야기를 주고받곤 했는데 파리에 여행 오면 꼭 연락하라는 것이다. 로메인뿐만 아니라 다른 지역에 사는 친구들은 하나같이 놀러 오면 좋은 데를 구경시켜주겠다고 하는데 더 이상, 패키지 여행이 아닌 현지인들의 삶에 밀착한 여행을 할 수 있게 된 것이다.

마이애미를 다녀온 후 더 선명해졌다. 내가 영어에 익숙할수록 외국 친구들과 더 속 깊은 이야기를 나눌 수 있고 그들의 삶을 이해함으로써 작품 활동에 있어서도 폭 넓은 관점을 반영할 수 있다는 것을 말이다. 전에 읽었던 책에서 ME에 드리어진 그림자가 결국 WE가 되는 그림이 있었다. 영어를 통해 더 많은 나(우리)를 만날 수 있다는 사실을 깨닫게 된 것은 지금껏 살면서 미처 알지 못했던 엄청난 경험이다. 앞서 집과 회사의 거리만큼이 나의 가능성이라고 느꼈다면 이젠 세계 곳곳에 있는 친구들과 쌓이는 우정만큼이나 나의 가능성은 폭넓어졌다고 본다.

According to them 전시 포스터 Design by 오밤

F1 레드불 스포츠 아트 전시를 위한 일러스트레이션 - 2012

한국 국가대표 승리를 염원하며 그린 기성용 일러스트레이션 - 2015

(4) 멕시코, 꿈이 현실이 되다

멕시코 케레타로에서 발표 중인 모습

　　초기 글로벌에 대한 환상을 가지게 된 계기 중 하나는 지인이 들려준 게리 베이스맨에 대한 이야기이다. 국제 컨퍼런스에서 만난 게리 베이스맨은 세계 각지에서 초청을 받으며 자기 돈 안 들이고 비행기며 호텔을 이용한다는 것이다. 세계적으로 인지도를 가진 그는 그의 놀라운 작품만큼이나 놀라운 삶을 살고 있었다. 비단 그뿐만 아니라 세계적인 명성을 가진다는 것은 그와 만나고 싶어하는 많은 사람들의 초청이 이어진다는 것을 보여주고 있다. 세계 여행을 좋아하는 나로서는 이만큼 대박인 일이 없다고 생각했다. 우리도 이러한 삶을 살아보자며 지인들과 우스갯소리로 다짐을 하곤 했다.

마이애미 전시를 전후로 국외프로젝트의 제안 수가 점점 늘어갔다. Tiger Beer에서 진행하는 글로벌 프로젝트인 Tiger Translate의 한국 대표로 선정되어 한국을 대표하는 길거리 아트웍을 작업하는가 하면, ESPN Magazine 아트 디렉터로부터 연락이 와서 함께 캐릭터 작업을 진행하기도 했다. 이외에도 미국 Facebook과의 작업, 영국 풋볼 잡지 일러스트, 캐나다 랩퍼의 신규 앨범 커버 작업에 이르기까지 국내 작업보다 국외 비중이 크게 늘어가던 때였다. 다양한 국가와 프로젝트를 동시에 진행하는 경우 나라마다 시차가 다르기 때문에 채팅, 영상 회의가 새벽이나 이른 아침에 이루어지는 경우도 있다. 귀찮다고 넘어가기엔 일면식 없는 외국인(그들에게도 나는 외국인)과 신뢰가 필요하기에 커뮤니케이션은 매우 중요하다. 그날도 새로운 메일을 검토하며 답장을 보내던 날이었다. INVITATION ID 2013이라는 제목의 메일이 눈에 띈다. 초청 메일은 언제나 두근거리게 만든다.

INVITATION ID 2013
보낸사람 : <info@illustratorsdeathmatch.com> 주소록추가 수신차단
받는사람 : <sakiroo@nate.com>
보낸날짜 : 2012년 12월 4일, 3시 20분 58초

일반 첨부파일 1개 (2.76MB) 모두저장
invitation 2013 s.pdf (3MB)

Hi, Sakiroo:

I like to invite you to Illustrators Deathmatch, an illustration conference and contest that takes place in Queretaro, Mexico. The attached invitation has details of the event. We would really appreciate it if you were able to attend and be a guest speaker for the event. I will send you a couple of links where you can see some images from last year?s event

If you could let me know if you would be interested in attending this event, I would really appreciate it. Feel free to e-mail me with any questions or concerns.

Sincerely,

Illustrators Deathmatch 초청 메일

멕시코? 멕시코! 일러스트레이터 데스매치는 멕시코에서 매년 열리는 국제적인 컨퍼런스 행사이다. 3일 동안 펼쳐지는 이 컨퍼런스에는 해마다 초청된 세계적인 일러스트레이터들의 발표가 이어지고 마지막 날에는 참여자들이 주어진 주제를 정해진 시간 동안 작업해서 초청된 6인의 투표로 우승자를 결정하는 재미난 이벤트가 있다. 2013년도 발표자로 초청되었고 왕복 항공권과 호텔 숙박은 물론이거니와 식사와 관광(일주일 전에 도착하여 4일동안 관광)까지 포함된 일정이었다. 내가 승낙만 한다면 꿈꾸던 일이 현실

로 이루어지는 순간이다. 담당자와 몇 번의 메일을 더 주고받은 뒤 확신이 들었고 출발하기로 결정했다. 하지만 중요한 미션을 완수해야만 한다. 총 2시간이 주어지는데 한 시간은 작업에 대해서 발표를 하고 남은 한 시간은 라이브로 시연하는 것이다. 이 준비만 잘 된다면 현지에 도착해서 꿈을 이룰 수 있다.

실패한다면…. 한국어로 해도 쉽지 않은 2시간의 발표를 그것도 영어로.. 많은 질문이 오고갈 그곳에서 실패한다면… 국제적인 조롱거리가 되어 오히려 악영향을 끼칠 수도 있다는 위험이 존재하는 것도 사실이다. 이 불안감에서 오는 위험은 생각보다 크다. 정말 잘 준비하지 않으면 실패할 것이다. '실패는 성공의 어머니'라고 하지만 정작 실패를 하고 나면 꽤나 힘든 시간을 보내야만 할 것이다. 순간순간 산을 넘으면 더 높은 산이 나를 기다리고 있는 듯한 기분이었다. 8개월의 시간이 주어졌으니 산을 넘기 위한 작업에 들어갔다.

멕시코 다큐멘터리팀 Rombicubo와 찍은 사진

1시간 분량의 세계관과 포트폴리오를 준비하면서 영어를 그대로 외우는 것은 해결책이 아니었다. 지금까지 국내에서 다양한 자리에서 발표를 해왔지만 글자를 하나하나 외우는 것은 의미가 없었을 뿐더러 진심을 담아 전달하는 데 문제가 많았다. 커다란 맥락을 잡고 중간

중간 포인트를 이어갈 때 자연스러운 발표가 이어진다. 다행이 PPT가 뒤에서 보여질 것이기 때문에 하나하나의 장면마다 이야기할 거리가 생각나도록 연습했다. 잠자는 꿈속에서도 수십 번씩 시뮬레이션해가며 하루하루를 보냈다.

또한 멕시코는 스페인어를 사용하기 때문에 라틴계 언어로 통역해줄 사람이 필요했다. 기본적으로 주최 측에서 준비하지만 난 폴과 함께하고 싶었다. 담당자를 설득한 끝에 폴과 한 호텔에 묵으면서 멕시코 일정을 함께할 수 있었다. 너무 신났다. 멕시코에서 다시 만나 여행도 하고 함께 발표를 준비할 생각을 하니 그야말로 꿈 같은 일이었다. 다행히 멕시코와 콜롬비아는 그리 멀지 않아 그에게도 부담이 적었다. 준비는 거의 다 된 듯 하다. 10월 5일 멕시코로 출발하는데 9월 13일에 태어난 첫째 아이가 보고 싶어 쉽게 발이 떨어지지 않았다. 내가 장시간 집을 비워야 하므로 엄마와 아기는 2주 동안 조리원에 있다가 바로 처가댁에서 머무르기로 했다. 3년 만에 어렵게 가진 아이를 생각하니 더 무거운 책임감을 가지고 멕시코로 떠나게 된다.

한국에서 멕시코로 바로 들어가는 비행기는 없다. 미국을 거쳐 비로소 멕시코시티 국제공항에 도착할 수 있었다. 도착하니 Sakiroo라고 적힌 팜플렛을 들고 있는 스탭들을 만날 수 있었다. 이미 도착한 Sergi Brosa 스페인 아티스트와 첫 인사를 나누며 다른 일행들이 도착하기를 기다렸다. 모두 모였을 때 자동차를 타고 케레타로로 이동했다. 케레타로는 2014년 내가 가장 좋아하는 축구선수인 호나우딩요가 뛰었던 리그 팀이기도 하다. 조용하고 컬러풀한 건물들이 가득한 이 곳에서 4일 후에 이벤트가 펼쳐진다. 숙소에 짐을 풀고 초대된 작가들과 미팅 시간을 가졌다. 히어로 일러스트레이션으로 유명한 싱가폴의 Artgerm(Stanley lau)과 Dota2 일러스트레이터 Kunka(Kendrick lim), 브라질에서 활동하는 디테일 일러스트레이터 Tiago Hoisel, 칠레에서 온 드래곤 전문 일러스트레이터 Mauricio Herrera, 마지막으로 Sci-fi 일러스트레이션은 떠오르는 작가 Sergi Brosa까지 개성 있는 작가진들로 구성이 되었다. 한국에서 온 나까지 정말 다양한 국가에서 작가들이 소집되었고 현업에 종사하는 아티스트로서 작품부터 삶에 이르기까지 많은 이야기를 나누며 밤을 지새웠다. 나 같은 경우 같은 2층에 묵었던 세르기와 많이 친해졌는데 이튿날 도착할 폴까지 우리 셋은 더 친해지게 된다. (참고로 세르기와 폴은 같은 스페인어를 첫 번째 언어로 사용하기에 더 많은 대화를 나누곤 했다.)

컨퍼런스 행사에 앞서 케레타로를 여행하며 찍은 단체사진

도착한 저녁 샤워하고 침대에 누워 있는데 편안함에서 안도감이 밀려와서일까 언제인지도 모르게 깊은 잠이 들었다. 다음 날 아침부터 4일 정도는 케레타로를 중심으로 멕시코를 관광하게 된다. 이 기간 동안 맛있는 음식들을 먹으며 작가들 그리고 스탭들과 더 친해지는 시간이 만들어진다. 디렉터가 말하길 수도인 멕시코시티에서 하지 않고 케레타로에서 하는 이유가 있다고 했다. 우리나라로 치면 큰 행사를 서울에서 주최하지 않고 2시간 거리인 천안 근처에서 주최하는 것과 유사하다고 생각하면 된다. 그들은 상대적으로 케레타로를 대표할 만한 콘텐츠가 부족하기에 이러한 행사를 시작으로 더 많은 관광객을 모으고 발전시켜서 하나의 아이콘으로 만드는 게 목적이라고 했다. 그들의 꿈은 이루어져 천 명이 넘는 행사 참여자가 꽤 비싼 참가비를 지불하고 행사를 보러 온다. 그만큼 열기도 뜨겁고 공영 방송국을 비롯한 여러 미디어에서 취재를 온다.

폴이 도착했다. 그를 데리러 케레타로 터미널로 갔고 그와 1년 만에 다시 만나니 더할 나위 없이 반가웠다. 서로의 선물을 주고받고서야 드디어 다시 만난 것이 실감이 났다. 폴과 나는 내 방에서 묵으며 이벤트 마지막 날까지 함께했다. 매일 밤마다 2층은 세르기와 폴 이렇게 셋이서 수다를 떨며 보내는 시간이 많았다. 2013

Jean Paul과 발표장소로 가면서 찍은 사진

년 10월 10일, 이 날은 네 번째 맞는 결혼 기념일이자 일러스트레이터 데스매치가 시작하는 날이다. 난 다음 날 아침에 발표하기 때문에 첫째 날 분위기를 먼저 느껴볼 수 있었다. 1천여 명이 관중을 가득 채운 홀은 그야말로 뜨거웠다. 다양한 이벤트와 축하가 이어졌고 여기저기서 사진과 싸인 그리고 미디어의 취재가 이어졌다.

그날 저녁. 이 많은 청중을 두 시간 동안 흐트러지지 않게 집중시켜야 한다고 생각하니 더 잠이 오지 않았다. 스페인어로 통역할 폴과 함께 전략을 짜면서 어떤 부분에서 어떻게 포인트를 두면 좋을지 이야기를 나눴다. 다음 날 아침 오전 9시부터 발표가 시작하는데 8시까지 도착하려면 숙소에서 7시부터는 준비해야 한다. 긴장도 했지만 워낙 예민한지라 새벽 1시에 잠이 들었는데 새벽 3시에 깼다. 그 후로 한숨 못 잔 채로 발표장소로 향했다. 기본적으로 다들 노트북을 준비했지만 나는 없었다. 솔직히 그때만큼은 애플 로고가 번쩍이는 노트북을 가지고 있는 작가들이 부러웠다. 급하게 티아고에게서 맥북을 빌려 발표 준비를 마쳤다. 그리고 9시가 되어가니 하나둘씩 채워진 관중석이 가득 찼다. 새벽에 호흡을 맞춘 폴과 무대에 섰고 정확히 9시 발표를 시작한다.

폴과 호흡을 맞추며 발표하는 모습

한 시간 동안 매끄럽게 발표가 이어졌고 가끔 짧게 영어로 이야기했는데 거기에 살을 붙여 더 재미나게 스페인어로 통역해준 폴이 너무 고마웠다. 그게 가능한 이유가 마이애미 때부터 서로의 작업에 대한 이야기를 많이 나누었기에 가능했다. 긴장했던 거와는 달리 무사히 두 시간의 발표가 끝났고 뒷자리에 앉아 안도의 한숨을 쉬는데 그 짧은 시간이 마치 인생의 정점을 찍고 내려온 듯한 편안함을 주었다. 5분여 정도 쉬고 있는데 스탭이 와서 방송국에서 인터뷰 요청이 있다고 가능하냐고 묻는다. 일 년 동안 마음 조리며 준비한 모든 것을 쏟아내고 나니 뭔들 못하랴. 인터뷰에 응했고 기자의 5가지 정도 되는 질문이 오고갔는데, 그들에게도 아시아에서 온 내가 신기했을 듯싶다.

질문은 대체로 어떤 과정을 거쳐 작업을 하는지 그리고 한국에서 주로 어떤 작업들을 하는지 등이 었던 것으로 기억한다. 인터뷰가 끝나고 자리로 돌아와 마음 편하게 남은 일정을 보낼 수 있었다.

멕시코 다큐멘터리에 소개된 영상화면

일주일 동안 많은 일정들을 소화하며 한국에서 친구들과 이야기하던 것이 생각났다. 세계 곳곳 에서 초청받으며 여행하는 삶, 그 꿈이 이루어졌다. 이번 일정이 처음이자 마지막이 될지 아무도 모른다. 다만 이 소중한 경험이 앞으로 작가로서 살아갈 여정에 큰 도움이 되었다는 사실이다. 그 림도 영어도 아무것도 없이 시작했지만 세상은 열심히 하는 자에게 손을 뻗어주었고 난 그 손을 잡 았다. 데이빗과 종로에서 만나 영어로 대화를 주고받은 게 불과 일 년 전인데 마이애미 전시를 시 작으로 이곳 멕시코에서 발표를 하다니 스스로 대견스러웠다. 생철학으로 유명한 쇼펜하우어가 시

멕시코에서 발표 후 받은 여러 질문 중 생각해 볼 만한 몇 가지 질문들이 기억이 난다.

(답변은 당시 말했던 지극히 주관적인 생각입니다. 스스로 고민해보세요)

Q. 살면서 큰 도전은 무엇이 있었나요?

A. 두 번 정도로 기억이 됩니다. 첫 번째는 20살 컴퓨터 전공과 대학교를 그만두고 (자퇴) 사회생활을 한 것이고, 두 번째는 28살 8여 년간의 직장생활을 그만두고 프리랜서로 전향하여 나만의 이야기 (Universe)를 만들고자 했던 것입니다. 도전이라고 생각되는 이유는 그 무엇도 보장되지 않은 불투명한 미래였고, 그렇다고 관련해서 인맥이나 경험, 지식이 있었던 것도 아니었기 때문이죠. 20살 땐 좋아하는 일을 하며 돈을 벌고 싶었고 28살 땐 돈보다 나의 이야기가 중요하다고 생각했었습니다.

Q. 클라이언트가 다른 스타일을 요구할 때는 어떻게 하나요?

A. 전 제 자신을 두 가지 모드(mode)로 바라봅니다. 하난 디자이너이고 다른 하난 작가이겠죠. 디자이너로서 일을 할 때 다른 스타일을 요구받고 작업하는 것은 당연한 것입니다. 나보다 시장의 가치가 더 중요하듯이요. 하지만 작가로서 의뢰받은 일에 다른 스타일을 요구받는다면 할 필요가 없겠죠. 전 사양하는 편입니다. 중요한 건 일러스트의 경우 이제 시작한 지 3년 된 초보자로서 다양한 스타일과 분야에 관심이 많습니다. 아마 클라이언트가 요구하는 또 다른 스타일에 호기심을 가지고 내 것으로 흡수하려고 할 듯 합니다.

Q. 왜 여자 그림이 별로 없나요?

A. 아마도 남자보단 여자 그림이 더 매력적이고 임팩트가 있어 많은 작가들이 여자를 그리기 때문에 물어보는 듯 합니다. 그렇죠. 전 여자 그림이 거의 없습니다. 잘 몰라요. 모르는 것을 그릴 수 없듯이 여자에 대해 잘 모릅니다. 제 아내를 11년을 만났어도 잘 알지 못합니다. 분명한 것은 대부분이 여자를 그리면 남자를 그릴 것이고, 동물을 그리면 제3의 생명체를 그릴 것이고, 사실적인 것을 그리면 점점 추상적으로 갈 것입니다. 적어도 남들과 다른 것을 그리고 싶습니다. 하지만 그 그림 안에는 제 생각이나 철학이 담겨 있을 겁니다. 그림은 제게 있어 하나의 언어니까요.

간에 대해 언급한 것처럼 모두에게 동등하게 주어진 시간을 소비하는 데 마음 쓰지 않고 썼더니 짧은 시간 안에 노력한 것 이상의 성과를 얻을 수 있었던 것 같다.

멕시코 방송 Foro TV에 소개된 인터뷰 화면

멕시코 일정이 끝나기 무섭게 시카고와 미시시피에서의 일정을 소화해야만 한다. 잠시 일주일 동안 한국에 머물면서 이제 막 태어난 첫째와 많은 시간을 함께했다. 아직 한 달 정도 된 갓난아이 지유와 함께 있는 것만으로도 세상 모든 것을 가진 듯 행복했다. 그리고 일주일이 되어 다시 짐을 꾸리고 인천공항으로 갔다. 이번 일정은 시카고에서 데이빗과 함께 기획한 ICHABOD 전시를 위해 한국 작가들과 함께 출발할 것이다. 이번엔 또 어떤 새로운 경험들을 하게 될지 출발 전부터 너무 떨린다. 무엇보다 멕시코 때는 혼자서 다녀온 일정이었다면 이번엔 한국 작가들과 함께하는 여행이라 긴 비행시간도 지루하지 않을 듯 싶다!

멕시코 컨퍼런스에서 사인을 하고 있는 모습

멕시코 컨퍼런스에서 사키루를 그린 캐리커쳐 중에서 우수작을 고르는 모습

(5) 시카고, 같이 가자!

Tacoma 앨범 커버로 그린 일러스트레이션 - 2013

시카고에서 한국에 방문했던 데이빗과의 첫 작업은 Tacoma 프로젝트였다. 워싱턴 주 근처에 있는 타코마를 여행한 O'BONJOUR라는 음악가가 그곳에서 받은 영감을 가지고 앨범을 냈다. 그리고 아트웍된 커버가 필요했는데 그것을 의뢰한 것이다. 실제로 존재하는 공간이기 때문에 내 마음대로 상상해서 작업할 수는 없는 것이었다. 타코마 특유의 자연 느낌을 살리되 나만의 스타일을 녹여내는 작업이었다.

이 작업을 계기로 크고 작은 일들을 진행하면서 신뢰가 쌓였고 그날은 좋은 기회가 있다고 제안할 게 있다고 했다. 처음 만났던 종로의 그 커피숍에서 다시 만났을 때는 그의 와이프 J와 함께였다. 조만간 시카고로 다시 돌아가는 그들이 한가지 제안을 했다. 시카고에는 Lacuna Artist Lofts라고 아트 건물이 있다. 많은 갤러리들과 아티스트들이 그 건물을 기점으로 예술 활동을 펼치는 곳이다. 데이빗은 그곳에 자신의 갤러리를 열었고 두 번의 전시를 제안했다. 하나는 지금까지 작업했던 작품을 중심으로 한 개인전과 ICHABOD라는 데이빗 프로젝트를 주제로 작업하여 여는 개인 전시. 마이애미 전시 이후 특별히 국외 활동이 뜸했던 내게 개인전이라는 엄청난 기회를 제안한 것이다. 이미 마이애미 전시와 멕시코 컨퍼런스 이후 얻은 자신감으로 기회를 냉큼 잡았다. 또 다시 데이빗을 만나 함께 재미난 일을 할 생각을 하니 집으로 돌아가는 전철에서 점프를 할 뻔했다.

마이애미 전시가 최소한 그곳에 있는 몇 명의 사람들에게 나를 알릴 수 있는 기회였다면 이번 시카고 전시는 시카고에서 나를 알릴 수 있는 기회가 되는 것이다. 미국을 하나의 땅 덩어리로 생각하고 진출을 꾀하기보다 주 하나하나를 공략함으로써 조금씩 입지를 가져가는 방법이 옳다고 판단 내렸다. 마이애미가 그러했고 이번에 하게 될 시카고에서도 잘 준비해서 나를 몰랐던 사람들과 많은 이야기를 나누며 친해지고 싶었다. 과연 시카고는 어떤 도시일까? 뉴욕, LA에 이어 세 번째로 크며 바람이 강하게 부는 도시로도 유명하다. 가장 많은 고속도로가 지나는 교통의 중심지로서 남북전쟁 이후 남북을 연결하는 중요한 교통 요지이기도 했다. 그래서 많은 흑인들이 거주하는 도시이기도 하다. 이렇듯 세계적으로 유명한 도시의 갤러리에서 전시를 할 수 있는 기회를 얻는 것은 무척이나 어려울뿐더러 신뢰를 가진 친구와 함께할 수 있기에 가능했다고 보는 편이 맞다.

ICHABOD는 데이빗이 만든 신조어로 In Civilizations, Horrors Abound But Our David will save us의 앞 자를 따서 만든 말이다. David이라는 말은 그 친구의 이름이기도 하지만 구약성경에 나오는 골리앗과의 대결에서 돌팔매로 이긴 위대한 이스라엘 제2대 왕의 이름이기도 하다. 기본적으로 시카고라는 도시는 갱들이 현존하는 곳으로 유명하고 실제로 도시의 여러 모습에서 그들의 은유적인 메시지들이 보여지고 있다고 한다. 은유적인 표현을 살리되 무엇보다 고대 문명에 초점을 맞추어 보았다. 어둠으로 가득 찬 세상을 우리의 데이빗(다윗)이 구해주는 콘셉트를 선과 악이라는 심플하고 명확한 주제로 나누었다.

데이빗이 시카고로 떠나고 만족할 만한 전시를 위해 많은 스케치를 했다. 서양에서 전해져 내려오는 고대 신들의 이야기부터 동양에 이르기까지 방대한 양의 책을 찾아 읽고 상상력을 돌출해오고 있었다. 하지만 곰곰이 생각할수록 혼자서 두 번의 개인전을 진행하는 데 무리가 있음을 느꼈다. 불가능했다. 작품을 시카고로 옮기는 것도 그렇고 새로이 작업을 진행하는 것 등 여러모로 나에게 부담이 큰 기회였다. 엉기적거리며 시간을 보낼 순 없었다.

고민의 시간이 이어지던 어느 날 부천에 있는 지인의 카페에서 매주 월요일마다 작가들끼리 모여

담소를 나누며 스케치를 하는 시간이 있었다. 주로 부천에 사는 후배 작가들로 구성되어 있었는데 나는 이 순간을 매주 기다릴 정도로 좋아하는 시간이다. 각자 점심을 먹고 오후 한 시까지 따사로운 햇볕이 드는 카페 창가에 앉아 한 주간 있었던 이야기를 주고받으며 맛있는 커피와 여유를 부리는 시간이다. 그야말로 프리랜서로서 유일하게 누릴 수 있는 사치였다. 봄여름가을겨울 따지지 않고 먹는 커피는 가장 달달한 아이스 카페모카이다. 휘핑크림까지 올려서 먹으면 아메리카노를 먹을 때만큼의 집중력이 발휘되는 건 아니지만 기분이 좋아진다. 이제 막 나온 커피를 마시는 순간.

"같이 가자!"

갑자기 입에서 튀어나온 말이었다. 즉흥적이었지만 혼자가 아니라 함께한다는 생각만으로도 기분이 최고였다. 매주 모이는 이 시간에 전시 준비를 할 수 있는 시간으로 활용할 수 있다는 생각에 더욱 에너지가 솟았다. 마지막 긴 조각으로 테트리스를 메꾸는 기분이다. 나의 수다는 이어졌고 후배들의 눈도 초롱초롱 빛나는 것 같았다. 몇 년째 이렇게 모이고는 있었지만 다같이 뭔가 프로젝트를 꾸려보긴 처음이다. 데이빗에게 자초지종을 설명했고 개

홍콩 공항에서 새벽에 그린 그림 - 2013

인전이 아닌 단체전을 제안했다. 그전에 함께하는 후배들에 대한 정보부터 포트폴리오들을 보여주며 실력 있고 가능성 있는 작가이기에 그도 흔쾌히 진행에 박차를 가하자고 했다.

4명으로 구성된 ICHABOD 프로젝트는 1000day와 지과자는 선을 주제로, 나와 세진이는 악을 주제로 작업하기로 했다. 그리하여 전시 구성은 선과 악의 대립을 보여주고 결국 데이빗이 혼돈에서 우리를 구한다는 콘셉트가 된다. 난 악을 담당하기로 했고 시카고로 비행기 타고 가는 순간까지 온통 악에 대한 생각으로 가득 차 있었다.

홍콩에서 24시간을 기다려 경유해야 하는 상황에서도 지루하지 않았다. 함께이기에 그림도 그리다가 배고프면 밥도 먹으며 즐거웠다. 시간이 흘러 새벽시간이 되었고 모든 불은 꺼지고 낮은 불빛 아래 큰 창 밖으로 보이는 홍콩의 밤하늘이 빛나고 있었다. 후배들은 피곤했는지 잠이 들었고 나도 졸렸지만 자고 싶지 않았다. 구석 한 켠에 앉아 졸린 눈을 붙잡고 그림을 그리기 시작했다. 집중하다 보니 더 이상 졸립지 않았고 두 개의 그림을 완성할 수 있었다. 연필 스케치 없이 처음부터 펜으로 그려 내려간 그림이 마음에 들었다. 뭔가 악하면서도 기존에 그렸던 느낌과 달랐다. 전시가 끝나고 이 느낌을 더 살려보자고 다짐한다. (평상시와 다른 감정선 그리고 낯선 공간에서의 영감은 분명 이전과 달랐다. 그 느낌을 표현했고 이후에 또 다른 형태로 계속 발전시켜 나갔다. 이 라인으로 작업한 시리즈들이 Juxtapoz 잡지에 소개되는 영예를 얻기도 했다.)

공항에는 데이빗이 마중 나와 있었고 늦은 시간에 도착한 지라 숙소에 도착하자마자 짐을 풀고 시카고에서 첫 밤을 맞이했다. 후배들과 짐을 정리하면서 일 년 동안 시카고! 시카고 외치던 것이 이렇게 실현되니 아직 실감이 안 나면서도 잘해보자는 다짐을 하고 잠이 들었다.

깔끔하고 맛있게 차려진 미국식 아침식사(빵과 레이크 그리고 약간의 고기)를 마친 후 시카고 주변을 구경했다. 아직 다운타운은 나가지 않았고 숙소를 중심으로 유명한 곳들을 구경했다. 그리고 드디어!! 우리가 전시할 갤러리인 라큐나에 도착했다! 라큐나는 멀티 문화아트 센터로서 150여 개가 넘는 아티스트나 회사들이 근거지로 삼고 있다. 데이빗이 운영하는 갤러리에 들어가 짐을 풀고 어떻게 전시를 할지 구상하며 의견을 나누고 이내 가장 합리적인 방법을 세웠다. 입구에서부터의 동선을 만들되 악으로 시작해서 선과 악이 만나고 마지막은 선으로 이어지는 과정으로 말이다.

매주 만나서 회의하며 준비한 만큼 다양한 볼거리가 있는 결과물들로 가득 채워졌다. 이곳 시카고에서 어떤 반응이 있을지는 모르지만 적어도 스스로 만족할 만한 결과물을 가져왔기에 후회는

시카고 갤러리에서 작업 중인 모습

없다. 2, 3일 정도 준비하며 다운타운에 위치한 MCA(Museum Of Contemporary Art)에 들러 동서양 고대에서 현대에 이르는 다양한 예술작품을 직접 볼 수 있었다. 특히 불교 조각과 아프리카 토템 조각들을 책이 아닌 실물로 가까이서 보니 디테일에서 완성에 이르는 모든 것이 아직도 살아 있는 듯 생생했다. 하나하나의 감동이 채 사라지기도 전에 무수히 많은 작품을 이른 시간에 감상해야 했기에 온전히 느낄 정도의 충분한 시간은 부족했다. 이날 우리의 전시를 보기 위해 멀리에서 이곳 시

시카고 전시를 위한 스케치들

카고까지 마르쉘로(Marchelo)가 찾아왔다. 그는 마이애미에서 만난 인연으로 그 역시 대학교에서 예술을 가르치는 교수이다.

전시 오픈일 당일!! 데이빗이 섭외한 DJ의 턴테이블이 돌아가면서 멋진 비트의 힙합 음악이 흘러나온다. 쿵! 쿵! 이동하는 데이빗 차 안에서 주로 들었던 켄드릭 라마의 음악을 들으며 갤러리에 있으니 절로 흥이 났다. 첫날은 데이빗 지인들을 시작으로 점차 많은 사람들이 찾아와주었다. 우리들은 각자 자신의 작품을 소개하는 동시에 라이브 페인팅 시연을 했다. 아무래도 다양한 볼거리를 제공하기 위해 한 손에 맥주 하나씩 들고서 붓을 들었다. (솔직히 술을 잘 못 마시는데 마이애미 때도 그랬고 시카고 때도 맥주가 물보다 맛있었다.)

생각보다 우리들의 작업을 꽤 흥미롭게 봐주었고 절반은 성공한 기분으로 첫날 갤러리를 마감했다. 늦은 시각 포테이토로 유명한 가게에 들려 서로의 소감을 주고받으며 하루를 마무리했다. 멕시코 때도 느꼈지만 무언가 열정을 쏟아 준비한 다음 멋지게 공개한 후에는 정말 모든 걸 내려놓고 깊은 편안함을 느끼게 되는 듯 하다.

이번 전시는 1년여 정도 준비했다. 이전에는 그려보지 않았던 고대의 아트웍을 공부하면서 옛사람들의 창의력에 다시 한 번 존경의 뜻을 표하지 않을 수 없었다. 특히 유럽의 신화 못지않게 중국의 도교에서 산해경, 일본의 우키요에에서 보이는 다양한 전설 속 신들 외에도 힌두교, 인도 신화에서 몽골의 샤먼에 이르기까지 대중적으로 많이 알려지지 않은 다양한 동양의 신화들이 존재한다. 당시 사람들이 바라본 세계는 그들의 현실을 반영한 참된 역사로서 지금의 나도 그러한 상상력이라는 눈을 가지고 있나 생각해 보면 참으로 회의적이다. 이미 많은 것이 증명된 과학 때문이라는 변명을 늘어놓기엔 아티스트로서 상상력이 부족해 보인다. '동서고금(東西古今)을 관통하는 한 줄'을 위한 동서의 고(古)를 맛보고 나니 들어갈수록 정말 끝이 없었다. 뭔들 안 그러하겠냐마는 전시 목적이 아니더라도 시간날 때 계속해서 꾸준히 공부하고 싶은 분야이다.

함께 전시에 참여한 작가들 좌측부터 1000day, 지과자, 오밤

함께 전시했던 후배들은 어땠을까? 이미 글로벌에 대한 꿈을 가지고 앞서 마이애미와 멕시코에서 경험했던 나는 후배들에게 이것이 얼마나 흥분되고 재미난 일인지 알려주고 싶었다. 한국에서 막연하게 상상만 하던 국외 전시를 준비부터 현지에서 설치 진행에 이르기까지 모든 과정을 거치면서 어떤 형태로 커뮤니케이션하며 전시가 이루어지는지 일련의 경험을 공유하고 싶었던 것이다.

다시 한국에 돌아와서 더 넓은 세상에서 작업하고 싶다는 희망과 자신감이 심어졌다면 그것만으로도 소기의 목적은 달성이 된 듯하다. 전시가 끝나고 여느 날처럼 모두가 카페에 다시 모였다. 시카고 전시를 떠올리며 우리의 삶을 주체적으로 살아감에 있어 얼마나 대단한 일을 우리들 스스로 해냈는지 이야기를 공유할 수 있었다.

시카고 전시를 위한 ICHABOD2 작품 - 2013

전시 콘셉트인 ICHABOD를 주제로 그린 작품 - 2013

(6) 미시시피 주립대학교 초청 발표

미시시피 주립대에서 John과 Dancy

현재는 광고회사에서 디렉팅을 맡고 있는 John은 전공인 조각 못지않게 독특한 예술 세계와 전문지식으로 타인과의 비교를 불허한다. 항상 웃는 얼굴인 그는 밝은 성격에 주변에 친구 가 많고 가까이 할수록 매력이 넘치는 남자다. 그가 미시시피 주립대학교에서 예술학부 교수로 재 직할 당시 그는 우리에게 학교에서 발표도 하고 참관 수업도 가능하냐고 물었다. 영광스러운 자리에 함께할 수 있어 존의 제안이 너무도 고마웠다. 남부지역에 위치한 미시시피에 간다고 하니 보니가 꽤 보수적일 것이라고 했다. 그때는 그게 무슨 의미인지 잘 몰랐으나 첫날 서점을 갔을 때 어떤 느낌일지 알 수 있었다. 서점에서 가장 중요한 위치에 기독교와 관련한 서적이 가득 차 있는 것을 보고 종교적인 보수가 아닐까 짐작해 볼 수 있었다. 넓은 영토에 비해 사람이 붐비지 않는 한적하고 조용한 동네로 비행기에서 내렸을 때 겨울임에도 불구하고 따뜻함을 느낄 수 있었다.

존은 마이애미 전시 때 마르쉘로와 함께 만났던 친구로 이후 한국에 왔을 때도 함께 서울 구경을 하기도 했다. 이때 가로수 길에 들려 지인들의 전시도 보여주고 재미난 프로젝트가 있으면 함께해 보자던 찰나였다. 초청으로 학교에 가면 숙박은 물론 모든 식사와 참관 비용 그리고 약간의 투어가 제공된다. 문제는 비행기표였는데 일정을 조율하던 찰나 시카고 전시 일정에 맞추어 바로 미시시피로 이동하면 될 것 같았다. 그렇게 시카고에서 전시했던 멤버들이 모두 함께 미시시피에 도착할 수 있었다. 존은 미시시피 주립대에서 그래픽을 전공하고 있는 듀프리(Dupree Bostic)가 함께 마중 나와 있었다. 뒤늦게 안 사실인데 그의 아버지 알렉스(Alex Bostic)는 주립대 예술과 교수이시면서 미국에서 꽤나 유명한 아티스트셨다. 마지막 날 그의 작업실에서 진행 중인 엄청난 프로젝트들을 감상할 수 있었다.

차를 타고 30여 분 이동해서 대학교에 도착했다. 안으로 들어가니 상상했던 것 이상으로 훨씬 컸다. 학교 안에는 미식축구 경기장(stadium)이 있었고 너무 넓어 걸어 다니기엔 정말 버거운 크기였다. 맛있는 점심을 먹고 숙소에 짐을 풀고 쉴 수 있었다. 존과는 다음 날 아침을 기약하고 우리는 방에 모였다. 우리의 관심사는 다음 날 있을 영어 발표였다. 아무래도 많은 학생들이 지켜보는 가운데 영어로 발표를 하는 것이 후배들에게는 큰 부담일 것이다. 나 역시 예외는 아니지만 이미 멕시코에서 잘하고 온 경험이 있었기에 준비는 잘되어 있었다. 서로가 발표 준비한 것들을 이야기하고 연습하는데 다소 불안한 감이 있었지만 잘 준비하면 괜찮을 것 같았다.

　미시시피에서의 아침은 상쾌했다. 긴장한 탓인지 모두가 일찍 일어나 학교 구경할 준비를 마치고 존을 기다렸다. 할로윈 데이가 가까워지고 있어서인지 곳곳에 호박들이 예쁘게 장식되어 있었다. 이윽고 존이 왔고 구내 식당에서 빵과 커피로 식사를 마쳤다. 사실 무언가를 먹을까 했지만 커피가 무지 먹고 싶었다. 이어 학부 사무실에 들려 교수님들께 인사를 드리고 오전 8시에 시작하는 첫 수업에 참관했다. 동그랗게 모여 와인 병 라벨 디자인 한 것을 돌아가며 발표하는 시간이었다. 각자 자신의 철학을 담아 설명했고 교수님의 평이 이어지는 형태였다. 개성 있는 디자인이 많았기에 우리는 더 잘 준비하지 않으면 그들보다 뒤쳐져 보일 수도 있다고 생각했다.

　이어 듀프리의 아버지 알렉스 교수님이 수업하는 초상화 수업에 참여했다. 우리와 비슷하게 모델이 가운데서 포즈를 취하면 둘러싸고 모델의 모습을 그리는 수업이었다. 학생들은 자유롭게 자리를 잡아 가장 편안한 자세로 각자 그리기 시작했다. 우리도 스케치북을 하나씩 잡고 수업에 참여했다. 나 같은 경우 학생들의 작품이 궁금했기에 그리지 않고 돌아다니며 구경하는 데 시간을 보냈다. 함께 온 후배들도 열심히 그렸고 알렉스 교수님은 우리의 작품을 흥미롭게 지켜보셨다. 시간이 좀 흘러 나도 뭔가를 해야겠다 싶어… 캔버스를 올리고 초상화를 그리기 시작했다. 짧은 시간에 그려야 했기에 지우개 없이 그리고 싶은 대로 그렸다.

초상화 그리기 수업에서 그림을 그리고 있는 모습

시간이 좀 지나니 내 뒤에도 학생들이 모여 웅성웅성하곤 했다. 아마 이상한 그림을 그리고 있어서 그랬을 것이다. 알렉스 교수님이 어떤 그림이냐고 묻길래 초상화라고 했다. 의아해 하시길래 설명을 덧붙였다. 수업이 펼쳐지는 공간에 있다 보니 이 또한 하나의 얼굴같이 느껴졌다. 그래서 내가 그렸던 초상화는 그림 그리고 있는 알렉스 교수님을 중심으로 주변 사람들을 모아 하나의 사람 얼굴로 재조합 하는 그림이었다. 아무래도 청개구리가 발동해서 비슷비슷한 초상화는 그리고 싶지 않았던 듯 하다. 별것 아니지만 그렇게 공간을 초상화로 그린 그림은 교수님께 선물로 증정!!!

　학교에서는 크고 작은 전시회들이 진행 중인데 종이로 만든 아트웍이나 한 노부부의 기증으로 오래된 시계들을 전시하는 곳도 구경했다. 이어서 인체 댓생부터 초기 기획에 이르기까지 다양한 수업에 참여해 그들과 즐거운 수업 시간을 가질 수 있었다. 보수적인 탓일까 아시아 사람이 많지 않은 미시시피 지역에서의 수업 활동은 그들에겐 신선했었던 듯하다. 한국의 미술 시장은 어떤지 받는 보수, 취업 등에도 관심을 보였다. 물론 진출의 의지라기보다 한국이라는 나라는 어떤가 궁금해하는 듯했다. 그 어느 나라보다 인터넷 망이 전국적으로 펼쳐 있고 속도가 빠른 나라 대한민국. 멕시코와 미국 몇몇 도시를 둘러보고 나면, 분명 우린 훌륭한 인터넷 네트위크 속에서 살고 있음을 새삼 깨닫게 된다.

　미시시피 주립대 학생들의 수업은 꽤나 자유롭게 펼쳐진다. 자신의 생각을 자유롭게 타진하고 호기심이 많

투시와 관련한 수업에서 의견을 공유하고 있는 모습

다. 기초 미술 수업에서는 빛에 따른 그림자의 방향부터 소실점과 관련하여 정육면체들의 투시가 어떻게 이루어지는지 등의 수업이 진행되고 있었다. 수업을 진행하시던 교수님이 이와 관련하여 뭔가 공유할 이야기가 있냐고 물어 보셨고 정육면체의 깊이감을 이렇게도 활용할 수 있지 않을까 싶어, 이전에 작업했던 스케치들을 공유했다. 당시 연필 없이 처음부터 펜으로 그렸던 이 그림들은 반투시의 정육면체로 입체감을 더하면서 기계적인 부분과 함께 디테일에 집중한 그림이다. 부분적으론 복잡한 기계적인 느낌이지만 크게 보면 하나의 살아 있는 생물을 표현하되 공간의 여백을 살리고자 했던 그림들이다. 내가 추구하는 완성도에 가까운 그림으로 복잡과 빈 공간 그리고 기계와 생물을 동시에 표현하고자 했던 펜 드로잉이라 할 수 있다.

　다음으로 이어졌던 수업은 디자인을 하기 전에 이루어지는 다양한 기획에 대한 수업이었다. 실무에 좀 더 가까운 수업으로 실제 기업들이 어떠한 일련의 과정을 거치면서 작업이 이루어지는지 각자가 생각해 보고 의견을 나누는 방식이었다. 이때 교수님이 우리와 함께한 존에게 관련해서 특별히 들려줄 이야기가 있냐고 여쭈어 보셨고 내가 엘로우 레몬이 어떻게 기획되어지고 구체화되었는지 그리고 실제로 시장에 어떤 형태로 적용시켰는지에 대해서 이야기 한다고 했다. 우선 엘로우 레몬이라는 개인 프로젝트의 스토리는 이러하다.

최초의 시기에 선악을 알게 하는 레몬 나무가 있었으니 그것을 먹으면 하나님과의 관계가 끊어진다. 뱀의 유혹을 못 이기고 하와가 레몬 한 입을 먹었고 그의 남편 아담에게 전해주더라. 이에 하나님이 진노하여 인간과 땅에 저주를 퍼부으사 죄가 이 땅에 전해지게 된다. 하와가 물은 레몬 부분은 금세 하얗게 변하더니 세상의 모든 악이 그곳에 담기리라..이미 고대 때부터 지금까지 생존해왔던 그들은 메소포타미아, 이집트, 황하 지역 등 세계 곳곳에서 존재를 드러내고 있었지만 우리는 미처 알지 못했다. 현재에 이르러 한 남자가 나타나 자신을 레몬

엘로우 레몬의 시작

문명에서의 엘로우 레몬

스쿨의 교장이라 칭하며 세계 정복을 꿈꾸게 된다. 그는 세계에서 유명한 브랜드부터 인물들을 모두 레몬으로 만들어 학교의 학생으로 입학시킨 뒤 교정니를 이용해 그들을 조종한다. 세계정복을 꿈꾸는 교장의 야심은 세계 곳곳에서 드러나는데 결국 태초의 뱀이 현재에 부활한 존재였다. 이렇게 모인 학생들이 수가 백 명에 이르니 그의 꿈은 점점 현실로 다가 오는데…

레몬 스쿨 교장과 옐로우 레몬 학생들 단체 사진

엘로우 레몬의 방향을 설명하는 모습

대략 이러한 세계관을 가지고 만들어진 시리즈 캐릭터들이다. 실제로 첫 시작은 개인적인 호기심으로부터였다. 심슨 만화에는 심슨들만 나오고 슈퍼마리오에는 그들의 친구만 나오고… 세상의 모든 캐릭터들이 한 자리에 모일 수는 없을까? 라는 질문을 던졌고 그 답을 찾아 고민하던 중 엘로우 레몬 캐릭터를 만들어 증명하기에 이른 것이다. 이렇게 꾸준히 만든 캐릭터들은 서울에서만 두 번의 개인전을 통해 대중과 만날 수 있었다. 이러한 사례는 기존 학교에서 가르쳐주는 방법과는 전혀 다른 방법이었고 난 결국 자신의 스토리와 그것을 구현해 낸 독자적인 콘텐츠들이 비로소 힘을 가진다는 메시지를 전달했다. 이미 자신만의 세계관을 가지는 게 얼마나 중요한지 배워온 그들에게 큰 임팩트는 없었고 엉뚱한 이야기지만 지속적으로 만들어가면 완성도 있는 새로운 재미를 만들 수 있다는 가능성을 말하고 싶었는지도 모른다. 마지막으로 레몬의 교장은 사키루 자신이기도 하며 나 또한 이 콘텐츠로 세계정복을 꿈꾼다고 마무리했다.

20대 시절 친구들은 학교에서 학생으로 수업을 들을 때 난 남들 앞에서 내가 생각했던 기술들에 대해서 말하는 시간이 많았다. 첫 강의로 22살 때 네오엠텔에서 자체 개발한 모바일 그래픽 압축 방식인 SIS를 강의한 것이 처음이었다. 이후 도트와 캐릭터 디자인에 집중하면서 정글 아카데미에서 6년 동안 개인 워크샵 과정을 진행했고 이후 4년 동안은 캐릭터 장기과정을 진행해왔다. 고등

질문을 주고받다 직접 시연을 보이는 모습

다같이 모여서 즐겁게 기념사진

학교, 대학교에서 크리에이티브와 관련한 특강들을 해오다 최근엔 연세대학교 패션 경영학과를 대상으로 발표를 했다.

어렸을 때 발표력이 부족하다고 주의를 많이 받았는데 그런 내가 이렇게 많은 사람들 앞에 서게 될 줄은 그 누구도 상상 못 했던 일이다. 많이 부족하지만 그들 앞에 자신감을 가지고 설 수 있었던 한 가지는 내 이야기를 했기 때문이다. 기존의 지식을 암기해서 전달한 것도 아니고 이미 다른 책에 나온 기술들을 정리해서 가르쳐준 것도 아니다. 스스로 고민했고 보다 효율적이라고 생각했던 기술과 방법론에 대해서 이야기했으며 그것은 확신에 찬 어조로 전달이 된 것이다. '자신도 확신하지 못하는 것을 남에게 말할 수는 없다.' 항상 고민해왔던 주제들이기에, 그리고 많이 생각해 왔고 나름 그것에 대해 아직까지는 좋은 답이라고 생각하기에 함께 공유할 수 있었고 책으로 집필도 할 수 있었다.

미시시피 주립대학교에서의 일정을 뒤로 하고 돌아오는 비행기에서는 그 동안의 긴장이 풀려서 일까, 깊은 잠을 자기도 했지만 크게 몸살을 앓기도 했다. 예민해서일 것이다. 지금까지 부담이 큰 프로젝트를 진행하고 나면 꼭 한 번씩 몸이 크게 아프곤 했다. 이때마다 와이프가 보살펴준 덕에 안정을 취하며 회복할 수 있었다. 정신적으론 부담이 해결되었어도 몸은 그것을 하나하나 기억하고 있다는 것을 알고 나서는 몸이 어떤 신호를 보낼 때마다 쉬는 것도 중요하다는 것을 깨달았다. 지금은 주말마다 축구를 하며 다시 예전의 체력으로 끌어올리고 있다. 그림을 계속 그릴 수 있는 것도 내가 건강할 때 비로소 가능하기 때문이다.

가시광선과 뇌 작품 - 2011

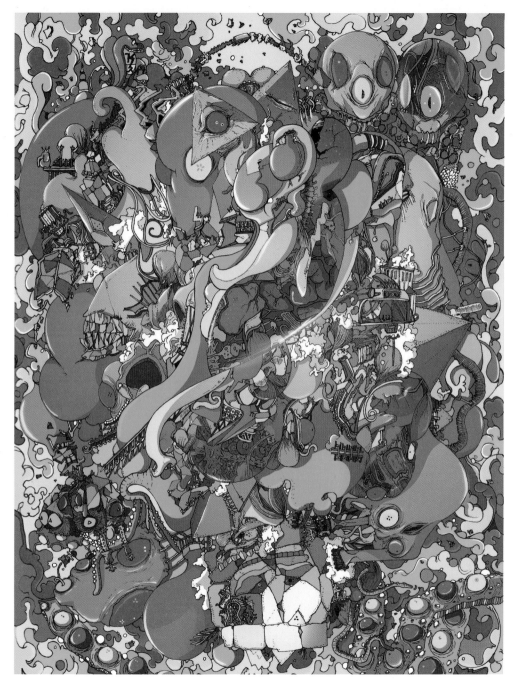

생명의 시작 작품 - 2012

(7) 국외 클라이언트와 작업 시 피드백이 중요한 이유

이탈리아 사회학자이면서 경제학자였던 빌프레도 파레토는 재미난 사실을 하나 관찰해내 세계적으로 유명해졌다. 그것은 '이탈리아 상위 20%의 인구가 80%의 부를 소유하고 있다.'라는 사실이었다. 이 사실을 바탕으로 조지프 주란은 경영학에서 파레토 법칙이라 하여 '전체 결과의 80%가 전체 원인의 20%에서 비롯된다'는 법칙을 만들었고 이걸 2대8 법칙이라고 부른다. 이 법칙은 다양한 범위에서 모두 적용되는데 직장생활에서도 마찬가지이다. '20%의 직원이 회사의 80%의 매출을 일으킨다'라는 법칙이 도출 가능하다. 실제로 직장생활을 해 보았을 때 이런 경험을 많이 하는데 직원수가 많다고 매출이 비례하지 않은 이유이기도 하다. 그만큼 실질적인 코어작업을 진행하는 사람들이 존재하는데 그들의 업무를 보면 지닌 능력 외에도 여러 면에서 돋보이는 행동들을 관찰할 수 있었다. 특히 외국 유명 에이전시나 그룹의 담당자와 업무 진행을 하면서 느낀 커뮤니케이션에서 그들의 프로페셔널리즘에 대해서 이야기해보고자 한다.

첫째, 빠른 피드백. 지금은 그들이 프로젝트에 얼마나 집중하고 있는지를 가늠하는 기준이 되기도 했다. 솔직히 그동안 조직 내에서든 홀로 작업할 때든 많은 사람들과 메일을 주고받으며 진행함에 있어 짧게는 3일에서 길게는 2주일이 지나서야 답장이 오는 경우들이 대부분이었다. 물론 내부적으로 검토 시간이 있고 여러 협의를 걸쳐 정리하다가 시간이 길어졌다는 게 대다수의 이유이기도 하다. 아마추어는 변명을 하지만 프로들은 '그럼에도 불구하고' 신속한 커뮤니케이션을 진행한다.

예를 들어 협의가 길어져 2,3 주 정도 늦게 피드백이 갈 것 같으면 중간에 예비 피드백을 보내 이후의 일정에 변화가 있는지 없는지 공유를 한다. 여러 프로젝트들을 진행하다 보면 실제 작업에 착수된 시간보다 피드백을 기다리는 시간이 꽤 많이 잡혀 있다. 전체 6개월 동안 작업했다면 피드백을 기다리는 총 시간만 3개월 정도 되는 경우가 많다. 두바이에 위치한 Impact BBDO와의 작업은 두 달 동안 3개의 광고 프로젝트를 진행했는데 빠른 피드백 덕분에 가능했다고 본다. 그들은 진행하는 프로젝트에 항상 집중하고 있었고 인류 모두에게 주어진 시간이라는 황금 가치를 프로젝트에서 유용하게 잘 활용한 예이기도 하다.

물론 피드백을 주고받는 사람이 어느 정도의 결정권을 가지고 있는 사람인지가 큰 영향을 끼친다. 자기 결정권이 없는 사람은 내부에서 2차 3차 피드백을 받은 후 전달하지만, 자기 결정권을 가진 사람은 빠르게 회신할 수 있다. 다만 이 같은 차이가 있음에도 신속하고 매끄러운 커뮤니케이션을 진행하는 것은 다른 사람과 차별화되는 강력한 능력이라고 말하고 싶다. 당신은 어떠한가? 충분히 바로 회신이 가능함에도 질질 끌고 있지는 않나? 일부러 시간을 늘려 상대방을 괴롭히거나 귀찮다는 이유로 늦장 대응을 하지는 않나? 피드백을 받는 사람이 대체로 을의 입장에 있지만 그들도 피드백을 주는 갑을 평가하고 있다는 사실을 잊지 않았으면 좋겠다.

둘째, 불필요한 말을 하지 않는다. 갑과 을의 형태로 비즈니스가 이루어지는 경우 서로가 원하는 가치는 명확하다. 갑은 좋은 퀄리티의 결과물이 일정 안에 나오는 것이고, 을은 원하는 금액을 정해진 날짜에 받는 것이다. 나머지 사항들은 부수적인 조건이며. 퀄리티, 돈, 일정. 이 세 가지가 모든 비즈니스에서 최우선으로 중요시되는 핵심 포인트이다.

첫 미팅에서 클라이언트와 작업자가 만나서 이야기할 때는 이 부분이 명확하게 명시된 후 다음 이야기가 진행되어야 한다. 가령 회사의 비전이나 가능성 혹은 다른 작업자의 에피소드나 세상 사는 이야기 등의 이야기로 대화 시간이 길어지는 경우가 많은데 서로에게 비생산적인 시간이 흐른다. 의뢰자는 어떠한 방향성을 가진 퀄리티 있는 결과물을 원하는지 제시할 수 있어야 하고 작업자는 얼마의 가격에 해당 업무가 가능한지 이야기할 수 있어야 한다. 그리고 나서 이 모든 작업이 이루어지기 위한 일정에 합의가 되었을 때 비즈니스는 시작된다. 명확하게 커뮤니케이션을 진행하는 사람들은 위 항목들에 대해 선명한 기준을 가지고 임한다. 빙빙 돌려 말하거나 열정페이를 강요하지도 않는다. 업무가 진행되는 중에도 핵심과 관련한 내용에 집중하며 순간순간 상황에 필요한 정보나 빠른 대응을 원칙으로 하는 것이 특징이다. 돈 이야기는 서로에게 예민한 주제이기도 하지만 가장 중요한 이야기라는 것도 잊어서는 안 된다.

마지막으로 작업자는 주로 피드백을 받는 입장이지만 피드백을 주는 경우를 생각해 보면 자신을 돌아볼 새로운 관점을 하나 찾을 수 있는 기회가 될 것이다. 종합적인 디렉팅 업무를 하다 보면 전체적인 콘셉트와 방향을 잡을 때 얼마나 다양한 취향과 깊이가 있느냐에 따라서 함께 작업하는 사람들과 똑같은 생각을 할 수 있게 만든다. 예를 들어 누군가 만든 결과물을 보고서 피드백을 주어야 하는 상황에서 '그냥 뭔가 기분이 나쁘다.' '내 취향은 아니야' 등의 모호하고 비전문적인 논리로 접근한다면 담당자의 전문성이 떨어진다는 것을 인증하는 꼴이다. 디자인적으로 뭐가 문제인지, 구도나 레이아웃은 어떠하며 해당 콘셉트의 이해도가 부족하다면 영화나 음악 혹은 공간 등의 참고할 수 있는 자료들을 제시해줄 수 있어야 한다. 또한 다른 디자인이나 그림을 도용하거나 지나치게 유사하게 작업했을 경우 지적해줄 수 있어야 한다. 작가나 디자이너에게 피드백은 곧 전문성을 드러내는 행위라고 생각한다. 을의 입장에선 설득의 도구가 되겠지만 갑의 입장이거나 여러 동료와 함께 프로젝트를 진행할 경우 입체적인 관점과 깊이는 전문성의 표현이며 프로젝트의 미학에 중요하게 작용되기 때문이다.

미술이나 디자인이 감성적인 작업이지만 이를 뒷받침할 수 있는 논리가 없다면 영감이라는 이름 아래 시각적인 면만 차용하고 자기 것화 시키는 오류를 범하기 쉽다. 실제로 주변을 잘 둘러보면 외국의 다양한 스타일을 짜집기하여 마치 자신의 스타일인 양 국내에서만 활동하는 작가들이 많다. 시간이 흘러 조금씩 인정받기 시작하면 그것이 자기 것이라 생각하고 자신을 흉내 내는 어떤 사람도 용서하지 않는다. 왜일까? 그것을 잃으면 자신의 모든 것을 잃게 되기 때문이다. 그만큼 깊이가 없고 발전이 없는 것이다.

삼성전자 의뢰로 올림픽 복싱을 주제로 그린 작품 - 2012

개발 중인 모바일 게임 캐릭터들 저작권 : http://norisoup.com

(8) 글로벌을 마주하는 방법

크고 작은 프로젝트를 모두 더하면 참 다양한 나라 사람들과 프로젝트를 진행해온 것 같다. 미국, 루마니아, 프랑스, 베네수엘라, 호주, 영국, 캐나다, 싱가폴, 아랍에미리트, 스페인, 독일, 콜롬비아, 중국, 브라질, 스웨덴, 멕시코, 러시아와 프로젝트를 마무리했고 진행했지만 최종 결과로 이어지지 않은 프로젝트의 나라까지 더하면 네덜란드를 비롯해서 작은 섬 나라까지 더 많은 나라들과 작업을 해왔다. 하나같이 일하는 표준 시간대가 다르기 때문에 데드라인의 기준은 해당 나라의 시간에 맞추는 것이 일반적이다. (물론 한국 작업 시간대를 충분히 배려해준다.) 대한민국을 포함한 다른 나라들을 통틀어 글로벌이라는 단어로 규정한다면, 그리고 여러분 중 누군가는 글로벌을 지향하고 있다면 글.로.벌이라는 글자가 가지는 의미에 대해서 한 번 고민해 보고자 한다.

내가 처음 생각했던 글로벌은 그저 국외의 모든 나라를 지칭했다. 즉, 다른 언어를 사용하는 사람들과 프로젝트를 함께하고 결과를 내어 대외적인 가능성을 높여가는 일련의 작업이었다. 허나 4년이 지난 지금, 돌이켜보면 단순히 글로벌이라는 이름으로 접근하기엔 다소 포괄적인 느낌이 많이 든다. 예를 들어 아시아라고 하면 한국, 중국, 일본이 완전히 다른 나라이며 작게는 한국만 해도 서울과 부산은 또 다른 시장을 형성하고 있다. 보다 효율적인 글로벌 포지셔닝을 하기 위해선 크게는 대륙별로 전략을 짜지만 결론적으로 나라마다 다른 전략, 깊이 들어가면 도시마다 다른 전략이 필요하다.

이런 상상을 한 번 해보자. 미국인 작가가 부산에서 대규모 전시를 하게 되었다. 한국 미디어와의 인터뷰에서 우키요에 같은 여백을 강조하면서도 깔끔하게 정돈된 컬러가 마음에 들었다거나 원피스, 나루토 같은 애니메이션을 인상 깊게 봤다고 말한다면 어떨까? 너무 극단적인 표현이라고 한다면, 한국의 수도인 부산에서 전시하게 되어 영광이라고 한다면? 부산에서의 전시에 특별함을 더하기 위해 아시아인 특유의 작은 눈을 표현했다. 뭔가 이상하지 않은가? 여러분이 부산사람이라고 했을 때 한국과 일본을 헷갈리거나 포괄적으로 아시아로 일괄적용했을 때 느껴지는 괴리감은 엄청 클 것이다. 이렇듯 거시적인 측면에서 글로벌을 지향할 수는 있지만, 미시적인 관점에선 최소한 나라별 특징을 알고 있어야 하며 미국이나 중국같이 큰 나라의 경우는 도시별 특징을 구분할 수 있어야 한다.

아니 억지로 구분을 해야 한다기보다 특정 지역에서의 비즈니스를 할 때는 그곳에 대해 구체적으로 인지할 필요성이 있다는 것이다. 물론 예외적인 경우도 많다. 다국적 기업과 진행하는 프로젝트에서는 해당 기업이 속한 나라에 국한될 필요 없이 전체를 아우르는 콘셉트와 포지셔닝을 잡으면 된다.

마이애미, 그곳에서 콜롬비아 작가들과 전시할 때의 일이다. 그들은 음주를 좋아했고 전시 오픈 날 전날 밤에도 술을 마셨다. 다음 날이 전시 오픈 하는 날이기에 일찍부터 여러 가지를 준비해야만 했다. 다음 날 아침 약속시간까지 갤러리에 나, 오밤, 폴은 나와 있었지만 다른 콜롬비아 친구들은 나와 있지 않았다. 아무래도 전날 늦게까지 술을 마신 듯 했다. 오후가 되어서야 도착한 그들에게 왜 이리 늦게 왔냐고 푸념을 늘어 놓았지만 이해할 수는 없었다. 그리고 보니 폴이 공항에 마중 나오지 않은 것도 하우스 파티 중이라 오지 못했던 것을 생각하면 음악과 술을 좋아하는 콜롬비아 친구들의 호방한 기질을 어느 정도 이해해야 한다고 생각한다. 그들과 함께 있어보면 누구보다 남자답고 의리가 있으며 유쾌하다는 것을 자주 느낄 수 있다. 반면 시간과 관계를 중요시하는 아시아적인 유대관계와는 약간의 차이가 있음을 느낀다.

이런 그들에게 중요한 날 전에는 술을 마시면 안 되고, 나이가 어린 사람은 많은 사람에게 정중히

Chakota Magazine에 실린 인터뷰와 작품들

대해야만 한다(참고로 그 친구들보다 내가 나이가 제일 많았으나 사실 나이는 관계에 아무런 의미가 없다.)고 강요하기엔 문화의 차이가 존재함을 명심해야만 한다. 미국 남부 미시시피 지역을 방문했을 때도 그렇다. 그들 특유의 보수적인 측면을 이해하지 못하고 그들에게 종교의 다양성을 가르치려 한다거나 왜 미식축구를 그렇게 좋아하느냐며 미국 특유의 땅따먹기 기질이 있어 그런 것 아니냐 등의 논조는 그들을 배려하지 못한 처세라 할 수 있다.

멕시코, 현지 오프라인 예술 잡지 중에 Chakota Magazine이 있다. 그들로부터 연락을 받고 잡지에 인터뷰와 작품이 실릴 수 있었다. 오프라인은 온라인과 달리 철저하게 해당 지역에 파급력을 가지기에 그 영향력은 대단하다. 난 이 과정을 멕시코에 진출할 수 있는 1%의 가능성이라고 생각했다. 실제로 이를 통해 콜롬비아 아티스트 폴도 만났고 그로 인해 마이애미에서 전시를 할 수 있었으며 멕시코 케레타로로부터 국제 컨퍼런스에 초청받기도 했다.

시카고, 전시의 주제는 ICHABOD로 악을 담당했던 난 시카고 갱스터를 은유적으로 표현해 넣곤 했다. 당연 데이빗은 한눈에 알아봤고 시카고에서 하는 전시이니만큼 센스 있는 작품이라고 이야기 해주었다. 전시를 준비하면서 막연히 글로벌 진출이라는 생각보다 시카고라는 도시에 집중했고 그 지역에 사는 한 사람이라도 내 그림을 보고 마음에 들어 한다면 거기서부터 시카고를 타겟으로 한 전략적인 작업활동이 시작된다고 생각한다. 런던이나 파리에서 했던 단체전시도 그렇고 멕시코, 싱가폴에서 했던 전시도 그러한 의미를 가지고 접근한다.

세계 지도를 펼쳐놓고 어떤 형태로든 내 작품이 노출이 된 나라들을 표시해보면 앞으로 나아가야 할 방향과 부족했던 점을 한눈에 직시할 수 있게 된다. 현재 내가 진출하고 싶은 국가는 가깝고도 먼 나라인 중국과 일본이다. 중국 출판사들과 함께 작업하며 출판한 책들을 제외하면 어떤 프로젝트도 함께한 것이 없다. 즉, 두 나라에 사키루라는 작가를 알리는 데 아무것도 진행된 게 없음을 의미한다.

Zensorium의 상품인 Tinke를 위한 일러스트레이션 - 2013

잠시 동안의 미소 스케치 - 2013

(9) 아는 만큼 표현한다

  자신이 모르는 것을 표현할 수 있을까? 잘 알지도 못하는 내용을 암기하듯이 외워서 말할 수는 있을 것이다. 하지만 메시지를 전달함에 있어 톤이나 억양이 암기한 것과 자신의 의지를 담은 것은 커다란 차이를 지닌다. 정글 아카데미에서 한창 강의하던 시절 더 멋진 수업을 진행하기 위해 위인들의 명언이나 에피소드들을 공부해 암기한 적이 있다. 수업시작 5분 전까지도 그 사람들의 이름을 행여 틀리지 않을까 계속해서 되뇐 적이 있는데 내 생각이 아닌 남의 것을 억지로 담아 표현하려니 여간 어색하지 않을 수 없었다. 어떤 식으로의 표현이든 알고 하는 것과 모르고 하는 것의 차이는 분명해 보인다. 이러한 맥락에서 평소 관심 없어하는 영역을 잘 모르는 것은 나에게 당연한 일이었다.

  술을 잘 못 마신다. 친한 지인들과 마실 때도 맥주 한 캔 정도가 어질어질 하지 않을 정도로 딱 적당한 정도이다. 소주는 한 잔만 마셔도 빨개지고 정신을 못 차린다. 그래서 대학교 신입생 시절에도 술 때문에 고생을 많이 하다 결국엔 모든 술자리에 안 나갔다. 호프집이나 술 관련한 공간들과 친하지 않다. 아니 익숙하지 않다는 표현이 더 정확하겠다. 지금의 와이프와 8년 가까이 연애를 했지만 단 둘이 술을 마셔본 적은 딱 한두 번 정도이다. 확언하건대 난 술을 좋아하지 않는다.

  3, 4달에 한 번꼴로 친한 작가들과 술 한잔을 하게 되는데 문득 맥주병 디자인이 너무 예쁘다는 생각이 들었다. 수집하고 싶을 정도로! 이런 생각이 머릿속을 가득 채울 때에서야 술집 인테리어에 진열된 술병들이 아름다울 정도로 잘 디자인되었다고 확신하게 되었다. 철저히 상업적인 상품에 디자인과 예술이 가미되어 멋진 형형색색을 뽐내고 있었다. 후에 전시할 때마다 자주 가는 액자 전문집에서도 한 작품을 보게 되었는데 세계의 다양한 맥주병들을 가득 모아 팝아트처럼 표현한 작품이었다. 절로 입 모양이 벙긋거렸다. 이거 예술인데! 이때부터인 듯하다. 대형마트에서 마

시지도 않는 캔맥주들을 사서 냉장고에 넣어둔 것이. 결국, 마시진 않고 손님 올 때 대접하고 캔만 모아 책상 앞에 두곤 했다.

　주변인들은 좋아하지 않지만 나름 재미있게 읽었던 '시크릿'의 비밀처럼 소원은 이루어지더라. 2010년은 남아프리카 공화국에서 월드컵이 열리는 해이다. 이때 우리나라는 B조 2위로 16강에 올랐지만 강호 우루과이를 상대로 1:2로 패하고 말았다. 하이트 맥주는 우리나라 월드컵 공식 스폰서로 월드컵 시즌에 맞춰 제품들에 특별한 패키지 디자인을 하길 원했다. 그리고 나에게 연락이 왔다. 광고 대행사와 함께 진행했던 이 프로젝트는 내가 정말 좋아하는 축구를 주제로 하기도 하면서 맥주였다! 거절할 어떤 이유도 없었다. 한국의 우승을 염원하는 마음으로 열심히 만들었다. 축구를 응원하는 사람들 사이로 내 캐릭터가 들어간 맥주가 함께한다고 생각하니 상상만으로도 콧구멍이 벌렁벌렁거렸다. 호기로운 마음으로 작업했으나 제한된 컬러만 사용해야 하기에 많은 제약이 따랐다.

　다양한　상황에 따른 응원하는 모습이 포인트였다. 이렇게　만들어진 디자인은 맥주 병과 캔 디자인으로 보여진다. 주로 온라인 작업을 많이

하이트 월드컵 스페셜 패키지 캐릭터 디자인 - 2010

해왔기에 오프라인 결과물로 만들어지는 디자인에 대한 감은 상대적으로 약했다고 본다. 클라이언트의 의도대로 사키루 스타일을 살려 재미난 캐릭터와 표정으로 디자인했다. 이렇게 만들어진 하이트 맥주는 전국 곳곳으로 퍼져나갔고 와이프와 함께 쇼핑을 하면서 발견한 내 작업물을 향해 저것 보라며 어깨에 잔뜩 힘을 준 기억이 난다. 내 꿈을 지지해주며 옆에서 지원을 아끼지 않는 와이프에게 해줄 수 있는 것은 잘 해나가고 있다는 것을 증명하는 것이다.

　나와 어울리지 않는 술 이야기를 하다 보니 이번엔 담배 이야기가 떠오른다. 담배는 입에도 대본적이 없을 정도로 먼 이야기다. 그런 내가 담배 회사로부터 광고 모델 제의가 들어왔을 때 얼마나 황당했을까? 더군다나 당시는 SK 컴즈에서 근무하던 시절이다. 쉽게 말하면 A라는 회사에 근무하면서 B라는 회사의 모델이 된다는 건데 혼란스러웠다. 해보지 않았던 일이라 호기심은 컸지만 회사에서 허락하지 않을 듯 싶었다. 그래서 인사팀 부장님을 통해 사장님께 여쭤 보기로 했다. 사장님의 허락이 떨어지면 해 보는 것으로. 당시 사장님은 우리 직원이 다른 회사로부터 인정을 받는 것은 좋은 일이라고 하시며 격려의 말씀도 해주셨다. 날개를 달았으니 멋지게 하늘을 날기만 하면 된다.

　KT&G의 광고를 진행하던 에이전시와 선 미팅을 했고 '레종'이라는 국내 담배의 지면 광고물을 위한 작업임을 알았다. Young Creative와 함께하는 콘셉트인 이번 광고에서는 톡톡 튀는 아티스트의 모습을 보여주는 것이 관건이다. 시나리오와 프로토타입을 보고 테헤란로에 위치한 스튜디오에서 사진 촬영을 했다. 화장도 하고 여러 옷들과 액세서리들이 세팅되어 있는데 순간 연예인이라도 된 듯한 착각을 받았다. 촬

KT&G의 레종 담배 지면 광고 모습 - 2005

영이 시작되고 카메라 플래시가 팡팡 터지면서 소리도 질러가면서 다양한 포즈를 취했고 최종적으로 한 사진이 채택되었다. 이번 광고 작업에서는 내가 만든 결과물이 아니라 나 자신의 가치가 인

정받았다고 생각하니 뿌듯하면서 앞으로 더 재미난 것들을 하고 싶다는 생각이 들었었다.

살면서 나와 거리가 멀다고 생각한 술, 담배 작업을 하고 나니 글로벌을 지향하는 지금에선 외국 브랜드와 함께하고 싶은 욕심이 생겼다. 책상 위에 놓인 다양한 디자인의 캔 맥주들을 보다가 가끔 냉장고에서 시원한 맥주를 꺼내 마시곤 했다. 혹시라도 취하면 안 떠오르던 영감이라도 떠오를까 해서 말이다. 하하;

더운 어느 여름날이었다. 한 통의 메일이 수신함에 도착했고 메일 제목에서부터 뭔가 에너지가 발산되고 있었다. 'Johnnie Walker brand experience project in Seoul' 이 조니워커가 내가 아는 조니워커가 맞나 싶을 정도로 믿기진 않았다. 조니워커는 세계에서 가장 많이 팔리는 스카치 위스키이다. 스팸메일일 수도 있다고 생각했다. 메일을 읽어 내려가면서 조니워커 프로젝트를 진행하는 회사로부터 온 메일이었고 나에게 온 내용들이었다. 국내에서 하이트를 작업했다면 이번엔 글로벌 회사인 디아지오의 조니워커 프로젝트를 할 수 있는 기회가 온 것이다. 말 그대로 기회가 주어진 것이지 최종적으로 계약서에 도장을 쾅 찍은 것이 아니다.

살면서 여러 순간 좋은 기회라는 느낌을 받았고 그것을 잡기 위해 최선을 다했다. 최선을 다했음에도 함께하지 못하는 것은 아직 준비가 안 되었거나 나와는 다른 길이라고 생각해왔다. 이번에도 강한 느낌이 왔다. 이건 지금까지 내가 경험해본 기회 중에 가장 큰 기회라는 것을 말이다. 답장을 보냈고 3일 후에 응답이 왔다.

아무래도 클라이언트(디아지오)와 직접적인 커뮤니케이션이 아니라 에이전시를 통하다 보니 피드백을 주고받는 과정에서 약간의 시간이 더 발생하곤 한다. 그렇게 서울에 지어지는 조니워커 하우스 프로젝트는 시작되었다. 작업할 그림은 4층 VIP Lounge에 들어가는 가로 10m가 넘는 그림이었다. 스코틀랜드에서 시작한 조니워커가 우리나라에 들어오기까지의 과정과 앞으로도 함께한다는 내용을 한 폭의 그림으로 표현해야 하는 미션이다.

자리에 앉아 스케치를 해보는데 어.려.웠.다. 스카치 위스키를 만드는 제조과정에 대한 이해도 도 떨어졌지만 무엇보다 전체적인 구도나 느낌을 잡지 못한 데서 큰 약점이 있었다. 이 약점을 인 지하는 것이 중요했던 이유는 조니워커 프로젝트는 상업적인 목적이 뚜렷한 그림이 아닌 모던하 고 현대적이며 럭셔리한 느낌이 표현되어야만 했다. 쉽게 말해 명품을 최고로 고급지게 표현해야 하는 것이다.

약속한 스케치 납품 날짜가 다가올수록 마음만 초조해져 갔다. 앞서 언급했던 것처럼 준비되지 않은 상태에서 너무 큰 프로젝트를 감당해서 그런가 오만 가지 잡념이 머릿속을 가득 메웠다. 이 대로는 아무것도 안 된다 생각되어 초심으로 돌아갔다. 목욕재계를 하고 흰 종이와 마주했다. 그 저 조니워커만 생각하고 아무 잡념 없이 생각나는 대로 스케치를 했다. 시간이 좀 지나니 뭔가에 홀린 듯 3~4시간째 스케치를 하고 있었다. 아무래도 가로로 긴 그림이기 때문에 A4 종이의 긴 면 들을 이어 붙여가며 스케치했다.

그동안 헤맸던 시간에 비하면 대략의 느낌이 스케치를 통해 나왔다. 꽤나 디테일 한 그림이었지 만 스토리도 잘 담겨 있고 무엇보다 조니워커가 우리나라에 들어왔던 1940~50년대 느낌도 잘 살 린 듯해서 마음에 들었다. 하지만 그들이 보낸 피드백은 more modern and contemporary 부분 이 필요하다는 것이었다. 아무래도 만화적인 느낌이 강했던 스케치이기에 조니워커가 추구하는 완 성도에 비하여 떨어져 보였다. 혹시 수정이 가능하냐는 그들의 질문에 새로이 스케치 작업에 들어 갔다. 아예 처음부터 다시 그렸다.

내가 찾고자 했던 마지막 퍼즐인 모던하고 현대적인 부분을 찾았으니 머릿속에는 완벽한 그림 이 그려졌다. 하루 동안 미친 듯이 그려나갔다. A4용지 5장을 이어 붙여가며 부족했던 부분을 보 완하는 스케치를 만들었다. 개인적으로 너무 마음에 들었고 최종적으로 선택이 되는 데도 이견이 없어 보였다. 확실한 것은 처음 스케치에서 보여지는 엉성한 공간이나 구성이 사라지고 짜임새 있게 기승전결이 마무리 되었다.

스케치를 보낸 후 초조한 마음으로 피드백을 기다렸다. 하루에도 수십 번씩 매일함을 열어보고 확인을 했다. 1주일이 지나고… 2주일이 지나고… 한 달이 지났다. 여전히 답장은 없었다. 무소식이 길어지게 되면 경험상 최종적으로 진행 연결이 안 되었음을 의미한다. 내 스케치는 결국 실패했고 클라이언트의 마음에 들지 못했던 것이다. 좋은 기회가 주어졌고 최선을 다했기에 큰 후회는 없었다. 포기하고 있을 즈음 피드백과 함께 답장이 왔다. 다행히도 완전히 새로 그린 두 번째 스케치를 마음에 들어 했고 부분적인 수정사항들이 날라왔다. 하나하나 꼼꼼히 살펴보는데 다시 처음부터 그리고 싶은 욕구가 꿈틀꿈틀.

서울 조니워커 하우스 VIP Lounge에 전시된 내 작품

자, 고민. 기존 스케치에서 그들이 요구하는 부분만 수정해서 보여줄 것인가. 아니면 수정 사항을 반영한 느낌을 살려 다시 처음부터 그릴 것인가. 사실 고민의 여지를 느낄 새도 없이 이미 새로운 스케치를 그리고 있었다. 조니워커에 푹 빠져 스케치하는 게 너무 즐거웠다. 때가 여름철이었으나 집에는 에어컨이 없었다. 그럴 땐 임신한 와이프와 함께 에어컨이 빵빵한 커피숍에 가서 그림을 그리기도 했다.

마침내 완성. 완전히 새롭게 그린 세 번째 스케치가 나왔다. 작가로서도 마음에 들었기에 자신이 있었다. 일주일 후 피드백은 Overall, the illustration is looking much improved, with unified storytelling and integration of JW elements throughout. 전반적으로 조니워커의 요소들을 통해 통합된 스토리텔링이 일러스트레이션에 잘 반영되어 더 개선되었다, 라는 의미다. 수정사항들을 보며 새롭게 머릿속에 구상한 느낌들이 틀리지 않아 기분이 좋았다. 이후로 6번에 걸쳐 부분적인 수정과 추가사항들이 반영되었고 그렇게 서울 조니워커 건물에는 내 그림이 걸리게 되었다.

약 3개월간 이 프로젝트를 진행하면서 많은 것을 깨달았다. 미션이 주어졌을 때 작가의 머릿속에 그것이 그려지느냐 안 그려지느냐는 크고 중요한 차이를 가진다. 전자라면 정말 신이 나서 밤이 새는 줄도 모르고 작업할 것이다. 실제로 조니워커 스케치를 진행할 때 FM 라디오를 들으며 작업을 했는데 2시간마다 바뀌는 DJ가 한 바퀴를 돌아 다시 돌아온 적도 있었다. 결국 24시간 동안 앉아서 그림을 그리고 있었던 것이다. 잠을 자는 시간조차 아까워 낮인지 밤인지 모를 정도로 시간을 보냈다. 후자의 경우라면 고통스럽다. 정우성 주연의 영화 '신의 한 수'를 보면 장님의 바둑고수로 나오는 안성기가 이런 말을 한다.

"천재들에게 이 세상은 놀이터가 되겠지만, 다른 사람들에게 이 세상은 지옥이다."

타고난 재능을 가진 사람 혹은 전자처럼 느낌을 잘 캐치해서 제한된 시간에 모든 것을 쏟아부을 수 있다면 표현할 수 없을 정도로 무한한 행복감을 느끼겠지만, 그렇지 못한 경우는 그야말로 지옥을 경험할 수 있다. 처음 스케치 방향을 못 잡아 헤맬 때처럼 고통스러웠던 때는 없다. 내가 선택한 이 길이 놀이터일지 지옥일지 이미 정해진 게 아니라 그것에 임하는 마음가짐과 평상시 얼마나 연필을 잘 깎아 놓았는지가 중요했다. 2013년 꿈에 그리던 국외 유명 브랜드와 콜라보레이션을 할 수 있었고 2015년에는 미국 전자담배회사와 브랜드 홍보 포스터 이미지를 작업하기도 했다.

같은 상황을 마주하고도 다른 이야기를 하듯, 사람은 아는 만큼 보이고 아는 만큼 표현한다. 특히나 관심 있어 하는 부분에 초점을 두게 되고 나머지 부분은 쉬쉬하기 쉽다. 크리에이티브를 지향하는 디자이너나 아티스트들은 어떨까? 본능적으로 관찰력이 뛰어난 이들은 기호와 상관없이 주변의 디테일을 놓치진 않을 것이다. 하지만 취향이란 것이 있듯 본능적으로 익숙한 것을 취하고 그렇지 않은 것은 멀리하게 되어 있다. 다양한 취향을 존중하고 이해할 수 있다면 그 x축과 y축에서 오는 면적의 가능성은 엄청난 크리에이티브를 제공할 수 있다고 본다.

'아는 만큼 표현한다.'

그래서 억지로 표현한 것은 어색할 수밖에 없다.

치우침의 무게 - 2011

조니워커 작업을 위한 스케치들

오리의 공격 일러스트레이션 - 2013

(10) Behance, 글로벌 진출의 날개를 달다

여기까지 읽은 독자라면 이런 궁금증이 생기지 않을까?

'조니워커, ESPN, 워너브라더스 등의 클라이언트들이 어떻게 알고 연락한 거지?' 이 질문은 이번 단락에서 가장 중요한 핵심이라고 해도 과언이 아니다. 어느 날 흰 종이와 마주하고 결과물을 만들어 냈다고 해서 갑자기 외국 잡지에 소개되거나 외국 클라이언트와 일을 할 수 있는 것은 분명 아니다. 혹 누군가는 가능했다고 말할지 모르겠지만 적어도 난 아니다. 짧다면 짧았던 4년 동안 많은 프로젝트를 진행할 수 있었던 이유는 타임머신을 타고 2010년으로 돌아가면 알 수 있다.

새로운 스타일에 대한 고민으로 한창 작업을 하던 그때, 이런 고민을 하게 된다. '그림은 계속해서 그린다고 치자. 그런데 이걸 어떻게 효과적으로 외국인들에게 보여줄 수 있을까?' 고민이 이어지다 이내 외국인들이 많이 보는 사이트에서 활동하는 것이 필요하다고 판단을 내렸다. 구글링을 하며 유명 사이트들을 둘러보는데 그곳에서 내 작품을 어필할 수 있는 방법이 없었다. 그때 눈에 들어온 것이 Behance 사이트(http//behance.net)였다.

당시는 베타버전이었는데 포트폴리오 사이트로서 이미 세계적으로 많은 작가들이 자신의 작품들을 공유하고 있었다. 사이트를 둘러보니 이미 내가 알던 유명 작가들도 이곳에서 활동하고 있는 것이 아닌가! 무엇보다 작가가 직접 작품을 올리기 때문에 프로젝트에 대한 자세한 설명과 과정이 소개되어 있어 글로벌 스탠다드의 감을 유지하는 데도 무척이나 도움이 되는 사이트라고 생각했다.

Behance 사이트는 우리나라에서도 많이 알려져 있을까? 네이버에서 검색을 하니 대중적으로 알려지지는 않았지만 5개 정도 콘텐츠가 블로거들을 통해 소개되고 있었다. 대체로 주체가 되어 활동하기보다 양과 질을 겸비한 콘텐츠들이 잘 분류되어 있어 공부하는 학생이나 작가들에게 많은 영감을 주는 쪽으로 그나마 알려져 있었다. 하긴 내가 가입할 때(2010년 12월)만 해도 손에 꼽히는 한국 작가들만이 활동하고 있었다. 아무래도 영어 기반의 사이트이다 보니 언어에서 큰 장벽을 느낀듯하다. 당시 난 영어에 관심을 가지고 공부하던 터라 그건 크게 문제가 되지 않았다. 가입하고 진행하던 프로젝트들을 정리해서 하나둘씩 올렸다. 이때만 해도 비헨스뿐만 아니라 2,3개의 포트폴리오 사이트에도 동시에 올렸는데 확실히 비헨스 사이트가 고객이 무엇을 필요로 하는지 정확히 캐치하고 있었다. 업데이트가 될 때마다 정말 필요로 했던 기능들이 추가되었고 무엇보다 노출이 잘되고 피드백(추천이나 댓글)의 질과 양이 눈에 띌 정도로 차이를 보였다. 3, 4달 정도 여러 사이트에 업로드하다가 결국 비헨스에만 집중하기로 마음먹었다.

비헨스는 '프로젝트'라는 개념이 있는데 이는 개인 작업에 큰 가이드를 제시해 주었다. 예전만 해도 그리고 싶은 그림을 산발적으로 한 장씩 그리곤 했다. 다양한 주제로 그려진 분산된 콘텐츠들은 결국 아무런 힘도 가지지 못했다. 만약 레오나르도 다빈치의 한 작품 모나리자만 생각하며 로또를 꿈꾼다면 그건 절대 불가능하다고 말할 수 있다. 모두가 알듯이 레오나르도 다빈치는 엄청난 양의 작품과 창의성을 보였기에 이미 인정을 받아 온 것이고 특별히 모나리자의 경우는 유럽 문화예술의 중심지로서 파리의 힘이 한몫을 했다고 보면 좋을 것이다. 운 좋게 내가 그린 하나의 그림이 세계적으로 유명해질 일은 거의 불가능하다고 생각하면 될 듯 싶다.

비헨스에서 프로젝트 단위로 콘텐츠를 올리려면 하나의 일관된 주제를 가지고 작품활동을 하는 것이 중요했다. 즉, 크리스마스라는 이름으로 프로젝트를 올린다고 하면 5~10장 정도의 양이 되는 크리스마스 시리즈 일러스트레이션을 하나의 프로젝트 단위로 올리는 것이다. 같은 주제의 그림들이 모이니 힘이 생겼고 누군가 혹은 미디어가 내 프로젝트를 소개할 때도 흐름이 있는 하나의 이야기로서 전달이 가능해진 것이다. 이런 식으로 진행하다 보니 개인 프로젝트들은 하나의 주제와 스토리를 가지고 지속적인 시리즈로 만들게 되었는데 이렇게 쌓인 콘텐츠들은 커다란 자산이 되어갔다.

이런 비교를 해보자. 가수는 1집, 2집 등의 형태로 주제나 콘셉트를 정해 여러 곡의 노래를 만든다. 5~6곡 정도는 미니앨범이라 하고 10곡 이상이 들어 있으면 정규앨범이라고 한다. 이러한 템플릿을 기반으로 가수의 작품들은 정리가 된다. 그리고 '특히 2집이 명반이야!'와 같은 특정 결과물이 그 가수의 대표성을 띄기도 한다. 이와 비교했을 때 여러분이 만들어낸 작품들은 어떤가? 가수처럼 하나의 콘셉트로 이루어진 범위의 작품들이라고 할 수 있는가? 그것만을 가지고 전시를 할 정도로 세계관과 양이 확보되어 있는가? 쉽게 대답할 수 있다면 포트폴리오 관리를 전략적으로 잘하고 있는 것이지만 그렇지 않다면 그냥 그려온 것이다.

욕심이 많고 멀티를 좋아하는 나는 위에서 언급했던 축구 선수 초상화와 엘로우 레몬 외에도 다양한 주제의 자산(프로젝트)을 동시에 진행하며 업로드했다. 그 중 하나가 콜롬비아 작가인 폴과의

Jean paul과 함께 진행했던 뮤지션 콜라보레이션

콜라보레이션이다. 사실 마이애미에서 아트
바젤 기간에 갤러리에서 전시를 할 수 있었
던 것도 폴과 지속적으로 이야기를 나누며
함께 콜라보레이션 작업을 했기 때문이다.
기타를 치며 밴드 활동하는 폴이 먼저 제안
을 해 왔다.

세계적으로 유명한 뮤지션들의 콜라보레
이션 작업을 서로 한 명씩 나누어 각자의 스
타일로 작업해서 합치자는 것이었다. 첫 작
업으로 그가 제시한 것이 밥 딜런(Bob Dylan)
과 쟈니 캐쉬(Johnny Cash)의 1969년 콜라보
'Wanted man' 이었다. 워낙 서로가 개성이
강한 그림을 그리던 터라 함께 놓인다는 것

El Tiempo 신문에 소개된 Jean Paul과 나

만으로도 서로가 기대를 했다. 주로 조류를 캐릭터화 하는 폴과 웃기게 생긴 얼굴에 한창 절단에
관심을 가지던 내 스타일이 함께했다. 반응은 폭발적이었고 이내 비헨스 메인에 놓이게 되었다. 여
러 미디어에 소개되면서 폴은 전시를 제안했고 결국 마이애미에서 직접 만나 재미난 결과를 만들
어 낼 수 있었다. 이는 El Tiempo라는 콜롬비아의 유명 신문사에도 소개가 될 정도로 폴과 나의
콜라보레이션은 큰 화제가 되었다.

한창 조니워커 작업을 할 당시 한국적인 아이템을 표현해야 하기에 많은 검색을 해 보았지만 현
대의 작가들이 우리의 옛 작품을 리메이크하거나 재해석하는 콘텐츠들이 거의 전무한 듯했다. 평
소 이국적인 느낌을 많이 가졌던 스타일이라 한국적인 것에 소홀했는데 비헨스를 시작하면서 한국

꿈의숲아트센터에 전시된 인왕제색도와 불과 물 시리즈

의 유명 작품들을 세상에 알리고자 하는 마음이 점점 커져만 갔다.

　그 처음 작업은 단연 정선의 인왕제색도(仁王霽色圖)였다. 17세기 조선 후기 주로 중국의 풍경화를 그려오던 당시 우리내 산을 그린 전환점적인 작품으로 정선이 75세 때 그린 그림이다. 원작은 한국화답게 먹의 농담을 이용하여 비에 젖은 인왕산을 멋들어지게 표현한 대작이다. 이렇게 자랑스러운 우리의 보물을 현대작가인 내가 재해석함으로써 한 번 더 외국 사람들에게 알리고 싶었다. 원작에 충실하되 내 감성을 최대한 살리기로 했다. 주로 흑백의 여백이 주요 포인트였다면 겨울이 지나고 마지막 하얀 눈이 내리는 봄에 컬러풀하게 변신한 인왕제색도로 만들어 보고 싶었다.

나는 이 그림을 좋아한다. 잠재되어 있던 새로운 가능성을 엿볼 수 있었던 작품이라고 생각하기 때문이다. 남들과 똑같은 대상을 보더라도 나 사키루만이 가지는 분해와 재조합의 과정으로 남들과 차별화된 표현이 가능함을 말이다. 실제로, 작업한 인왕제색도 작품은 중학교 미술 교과서에 현대적으로 재해석한 버전으로 원본과 함께 실리기 위해 심사가 들어가기도 했다. 최종 선택이 되진 않았다. 하지만 거기까지 진행할 수 있었던 이 그림이 고마웠다. 2011년에 그린 이 작품은 현실에 존재하진 않고 디지털로 온라인에만 존재했던 작품이다. 많은 사람들이 실제로 출력해서 보길 원했지만 딱히 기회가 없어 오프라인에서는 공개가 되지 않았었다. 그러다 2015년 세종문화회관 꿈의숲아트센터에 초청되어 가진 개인전시회에서 공개했다. 100호 사이즈로 만들어진 인왕제색도에 시간 날 때마다 틈틈이 펜과 잉크작업을 해서 완성도를 높여갔다.

이외에도 조선시대 대표작가인 김홍도가 1780년경에 그린 '단원풍속화첩'에 속해 있던 무동(舞童)과 씨름도를 하나의 이미지로 작업하기도 했다. 서로 구도는 달랐지만 마치 한 공간에 있었던 이야기 같은 느낌을 받았기 때문이다. 원작의 필체와 느낌을 최대한 살리는 데 중점을 두었고 내가 느끼고 머릿속에 상상하던 색감을 과감하게 표현해 보았다.

또 다른 프로젝트로는 2014년에 열린 브라질 월드컵을 기념한 시리즈가 있다. 우리가 축구중계를 보면 시작 전에 출전하는 11명의 멤버가 어깨 동무를 하고 단체사진을 찍는 경우를 종종 볼 수 있다. 이는 한 팀으로서 최선을 다하자는 의지를 사진으로 남기는 것이다. 이 모습을 보다 한 가지 엉뚱한 생각이 떠올랐다. 그렇다면 나라가 다르고 클럽 소속이 다른 선수들끼리는 함께 사진을 찍는 일은 없는 것이었다. 이에 세계는 하나! 축구도 하나!라는 생각으로 모든 선수가 함께 단체사진을 찍으면 어떨까? 라는 상상을 해봤다. 적어도 축구 팬으로서 어떤 모습일지 궁금하지 않을 수 없었다.

　2014년 6월에 시작하는 월드컵에 맞춰 6개월 전부터 작업에 들어갔다. 방법은 간단했다. 조별리그가 이루어지는 A조부터 우리나라가 속해 있는 H조까지 모두 32개 국가의 선수를 5명씩 그리는 작업이다. 최종적으로는 160명을 그려야 하는 장기 프로젝트이다. 이때는 첫째 아이가 태어난지 2~3개월 되던 때로 밤에 우는 아이를 달래가며 틈틈이 작업을 했다. 워낙 축구를 좋아하고 선수 개개인에 관심이 많다 보니 즐겁게 작업했다.

　무엇보다 한 작가가 축구선수들을 200명 이상 그린 것을 본 적이 없기에 이건 의미 있는 작업이 될 것이라고 확신했다.(나 같은 경우 결과적으로 160명 외에 추가적으로 더 많은 선수를 작업했다.) 간신히 월드컵 예선이 치러지던 6월 중으로 프로젝트를 마무리할 수 있었고 비헨스에 업로드했다. 개인적으로도 이렇게 방대한 규모로 축구선수 작업을 본 적이 없기에 뿌듯했다. 메인에 소개되면서 이 콘텐츠들의 인기

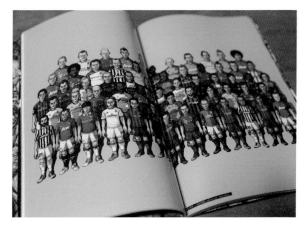

브라질 Zupi Magazine에 실린 축구선수 캐릭터

는 계속되었다. 축구의 본고장인 브라질의 Zupi magazine은 월드컵에 맞춰 축구를 주제로 하면서 나의 그림을 싣기도 했으며 국내 미디어인 스포츠조선에서도 크게 다루어주었다.

　단순한 호기심에서 시작되었지만 많은 축구선수가 한자리에 모여 있는 것을 보니 팬으로서 대만족!! 이 흐름을 타고 기존에 없었던 다양한 축구 콘텐츠를 만들어 보려고 마음먹었다. 개인적으로

도트로 작업한 영국 프리미어 리그 감독들을 그린 작품 - 2015

가장 좋아하는 클럽 팀이면서 2015년에 트리플을 달성한 바르셀로나. 내 스타일대로 그리면 어떤 느낌이 나올까? 나도 내가 궁금하다니 참 웃기지만 사실이다. 이 호기심을 확인하기 위해 바르셀로나 선수 5명(메시, 수아레즈, 네이마르, 라키티치, 테르스테겐)을 그렸다. 특히나 이번 발롱도르에 메시와 네이마르가 올라가는 쾌거를 이루었기에 그 가치는 더욱 커졌다. 이외에도 나의 특기인 도트를 살려 프리미어리그 감독들의 얼굴을 만들어 보기도 했다.

이후로도 자연시리즈, 내면의 철학, 동물 히어로 올림픽, 등 다양한 개인 프로젝트들을 꾸준히 올렸다. 그럴 때마다 많은 사람들로부터 피드백이 왔고 자주 메인에 소개가 되면서 팔로우 수도 급증(현재 66,000명)하기 시작했다. 언급했듯 작품에만 집중했고 비핸스는 그러한 작품들을 세계 많은 사람들에게 소개해주었다. 그로 인해 글로벌 인지도가 조금씩 쌓이게 된 것이다.

　잡지 인터뷰부터 초청 그리고 기업들의 프로젝트 제의 이 모든 채널이 비헨스로부터 들어왔다고 해도 절대 과언이 아니다. 만약 비헨스에 작품을 올리지 않고 개인 홈페이지와 소셜 미디어만 활용했다면? 지금과 같은 일들이 가능했을까? 글쎄. 난 불가능에 한 표. 비헨스라는 허브가 있었기에 가능했다. 어도비 본사에서 연락이 온 것도 이러한 맥락으로 이어진다. 웹에서 보여지는 튜토리얼 커버 작업부터 라이선스 문의가 들어왔고 실제로도 후에 비헨스는 어도비에 인수된다. 비헨스에게 어도비라는 날개가 달렸으니 이카루스의 날개가 아니라면 멀리 뻗어가는 일만 남았다.

　이러한 경험들을 바탕으로 주변 작가들에게 비헨스를 강력하게 추천하고 전도하는 일에 나섰다. 글로벌로 진출하기를 희망한다면 비헨스에 작품을 올려보라고 말이다. 그렇게 시작한 주변의 작가들 역시 주목을 받기 시작했고 국외에 소개되거나 크고 작은 프로젝트들을 진행하기도 했다. 지금은 셀 수 없을 정도로 많은 한국작가들이 활동하고 있다. 너무 좋다. 한국에도 세계에 자랑할 만한 많은 콘텐츠들이 존재하고 있음을 증명할 수 있기 때문이다.

　누군가 다시 이렇게 묻는다면
　"어떻게 외국 클라이언트들이 사키루를 알고 일을 의뢰할 수 있는 거죠?"

　모두가 비헨스 덕분이라고 말이다. (사키루 비헨스 : http://behance.net/sakiroo)

재해석한 인왕제색도 - 2011

외국 클라이언트의 개인의뢰로 제작한 올드보이 일러스트레이션 - 2013

(11) 명성보다 소중한 건 관계

　　　　　부정할 순 없다. 누군가 나에게 '당신은 조금의 허영심도 가지고 있지 않습니까?'라고 묻는다면 그렇지 않았다고, 타인의 시선이나 명성을 추구하지 않고 작업에만 집중했다고, 말할 수 없다. 본질과 비본질적 사이에서 겉으로 보여지는 비본질적인 부분에 신경을 더 쓰기도 한 것도 사실이다. 페이스북에 글을 남기고 많은 사람들이 '좋아요'를 눌러주길 바라는 마음이나 비헨스에 프로젝트를 올리고 많은 사람들이 'Appreciate'를 눌러주길 바라는 마음은 분명 허영심이 반영된 나의 모습이다. 이뿐만 아니라 규모가 작은 프로젝트 제안이 들어왔을 때 거절을 하거나 일이 잘 안 풀리는 작가를 보며 측은한 마음이 들었던 것도 결국 어쭙잖은 명성을 누리려는 작은 마음이었으리라.

　　명성이라는 단어는 '성실하다', '정직하다' 처럼 외부로부터 주어지는 단어이지 스스로 내부에서 강하게 외칠수록 그 의미는 퇴색되어 있다고 말할 수 있다. 사람은 누구나 아니 적어도 자신의 작품을 인정받기 원하는 작가들에게만큼은 세상에 이름을 널리 알리고 싶은 마음이 티끌만큼도 없는 사람은 글쎄… 내가 생각하기엔 거의 없다고 본다. 부(富)를 떠나 그만큼 명성에 대한 욕구는 기본적으로 모두에게 있다고 본다.(매슬로우 욕구 단계 이론처럼) 솔직히 명성에 대한 욕심이 없다고 해도 좀 이상하다. 단순히 자기만족을 위한 폐쇄적인 창작활동이라면 지금과 같은 경제체제에서 살아남을 수 있겠느냐 의문이 든다. 소위 금수저를 물고 나와 노동할 필요 없이 취미로도 삶을 영위하는 데 전혀 문제가 없다면 모를까 그렇지 않은 많은 창작자들은 인정받고자 하는 마음이 클 뿐 아니라, 그것이 창작의 강한 에너지로 작용하기도 한다.

　　20대, 세이클럽의 성공과 싸이월드 스킨, 미니룸 작업 그리고 두 권의 디자인 책을 집필한 경험은 여러 학교에서의 특강과 발표에 이어 다양한 프로젝트 경험을 할 수 있는 기회를 주었다. 또래 친구들에 비하여 더 많은 경제활동을 하고 있었고 작은 명성이나마 누릴 수 있었다. 별다른 실패나 낙오없이 꾸준히 일해왔기 때문에 '안전불감증'처럼 영원히 지속될 것만 같았다. 하지만 20대 중반에 쓴 일기를 보면 30대에 접어들어 또래 친구들과 동일 선상에 설 것이고 내가 앞서 있다고 절대 말할 수는 없다는 것을 명확하게 인지하고 있었다. 그때 가서 또래보다 더 높은 연봉을 받고 더 책임감 있는 일을 한다고는 말할 수 없는 것이, 건물을 짓기 전에 땅속으로 깊이 철근을 심듯이 대학교를 졸업하고 탄탄하게 사회생활을 준비한 친구들이 이제는 높이 건물을 올리는 일만 남았기 때문이다. 상대적으로 기초공사를 튼튼히 안 하고 바로 건물을 쌓아 올린 나는 뒤처질 수 있다고 생각해 왔다. 그래서 직감적으로 기초공사를 더 강하게 다지기 위해 디자인 외에 기획 부분에 더 많은 시간을 보냈는지도 모른다.

'누군가가 말을 그리라고 해서 말을 잘 그리는 것'은 시키는 것을 충실히 따르는 작업자이지 왜 말을 그리라고 시키는지 그 그림이 시장에서 어떤 가치를 가지고 어떻게 쓰이며 어떤 효과를 가지는지 모르게 되면, 중장기적으로 한정된 업무의 범위만 할 수 있는 경우가 농후하다. 내가 만든 작업의 전과 후를 이해하고 있을수록 작업의 깊이는 물론이거니와 시장에서 자기 포지셔닝의 범위가 훨씬 넓어진다.

전체적인 숲의 모양을 알고 나무를 들여다보는 것과 단순히 나무만 보고 있는 상황은 이러한 측면에서 확연히 다르다. 이러한 경험들이 쌓일수록 숙련자가 되는데 프로페셔널과는 구분하고 싶다. 과거의 반복적으로 했던 경험들을 계속하는 것은 숙련된 기술과 경험의 적용이지 새로운 것을 만들어 내지는 못하기 때문이다. 이보다 한층 성장한 프로가 되기 위해선 크리에이티브를 발휘하여 새로운 가치를 만들어 냈을 때 인정받을 수 있는 부분이다. 작업자, 숙련자에 그치지 않고 진짜 프로가 되다 보면 독창적인 크리에이티브를 인정받게 될 수밖에 없다. 이와 관련한 발상이나 방법론을 듣기 위해 초청이나 특강이 이루어지는데 이는 프로그램 툴을 강의하는 숙련자와는 다른 행보라 할 수 있다. 명성은 이때 만들어진다. 스스로 노력해서 얻을 수 있는 것이지만 외부로부터 주어지는 것이다. 자연스러운 흐름이니만큼 부정할 수도 없고 굳이 지향하지 않을 필요도 없어 보인다.

　명성의 시작과 초입부분에서 이를 누린다기보다 더 큰 에너지로 삼을 수 있다면 한 단계 성장할 수 있는 발판이 된다. 문제는 명성의 중기에 접어들 때가 아닐까 싶다. 지속적으로 명성이 쌓여 널리 이름이 알려지고 그를 뒷받침하는 실력까지 겸비했을 때 커다란 시험대가 있는 관문이 열린다. 초심으로 돌아가 본질인 작품에 집중할 수 있는가 아니면 주변 사람들의 옹호와 대중의 인기 속에서 비본질적인 것에 더 집중하는가. 생각이나 말처럼 쉽지 않은 만큼 이 시험대는 더 크게 성장할 수 있는 큰 그릇을 가진 사람인지 아니면 여기까지가 전부인 작은 그릇인지 구분을 짓는 갈림길이 되기도 한다.

　내가 지켜본 세계적으로 명성을 누리는 많은 작가들의 공통된 성향 중 하나는 겸손함인데 사전적인 의미를 적용하자면 '남을 존중하고 자기만을 내세우지 않는 태도'이다. 작업 이외의 영역에 영향력을 행사하지 않으려 함은 물론이거니와 굳이 자기편을 만들어 힘을 키우거나 담을 쌓아 지대를 추구하려 하지 않는 일련의 행동들이 보여진다.

　이러한 사람들은 이미 세계적인 수준의 결과물을 만들어 냄에도 불구하고 끊임없이 자기에 집중하고 성장해 나간다. 이들의 성장은 트렌드 리더들이 고민하는 수준 이상으로 자신과 싸움을 한다. 그래서 작가 자신 못지않게 작품도 같이 성장한다. 반대의 경우는 명성에 취해 작품은 정체되고 매년 똑같은 결과물이 나오거나 예전의 결과물을 반복적으로 노출하는 한계점을 드러낸다. 그나마 새로운 결과물이 나온다는 것은 아무것도 안 하는 것보다 낫다. 이 경우 그럴 수밖에 없는 이유가 그릇의 크기에 이미 도달했기 때문에 새로운 것이 나올 수가 없는 경우가 대부분이다. 혹은 타인의 창작물을 참고 삼아 성장하니 쉽게 바닥이 드러나는 경우이기도 하다. 이렇듯 명성이란 것은 중요한 의미를 지니면서도 그것을 뛰어넘기란 생각처럼 쉽지 않다.

수년 전에 어떤 작가의 전시 오프닝에 참석한 후 뒤풀이까지 함께한 적이 있다. 이어진 술자리에서 굉장히 낯설고 독특한 경험을 했다. 술자리 테이블이 나뉘어져 있는데 특정 작가들과 나머지 작가들이 겸상하지 않는 것이다. 큐레이터나 일부 관계자들도 특정 작가들하고만 어울리지, 남은 다른 사람들과는 말도 섞지 않는 분위기였다. 무슨 조선 시대도 아니고 이게 무슨 광경인가 싶었다. 후에 이야기를 들어보니 유명작가들은 일반인 혹은 유명하지 않은 작가와 동석조차 하지 않는다는 말이 있었다. 소문일지 실제일지 장담할 수는 없지만 내가 본 광경은 그러했다. 그들은 더 큰 명성을 얻을수록 같은 수준의 사람들하고만 어울리거나 돈이 많은 사람과 함께하기를 원하는 듯 보였다. 작가의 본질이 작품에 있다면 이건 확실히 비본질적인 것에 큰 가치를 두는 행위이다. 관계란 자신에게 이득을 주는 특정한 사람이나 그룹과의 연결을 말하는 것이 아니라 더 폭넓은 네트워킹을 말한다. 나 역시도 관계 네트워킹에 서툴지만, 목적 있는 관계보다 목적 없이 만날 수 있는 관계가 더 편하고 좋다.

영감을 주는 에너지는 이해관계를 따지는 목적성향을 띄는 사람들과의 관계보다 아무런 이해관계 없이 순수하게 존재를 마주했을 때 받을 수 있다. 이러한 영감은 컴퓨터로 검색해서 보는 디지털 이미지도 아니고 전시회에서 작품을 감상하며 받는 영감과는 전혀 다른 것이다. 보다 인간적이며 살 냄새가 나고 아날로그적이며 안정감이 있다. 이 따뜻함은 쿨(cool)함을 추구하는 작품 세계에서 감정과 이성의 중계자 역할을 한다. 관계 속에서 얻게 되는 영감과 에너지가 있을 때 그 다음 단계에 비로소 한 발을 내디딜 수 있어 보인다.

마인크래프트라는 게임으로 세계적인 명성과 부를 누린 마르쿠스 노치 페르손은 매일 밤 대규모 파티를 열어 연예인들과 어울리거나 라스베가스의 한 나이트 클럽에서 하루에 1억 8천만 원을 쓸 정도로 호화로운 삶을 살았다. 지금의 그가 세상에 던지는 질문은 되새겨볼 만하다. 어렸을 때 친구들과 잘 어울리지 못해 컴퓨터 하는 시간이 많았고 자연스레 홀로 게임을 만드는 시간이 많아졌다. 후에 마인크래프트 게임이 소위 대박을 치면서 인생역전에 성공했고 게임 관계자들 사이에서 롤모델이 되어왔다. 돈으로 누릴 수 있는 모든 것을 누린 그의 생활에 예전처럼 설렘과 열정을 가지고 게임을 만드는 날은 없었다. 그는 말했다. 모든 것을 가진 지금보다 아무것도 없던 시절 오로지 게임 하나만 바라보며 살던 때가 더 좋았다고 말이다. 그가 남긴 트위터의 말은 이런 측면에서 의미심장하다.

"엄청난 부가 나를 극도로 외롭게, 의욕도 없게, 의미 있는 관계도 맺지 못하게 만들었다. 계속 노력해야 할 이유들을 잃게 됐다. 파티를 벌이며 많은 시간을 보내는 등 뭐든 할 수 있게 됐는데, 이렇게 외로운 적이 없었다. 사랑하는 여자를 만났지만, 내 삶이 두렵다며 평범한 사람에게 가버렸다. 결혼을 했으나 1년밖에 가지 못했다. 딸 양육비로 매달 6000달러를 보내주며 떨어져 산다. 고립된 세상에 갇힌 나를 발견한다. 사람들이 내 호화 파티에 몰려드는 것은 머리가 벗어지기 시작한 뚱뚱보 괴짜를 보기 위해서가 아니다. 나의 돈을 보고 몰려드는 것이다. 나와 친해지려는 사람을 믿을 수가 없다. 돈으로 친구나 행복은 살 수 없다는 걸 이제야 깨닫는다. 외롭다. 말할 수 없는 고통이다."

본질에 집중할수록 부나 명예는 자연스레 찾아오는 경우가 많다. 이럴수록 결과에 치우치지 않고 행복한 과정을 누릴 수 있는 힘은 나 혼자가 아닌 주변에 관계를 맺고 있는 좋은 사람들이 있을 때 가능하다. 이해관계적이거나 목적 없이 서로의 존재만으로도 편안한 관계들을 형성해 나갈 수 있다면 돈이든 뭐든 그 무엇도 우리를 규격화 시킬 수는 없을 것이다.

VR과 함께한 소개팅 일러스트레이션 - 2015

죽음의 노트를 보고 있는 옥황상제와 사탄 - 2013

(12) 불법 복제에 대하여

홍콩으로 여행을 간 친한 작가로부터 페이스북을 통해 메시지가 왔다.

"사키루 형! 쇼핑하는 길에 형 상품을 봤어요! 보고 놀라시면 안 되어요."

홍콩? 글쎄. 난 홍콩뿐만 아니라 세계 어느 곳의 오프라인에서도 공식적으로 상품을 판매하고 있지 않는데 무슨 일이지? 모르는 일이라고 대답하니 내 캐릭터가 그려진 스마트폰 케이스가 판매 중이라고 한다. 이미 많이 판매된 듯 다 나가고 2, 3개만 남은 듯 보인다고 덧붙인다. 궁금했다. '어떤 캐릭터를 어떻게 상품화했을까. 엉성할까. 잘 만들었을까. 물론 불법복제품으로 만들어졌으니 질이 떨어지겠지'라는 생각을 하던 찰나 그가 보낸 사진이 도착했다.

엘로우 레몬 캐릭터들로 만들어진 이 상품들은 친구가 구매해와서 실제로 볼 수 있었다. 남의 작품을 가지고 이윤을 취하다니 나쁜 놈들 하며 제품을 보았는데… 업. 잘 만들었다. 엄청난 퀄리티의 디자인이라서 잘 만들었다는 게 아니라 내가 만든 캐릭터들을 나 못지않게 좋아하고 있구나라는 게 느껴졌다. 사실 국내에서는 공식적으로 스마트폰 케이스를 판매하고 있지만 이처럼 나만을 위한 패키지 디자인이 아닌 정형화된 포장들이다. 하지만 이 홍콩 제품은 다르다. 레몬 캐릭터들을 위한 패키지 디자인뿐만 아니라 스마트폰 케이스 자체도 입체적이며 만지면 좋은 느낌의 소재를 사용했다.

홍콩에서 불법으로 판매되고 있는
엘로우 레몬 스마트폰 케이스

Yellow Lemon will be together 이 레몬 시리즈를 진행하면서 내 건 슬로건이다. 뒷면에 크게 넣어 주니 고맙기도 하고 저 퀄리티로 대량생산된 게 아닌 그래도 디자인 이 들어간 제품을 보니 기분이 좋 았다. 아직 오프라인 제품군으로 판매하고 있는 제품이 많지 않다 보니 이렇게 만들어진 상품에 애 착이 간다.

홍콩에서 불법으로 판매되고 있는 엘로우 레몬 스마트폰 케이스

속마음은 "차라리 공식적으로 나한테 연락을 취해서 팔면 내가 홍보도 해주고 더 잘할 수 있었을 텐데…"라는 아쉬움을 달래며 주변 지인들에게 이 사실을 알렸다. 그들은 하나같이 강경 대응을 해 야 한다고 주장하지만 그림을 그리기 시작했던 20살 때부터 이 부분은 확고했다.

내 그림을 카피해도 나와는 상관없다 고, 우선 홍콩 케이스 사건은 수소문해 보았지만, 국내 전문가들의 말은 그들을 잡지도 못하거니와 잡았다 한들 법적으 로 대응하는 게 생각처럼 만만치 않다는 것이다. 또 다른 제보에 의하면 국외에 서 판매되고 있는 레몬 캐릭터는 이뿐만

이베이에서 불법으로 판매되고 있는 엘로우 레몬 쿠션

아니라 이베이에서 쿠션으로도 만들어져 판매되고 있다는 것이다.

이 제보 사진을 보고서 처음 드는 생각은 '나도 하나 갖고 싶다'이다. 실제로 존재하지 않는 디지털상의 존재들이 이렇게 오프라인으로 나와 상품 가치를 보여주다니 레몬들이 자랑스러웠다. 어쨌든 레몬들은 세계정복을 추진하고 있는 중인 셈이다. 하하. 비교적 관대한 내 모습을 보며 동료 작가들은 의아해한다. 이거 엄청 중요한 거라고, 어서 작업한 캐릭터들은 상표권 등록을 진행하라고 등등… 모든 충고와 조언에 고마움을 느낀다. 하지만 나의 이같이 일관된 생각은 '사실 내 것은 없다'라는 생각에서 비롯된다.

사람들은 내 스타일에 대해서 이야기할지 모르지만 나 스스로 규정한 스타일도 없거니와 긴 여정의 과정에 서 있을 뿐이다. 나 역시 내 것을 찾아 여행 중인데 어찌 내 것이 이미 나에게 있다고 할 수 있을까. 지난 시간 동안 적지 않게 내 작품을 흉내 낸다거나 유사하다는 제보를 받아왔지만 내가 보기엔 나와 다른 작품 세계를 추구하는 것으로 보였다. 만약 그들이 내 작품에 영향을 받았다고 한다면 난 더 열심히 해야 한다는 생각만으로 가득 찰 뿐이다. 그 이상도 그 이하의 생각도 없다.

보이든 보이지 않든 존재하는 것을 투영할 수밖에 없는 이 세상에 주인이 어디 있을까. 동그라미에 점을 찍었다고 내 것이 아니고 지중해를 그렸다고 해서 그게 내 것은 아닐 것이다. 기본적으로 계속해서 나아가길 원하는 나로선 과거의 스타일을 운운하며 그 안에 갇히고 싶지 않다.

작은 그릇은 가진 것이 없기에 그 하나를 지키기 위해서 온갖 힘을 쏟는다. 그것을 빼앗기면 자신은 없어지기 때문이다. 난 그렇게 되고 싶지 않다. 누군가 내 것을 달라고 하면 그것을 주고 새로운 것을 찾아갈 것이다. 좀 더 멀리서 보면 그들은 내 등만 보며 따라올 뿐이지 절대 나를 앞지르지 못할 것이다. 내가 집중해야 할 본질은 정체되거나 후퇴하지 않도록 계속 성장해 나가는 것이다.

이 글을 읽고 '어 그래? 그럼 나도 사키루 그림 베껴야지. 그리고 팔아서 돈 벌어야지'라고 해도 난 Ok. 다만 스타일을 카피하는 건 상관없지만 나의 노력과 시간이 들어간 내 결과물을 그대로 사

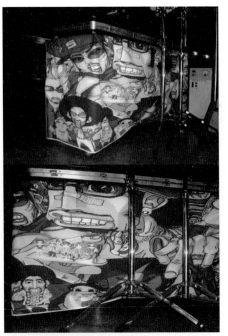

불법으로 캐릭터를 도용한 바

용하는 것은 분명 문제이다. 그것은 법적으로도 불법이니 굳이 언급하진 않겠다. 그렇게 해서 고픈 배를 채울 수 있다면 그 또한 사회 경제적으로 가치 있는 일일 것이다. 그들은 적어도 그 콘텐츠를 상품화함으로써 새로운 시장 가치를 만들었고, 정작 난 아무것도 구현하지 못했다는 것이다. 가능성 있는 시장을 주시하고 작품들의 가치가 향상되게 하는 것 또한 내 몫인데 나보단 카피하는 사람들의 눈이 조금은 더 밝아 보인다.

페이스북에 올라오는 다양한 작가들의 작품들을 보면 누구의 영향을 받았는지 심지어 누구의 작품을 베꼈는지 훤히 보이는 경우가 많다. 그것을 비꼬고 싶지 않은 이유는 그 사람의 그릇이 거기까지인 것을 내가 뭐라고 한다고 해서 달라지진 않는다는 것이다. (어차피 대중은 그것도 모르고 그들이 대단한 작가라고 칭송하지만) 남과의 비교를 통한 우위에 서고 싶은 마음은 내 힘을 외부로부터 오도록 하는 것이기 때문에 관심이 없다. 내 마음 속에서 외치는 절대 기준에 부합하도록 끊임없는 비판만 있을 뿐이다.

자신의 명성에 스스로를 가두지 않고 끊임없이 자신을 계발한 로맹 가리의 삶은 이런 면에서 본받을 만하다. 세계적으로 권위 있는 프랑스 공쿠르상(Prix Goncourt)은 그해 최고로 상상력이 풍부한 작품에

상을 주는데 로맹 가리는 1956년 '하늘의 뿌리'라는 작품으로 이 상을 수상하게 된다. 이로 인해 어떤 글을 쓰더라도 출판할 수 있을 정도로 큰 영예와 권위를 한 몸에 받았다. 작가로서 정점을 찍었다고 해도 과언이 아니다. 그리고 대다수 사람들은 죽을 때까지 그 삶을 누리며 살아 갈 것이다.

하지만 그는 달랐다. 작가의 관점으로 보면 계속해서 끊임없이 나아간 것이다. 1975년 에밀 아자르라는 이름으로 낸 '자기 앞의 생'이 또 다시 공쿠르상을 수상하게 된다. 한 작가가 평생에 한 번 받을 수 있는 상을 다른 이름으로 또 수상한 것이다. 타이틀에 연연하지 않고 아무것도 없이 순수하게 작품(본질)만으로 다시 한 번 최고의 자리에 선 것이다.

무엇보다 놀라운 것은 리투아니아 출신의 프랑스 외교관이기도 한 그가 아랍 꼬마 모하메드(모모)라는 파리 소외계층의 삶을 통해 감동을 주었다는 부분이다. 그에게 영예를 안겨준 작품에 갇히지 않았고, 스스로를 규정하지 않았다는 증거이다. 결국 자살로써 삶을 마감한 그이지만 그는 유서를 통해 에밀 아자르라는 작가는 자신이라는 사실을 세상에 알렸다. 그리고 유서 마지막 줄엔 이렇게 쓰여 있었다.

"마침내 나를 완전히 표현했다."

멋진 말이다. 나도 언젠가 저 말을 할 수 있을까 생각해 보면 절대 쉽지 않아 보인다. 온전한 나를 표현하고 싶다. 그러기 위해선 내가 누구인지 돌아볼 시간이 필요하다.

37살,
인생의 전반전을 보낸 지금 이 글들을 정리함으로써 휴식시간을 가진 후 다시 남은 후반전을 뛸 준비를 해야겠다.

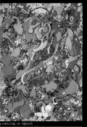

지은이 | 사키루

(現) SakirooPictures Art Director

Wikipedia : http://en.wikipedia.org/wiki/Sakiroo

01. 캐릭터(일러스트) 디자인 : Character Design / Illustration

2001 [현대] 연구소 사람들 캐리커처 디자인

2001 [오툰] 슈마이앤팻푸 캐릭터(플래시 애니메이션) 디자인

2001 [포스코] 비파괴 검사 교육용 콘텐츠 디자인 (플래시)

2002 [랩퍼홀릭] 2집 뮤직비디오 디자인

2003 [맥도날드] 홍대 맥도날드 캐릭터 디자인

2003 [레이지본] 2집/몽키액션 캐릭터 디자인

2003 [싸이월드] 이벤트, 프로모션 디자인

2004-06 [싸이월드] BI 애니메이션 디자인

2006 [비트 스트리트] 포스터 디자인

2006 [마스터플랜] '스퀘어' 앨범 쟈켓 일러스트 디자인

2007 [국민은행] 은행장 캐리커처

2008 [CRN Eastern Europe] GREAT ROMANIAN PERSONALITIES – Romania

2008 [KTF-SHOW] '피노키오' CF 캐릭터, 일러스트 디자인

2010 [하이트] 맥주 월드컵 한정판 스폐셜 일러스트 디자인

2010 [도미노피자] 수제 스티커 일러스트 디자인

2011 [SK네트워크] 카페베네 무비플러스 일러스트 디자인

2011 [ESPN] ESPN magazine 8 players Illustrations – USA

2011 [카피머신] 6인 멤버 캐릭터 디자인

2011 [Ferrari] Nicolas Todt Illustration – France

2011 [Revista NOW] Magazine Main Cover Illustration – Venezuela

2011 [슈즈판다] 메인 캐릭터 디자인

2011 [Nasko Family] Portrait Illustration – France

2012 [쿨리] 게임 캐릭터 디자인 / 콘셉트 일러스트

2012 [카피머신] 개소리프로젝트 레몬 캐릭터 일러스트

2012 [Tiger Translate] Seoul Street Illustration – Australia

2012 [FC: Football Columnist] Gerrard Illustration Magazine – England

2012 [돈그린포크] 잭 캐릭터, 콘셉트 일러스트 디자인

2012 [Waffle House Ent.] 'Thirsty' Carlos40 EP cover illustration – Canada

2012 [다빈치 박물관] 레오나르도 다빈치 캐릭터 디자인

2012 [J–Dogg] I miss you cover illustration

2012 [Red Bull] Red Bull Showrun Seoul Illustration

2012 [Waffle House Ent.] 'Bright Red Lipstick' cover illustration – Canada

2012 [Facebook] Brand Infographic Illustration – USA

2012 [KumaPrak] 'Donut Shop' Cover illustration

2012 [Pataugas] Shoes Hello Character Design

2012 [데이빗 Creative] Tacoma cover illustration – Chicago USA

2012–13 [Codec] DJ 데이빗 Guetta, Breakbot, James Blake Illustration

2012–13 [Dlto] SSkin 'Halloween bus', 'Eye of Black Snake' Theme Illustration

2012–14 [Hyundai Securities] Report Cover illustrations

2012–14 [Samsung Electronics] ChatOn Anicon theme

2013 [Waffle House Ent.] 'Pound' cover illustration – Canada

2013 [데이빗 Creative] ICHABOD concept illustration – Chicago USA

2013 [신민철] Album Cover Illustration / Logo Design

2013 [Billy] Oldboy movie concept illustration – USA

2013 [Diageo] Johnnie Walker concept illustration – England

2013 [Warner Bros.] the Big Bang Theory collaboration illustration – USA

2013 [Waffle House Ent.] 'Decorations' cover illustration – Canada

2013 [Zensorium] 'Tinke' AD illustration – Singapore

2014 [Al Sabeh Cement] AD Campaign illustration – Dubai UAE

2014 [Johnson&Johnson] Band Aid : Unicon illustration – Dubai UAE

2014 [Lynx Integrated System] Competition Poster – Dubai UAE

2014 [Green Hypnotic] 'Coastar' cover illustration – Canada

2014 [Futbol Artist Network] MLS insider illustration – USA

2014 [Over the Rice] Food Truck wrapping illustration – Arlington USA

2014 [Adobe] Creative Cloud Learn cover illustration – USA

2014 [GH Entertainment] B.I.G. Christmas cover illustration

2015 [TSF] Poster illustration – USA

2015 [Digital Abstracts] Card illustration - Spain

2015 [320 Libre] Store Brand illustration

2015 [Adobe] Creative Cloud Learn cover illustration - USA

2016 [노리숲] 게임 캐릭터, 일러스트레이션, 콘셉트 설정

02. 도트 디자인 : Pixel Design

2000 [세이클럽] 아바타 기본형 디자인

2000 [오툰] 캐릭터 게임 UI 디자인

2001 [KTF] 무선 UI 및 아이콘 디자인

2002-03 [엠게임, MSN, 드림위즈, 씨메이커] 아바타 아이템 디자인

2003-04 [SKT, KTF] 무선 게임 및 컨텐츠 서비스 디자인

2003-05 [싸이월드] 미니룸, 스킨 디자인

2004 [사키루] 캐릭터 네이트 모바일 서비스

2004 [로또] 아바타 디자인

2005 [싸이월드] 팀플, 헬프데스크, 타운, 스쿨, 뮤직 캐릭터 디자인

2005 [싸이월드] 개인 미니미 개선 기획 및 디자인

2007 [쎄씨] 13주년 창간 기념 커버 제작

2008 [성지출판사] 중학교 수학교과서 아바타 제작

2012 [젤리피쉬엔터테인먼트] VIXX 2nd M/V & Album 도트 오브제 디자인

03. 아티스트 콜레보레이션 : Artist Collaboration works

2011 [Sakiroo X Antoni Tudisco] NOW Magazine main cover illustration - Germany

2012 [Sakiroo X Copy Machine] Music band

2012 [Sakiroo X 1000day] Olympic Hero/Yellow Lemon paper toy

2012 [Sakiroo X Jean Paul Egred] Duo Musician illustration - Colombia

2012 [Sakiroo X KumaPark] Donut Album Cover

2013 [Sakiroo X Kunkka] BrainFart - Singapore

2014 [Sakiroo X Kwan] Sketch Music - Coffee Maker

2015 [Sakiroo X Re:on] Album cover

04. 카툰 디자인 : Cartoon Design

2008 [슈도넛앤콘스틱] 카툰시작

2008 [디자이너되다] 카툰 시작

2009 [스타일닷컴] 이벤트 카툰 제작

05. 그래픽 디자인 : Graphic Design

2007 [언노운피플] 1집 앨범 부클릿 디자인

2008 [언노운피플] 리믹스 앨범 부클릿 디자인

2008 [룬엔터테인먼트] 라이트노벨 공모전 포스터 디자인

2008 [클럽소울] 2집 앨범 부클릿, 포스터 디자인

2009 [클럽소울] 2집 팜플렛 디자인

2009 [허경영] 2집 부클릿 디자인

2010 [로켓보이즈] 으라차차! 코리아! 부클릿 디자인

2010 [소울하모니] 1집 부클릿 디자인

2012 [소울하모니] 2집 부클릿 디자인

2014 [추미디어아트] 마르셀 정 부클릿 디자인

2015 [Bachson] Jazz Academy logo design – China

06. 상품 디자인 : Product Design

2006 [사키루] 후드 셔츠 제작 판매

2006 [사키루] 반팔 셔츠 제작 판매

2007 [에스보드] 보이쉬 버전 에스보드 캐릭터 디자인

2008 [몽삐, 개구쟁이] 핸드폰 액세서리 디자인

2009 [플레이얼즈] 셔츠, 컵, 수건 디자인

2009 [슈도넛앤콘스틱] 셔츠, 컵, 수건 디자인

2011 [바이유] KIK 셔츠 디자인2014 [몬스퍼] 스마트폰케이스

2015 [Botton Shirt] Yellow Lemon Products – Brazil

2015 [Markus] Tacoma and Water Art poster – Sweden

07. 강의 : Lecture

2001 [도트, 모바일] SIS 강의

2003-08 [정글 아카데미] 사키루 워크샵 강의

2007 [광주전남여상고등학교] '캐릭터' 강의

2007 [호서대학교] 애니메이션학과 '캐릭터' 특강

2007 [청강문화산업대학교] 만화일러스트학과 '캐릭터' 특강

2008 [예술의전당] '베르너팬톤展' 도슨트

2008 [대학만화애니페스티벌] '마인드' 초청 강의

2008-11 [정글아카데미] 캐릭터 디자인 스페셜리스트 과정 강의

2008 [청강문화산업대학교] 만화일러스트학과 '창작일러스트' 강의

2009 [동구여상고등학교] 미디어과 '창의적인 발상' 특강

2009 [정글아카데미] 무료 세미나 1~3회

2010 [아이러브캐릭터] 시상식 '캐릭터 아이덴티티' 특강2011 [양명여고] 캐릭터 디자이너 특강

2011 [아주IT] 캐릭터 디자인 기업 강의

2013 [Mississippi State University] Fine Art / Design – Mississippi USA

2013 [Illustrators DeathMatch] Between personal and commercial – Queretaro Mexico

2014 [수원여대] 멀티미디어학과 특강

2014 [Adobe] Creative Now World Tour Speech

2015 [연세대] 패션경영최고전문가과정 출강

2015 [민족사관고등학교] TedxYouth@KMLA as speaker

2016 [AAD] Art speech Kaohsiung Exhibition Center – Kaohsiung Taiwan

08. 전시 : Exhibition

2005 [아이파티] 전시회 초청작가 전시

2006 [서울디자인 페스티벌] 푸마 아트웍 전시

2007 [컨버스 셀프 팩토리] 컨버스 신발 아트웍 전시

2007 [아이콘!아이콘!] '한국 매체 일러스트 현재와 미래' 단체전

2008 [형형색색] Various 단체전

2009 [KSAF] 세종문화회관 '스포츠에 미치다' 단체전

2010 [아트카페샴] '사키루의 이상한 이야기 : 넌 뭐 생각하니' 개인전

2010 [아트카페샴] 캐릭터 축구 월드컵 2인전

2010 [IdeaFixa] 16th Soccer Magazine Online Exhibition - Brazil

2011 [Karma Magazine] 1st Desire Magazine Online Exhibition - Argentina

2011 [Inaspoon] the Black Toad Cover Design Online Exhibition - Russia

2011 [Illville Hotel] Hotel Room Illustration Online Exhibition - England

2011 [카페팟] 사키루 개인전

2011 [ArtT] 사과껍질 아트케이스 단체전

2011 [카페팟] 이상한 크리스마스 개인전

2011 [아뜰리에 터닝] Casual Expression 단체전

2012 [Kino Festival] Artist Exhibition - Romania

2012 [피규어인] My Hero Exhibition 단체전

2012 [애비뉴 갤러리] 새빨간 거짓말 단체전

2012 [아뜰리에 터닝] Yellow Lemon 개인전

2012 [산토리니 갤러리] Fairy Tale Book 단체전

2012 [Tiger Translate] 20 Street Artwork group Exhibition - Mongolia

2012 [Mok space] Korea Sports Art 2012 Exhibition - London England

2012 [Red Bull] F1 Red Bull Sports Art 2012 group Exhibition

2012 [aAmuseum] 'Burn the floor' open showcase Yellow Lemon Exhibition

2012 [Facebook] Korea Facebook insight summit Exhibition

2012 [Spaces Gallery] 'According to Them' with Colombian Artist Exhibition - Miami USA

2013 [Speedom Gallery] Korean Sports Art Group Exhibition

2013 [Kult] Kult Books Exhibition - Tiong Bahru Singapore

2013 [Bottleneck Gallery] 'I love You man' group Exhibition - New York USA

2013 [Gallery-89] 'Human Movement' group Exhibition - Paris France

2013 [Comic-Con] Warner Bros. the Big Bang theory collaboration Exhibition - San Diego USA

2013 [Lacuna] 'ICHABOD' group Exhibition - Chicago USA

2013 [Mississippi State University] 'Ban Ka Wa' group Exhibition - Mississippi USA

2013 [Gallery Nucleus] 'The Big Bang Theory Art Tribute' group Exhibition - Alhambra USA

2014 [Hyundai Department] '동계스포츠 올림픽' 단체전

2014 [Singapore National Library] Kult 'Read' group Exhibition - Singapore

2014 [문화체육관광부] 캐릭터로 만나는 아시아 이야기 단체전

2015 [세종문화회관 꿈의숲아트센터] 사키루 일러스트 판타지 개인 초대전

09. 연재 : Magazine Series

2008-10 [월간WEB] '영어 캐릭터 회화' 잡지 연재

2008-10 [아이러브캐릭터] '슈도&콘스틱', '동물친구' 잡지 연재

2008 [정글아카데미] '사키루 캐릭터 발상노트' 캐릭터 컬럼 연재

2008-10 [디자인소리] '디자이너되다' 카툰 연재

2008-10 [레플즈닷컴] '축구 캐릭터 선수' 프로젝트 연재

2009 [리드머] '슈도&콘스틱 힙합' 카툰 연재

2009 [1300K] '디자이너되다' 카툰 연재

10. 출판 : Publication

2003 [영진닷컴] '픽셀 아트 디자인' 집필

2005 [제우미디어] '사키루의 캐릭터&도트' 집필

2013 [DesignerBooks] 'Fantastic Illustration' part of it – Beijing China

2013 [Dopress Books] 'Always Me!' Global illustrators in their own eyes part of it – Shenyang China

2014 [SendPoints] 'Beyond Illustration – Design & Applications' part of it – Beijing China

2015 [Hightone] 'Magic Paintbrush' part of it – Guangzhou China

2016 [AAD] Outstanding illustration artists in Asia – Taiwan

11. 수상 : Awards

2007 [대한민국 영상대상] 사키루픽쳐스 뮤직비디오 우수상 수상

2007 [디자인정글] 1회 UCC Award 캐릭터부분 우수상 수상

2009 [Mojizu] Mojizu War Champ : Ratacoom – USA

2010 [CrazyBone] 광고 디자인부분 장려상 수상

2014 [Dubai Lynx International Advertising Festival] – Dubai UAE

  – Craft : Print & Poster – Grand Prix award, – Print – Bronze award

12. 미디어 : Media

2005 [KT&G] 레종 광고 모델2005 [Mtv] '모스트원티드' 사키루 방영

2006 [Mnet] '트렌드리포트 必' 사키루 방영2007 [단편영화] '木구멍속 숲붕어' 출현

2009 [국군방송] '일과성공' 사키루 방영

2013 [Foro TV] 'Noticieros Televisa' Interview – Mexico

2013 [Radio Como que de Que] Interview with El Hino – Mexico

13. 선정 : Selected

2005 [MLB] 9 스트라이커 디자이너 선정

2007 [Adobe] 크리에이티브 리더스 50인 선정

2007 [Mojizu] Daily Character 'Shu Donut' 선정 – USA

2010 [Adobe] 크리에이티브 리더스 선정

2010-11 [SBA] 업체 평가 심사위원

2011 [Zazzle] ArtsProjekt Artist / Feature shop 선정 – USA

2012 [Tiger Translate] Artist 선정 – Singapore

2012 [Adweek] 2012 Top 100 선정 – USA2013 [Cut&Paste]

2013 CHARACTERIZED SEOUL as jury

2013 [Behance Korea] Portfolio Review speaker

2013 [Illustrators DeathMatch] Invited as Speaker – Queretaro Mexico

2014 [Adobe] 'I am the new CREATIVE' campaign artist

2014 [Adobe] Adobe Good Student Mentor

2014 [Adobe] Creative Now World Tour Speech

14. 기타 : Etc.

1993 [소사초등학교] 학교 대표 미술대회 참가

1996 [부천북고등학교] 경기도 육상대회 계주 대표

2001 [미국] 뉴욕 리마쇼 참가

2004 [싸이월드] 미니룸 메뉴얼, 제작 가이드 제작

2006 [싸이월드] 디지털상품 제작 가이드 통합 정리

2007 [밀크나인] 캐릭터 메타블로그 커뮤니티 사이트 오픈

2007 [사키루픽쳐스] 설립2007 [싸이월드] '슈도넛 앤 콘스틱' 스킨샵 입점

2008 [국민은행] 캠페인 애니메이션 진행

2008 [BHC] '던전 파이터 BHC' 광고 진행

2009 [BHC] '테일즈 런너 BHC' 광고 진행

2009 [난타2] 오프닝 애니메이션 진행

2009 [바둑TV] 애니메이션 진행

2011 [바이유] 온라인 쇼핑몰 브랜딩, 기획, 구축